U0068220

向世界發聲

原住民散文中的文化演現

程麗華 著

序

　　臺灣是個擁有多元文化共存的社會，但因殖民主義的同化政策
影響而使得一些弱勢族群的文化與語言正在消失中，而原住民文化
最為嚴重。大家知道，在現代國民應具備的基本能力中，「文化學
習與國際了解」原是不可或缺的，但在九年一貫的教材裡對原住民
文化的介紹卻相對匱乏，再加上其發生演變地處偏遠，更減少一般
人與其接觸的機會。此外，原住民文化的特色，大部分的人都以為
只有歌唱、跳舞，但這是一種偏狹的概念；原住民文化是以祖靈信
仰為中心而發展出其獨特的風貌，強調諧和自然而可以深刻啟發人
類開啟永續經營地球的新途徑。因此，本研究旨在建立一套理論來
全面性的認識原住民文化，並以原住民散文中的文化演現為掀揭焦
點。但因原住民文化已在臺灣發展幾百年的歷史，規模可說不小，
基於論述方便考慮，所以僅能就概括性的面向來加以探索，包括：
（一）祖靈信仰；（二）巫術；（三）飲酒禮儀；（四）狩獵；
（五）藝術表現；（六）禮俗規範。最後，整體研究成果希望可以
運用在促成多元文化的落實、提供統整教學的參鏡和深化本土語言
教學的內涵上。

　　論文從起頭到雛形的建立，進而到建構一個認識原住民文化的
架構，再從這個架構下用一個概念性的方式去了解原住民文化，並
將這個概念運用在社會課程上有關原住民文化的備課上，讓我能更
有系統及效率的去蒐羅及整理資料，這一切都要感謝周慶華老師一

年來辛勞的指導及不厭倦的一再叮嚀著論文的進度，今天才能產出這本有關原住民散文文化演現的著作。

麗華　謹誌

中華民國一〇一年八月

|目次|

│圖次│

| 表次 |

第一章

緒　論

第一節　研究動機

　　我在國小高年級任教近十年中，教授社會科這一門課時，總有力不從心的感覺。因為在課本中，有關原住民的文化內容只用二、三行字就交代了所有原住民的族群概念，或是用一堆圖片來呈現原住民族群的特色。例如用一張「阿美族的舞蹈」照片，來告知學生原住民的祭典中有「阿美族的豐年祭」；但身為老師的我，就必須先去閱讀有關原住民各族主要祭典的名稱及由來等資料，接著再去查詢有關「阿美族豐年祭」的相關資料，這些東西都是很枯燥、繁鎖的。而將這些複雜的資料整理後，必須轉換成適合學生的語言模式再去講課；又因著課程的時數限制，所以只能講重點。例如阿美族的豐年祭，是為了要感謝祖靈的保佑及大自然的奉獻，而讓阿美族人能在農耕上有豐收的農作物；因此為了感謝祖靈及大自然神靈的庇佑而舉辦祭典，並藉由歌舞的方式來表達族人的感恩之意。原住民各族因所處的環境不同而有不同的生活方式，所以祭典的名稱或慶祝豐收的作物有所異同，但其方式大部分都是用歌頌、舞蹈來呈現，而這卻不見於相關教科書的編纂中。

　　此外，更讓我有無力感的是，自己花時間、精神辛苦整理有

關「原住民文化」的資料，常因社會課本不斷更換版本，就要重頭再去蒐尋課本上的相關資料；而已整理的資料又這麼多，心中總是有許多的感嘆——生活在蕞爾小島的臺灣，原住民與我們共生共存了許久，但是我們對他們的了解卻只能用「概念式」的方法去向學生授課。這些已整理的資料，都是屬於記憶性的內容，因著自己消化、整理，它們已內化在我的腦海中，但對學生而言卻是難懂、沒辦法理解的，所以上課總是興趣缺缺。心中想著除了枯燥的文獻，難道沒有其他體裁的相關資料，可以引起學童對原住民文化的興趣嗎？如果有這樣的資料，而且適合讓國小高年級學生自行閱讀後，再由老師帶著全班共同來討論、歸納，不是很好嗎？這樣對上社會課的學童來說，應該會更有收穫，而且也可以讓他們更加了解原住民文化。

在我的教書生涯中，國小原住民文化的課程，最多的比例出現在健康與體育課本中。在國小高年級的健康與體育課程中，南一版六下第一單元的飲食大觀園裡介紹各宗教的飲食習慣或禁忌，當中介紹了客家美食及臺灣原住民各族的飲食。例如客家美食有梅干扣肉、長年菜、桔醬等。而原住民的美食則有：鄒族男人要上山打獵或是出遠門時的便當——竹筒飯；介紹阿美族石頭火鍋時，說明鍋具是用檳榔葉的葉鞘所製做的，並告知其煮法。另外，在南一版六上的健康與體育的課本中，第十一單元則是介紹原住民舞蹈，在這一單元教導學生原住民的「山地打獵舞」，讓小朋友試著去體驗原住民的舞蹈。近二年來，課程上有較大變化的是，國語課本中加入了原住民作家的文學作品。例如康軒版五下第十二課〈山豬學校，飛鼠大學〉，是原住民作家亞榮隆・撒可努的作品；康軒版六下第十課也收錄了瓦歷斯・尤幹的作品〈山是一座學校〉。從社會課本、健康與體育課到國語課本，都提到了原住民文化，但

都只提及某一個原住民族群文化的一個「點」。以行政院原住民委員會（2012）的資料顯示，原住民族目前共有十四族，各族的文化內涵因族群或是生活環境而有些許差異，如果可以將國小各科課程中有關原住民文化的部分統整，是不是可以讓學生對原住民文化有更進一步的認識，而不是只停留在知曉原住民各族的族群名稱、各族特有的祭典名稱或歌藝佳、有特色的舞蹈等概略性的記憶認知。

原住民的文化是什麼？它的入門票是哪一張？2011在我班上進行的小型讀書會上，我曾經與各組學生一起共讀亞榮隆・撒可努的作品《山豬・飛鼠・撒可努》一書，每組的成員是三個學生再加一位老師我。閱讀的過程中，我發現每組的學生都問我一個相同的問題——Vu Vu是什麼？在書中，作者撒可努有說明Vu Vu的意思，但每組的小朋友必定問我這個讓我覺得哭笑不得的「好問題」，問的次數一次一次增加，不禁讓我去思考為什麼每組都會問我同樣的問題？起初我以為學生閱讀時不專心，沒有看到書中的作者撒可努的解說，但每組都問到這個問題，讓我想再深入了解學生為什麼會有這樣疑問？當我再進一步推敲原因時，發現學生將「Vu Vu」視為一個英文單字，去查英文字典或用線上翻譯系統也找不著這詞的中文翻譯，所以無法了解這個詞代表的意思。這個發現讓我想到，今天如果有原住民小朋友從小就遠離部落到都市中生活，某一天這個在都市成長的小孩開始接觸自己的族群文化時，是否也會有類似的情況發生？當大家正為著挽救原住民文化而進行各種措施時，例如說原住民母語、改善原住民的生活、增進原住民的就業能力等，在非原住民的部落學校，老師該如何讓原住民學生認識自己族群的文化？母語課每週才一堂，如果只靠母語老師教導文化及母語，那在原住民部落學校的學生對自己族群的認知程度與非

原住民學生會是一樣的。這樣的一個問題，讓我想知道是否有一個主題的概念能讓初次接觸原住民文化的任何人，包括原住民及非原住民身分的人，能藉由這樣的一個主題架構清楚的掌握原住民文化的特色，等有了初步的了解後，再依循這個主題架構，去逐步的深入探究原住民文化。

第二節　研究目的與研究方法

一、研究目的

　　建立一套全面性理解原住民文化的理論，是我現在最冀望的事。原住民文化已在臺灣存在幾千年了，要讓進入原住民文化世界的人能對原住民文化特色有一個概略的掌握，必須先有一個架構存在。我便將原住民文化分成六大項：第一，祖靈的信仰；第二，巫術；第三，飲酒禮儀；第四，狩獵；第五，藝術表現；第六，禮俗規範。並利用這六個項目來建構一套可以全面性認知原住民文化的理論。

　　教育部國民教育課程設計是以學生的生活經驗為主，進而培養學生具備現代國民的基本能力。現代國民應具備的基本能力，教育部列出了十項，其中第六項的基本能力為「文化學習與國際了解」，希望學生能在義務教育中去認識不同族群的文化，進而能尊重、了解與欣賞本國及世界各地的歷史文化。但在現今的教育環境中，閩南人與客家人文化因人數及居住環境，已日益被生活在臺灣這塊土地上的人們所了解、認識，更進一步的將彼此的文化融入在生活中。例如客家人的粄條、客家菜包、福菜等；閩南人的「紅

龜」。但原住民文化？原住民因身處在山林中或是偏遠的東部，讓其他民族能在生活中與原住民文化接觸的機會相對的減少許多。如果將原住民文化排除在關懷本土文化的列車外，那臺灣的多元文化就不完整了，教育中的文化學習也將缺少一個臺灣最早居民的歷史文化了。

從廖明潔（2008）的研究得知，原住民形象在國小的教科書中是以走馬看花、片面式或概念式的方式呈現，這樣的課程內容無法讓國小學生充分認識原住民，只會形成學生對原住民文化的刻板印象或是加深臺灣已存在的族群代溝以及讓族群問題日益嚴重。

瓦歷斯・尤幹在《番刀出鞘》一書中曾提到原住民的精神特色為：

（一）敬畏天地的文化特質。
（二）開放而自由的藝術活動。
（三）達觀率真的性格。
（四）團結合作的美德。（瓦歷斯・尤幹，1994：29）

但這樣的「民氣」卻因著原住民長期處於歷史發展的困境中，而使得該「民氣」逐漸在消失。瓦歷斯・尤幹（1994：181）更指出，一般人對原住民文化的認知較膚淺且用「看熱鬧」的心情來看待，這樣的態度對原住民而言是一種輕率而粗暴的誤解。他建議當非原住民民族想了解原住民文化時，請務必帶著人與人之間那種「互愛互敬」的精神來和原住民一同生活、歌唱、跳舞。瓦歷斯・尤幹更認為要撫平原住民的歷史傷口，只有從文化著手，才能去化解、平撫。臺灣歷史的起點應該要從臺灣島的最早居住者開始，也就是臺灣島的祖先──原住民，唯有讓這個歷史的源頭重現，才有

可能消弭已存在的或日後產生的原漢衝突與問題。因此，第一步要做的事是將原住民的歷史文化列入教科書中。如夏曼‧藍波安所提到的那些神話：

夏曼‧藍波安在一個有關原住民文學的座談會上，有這麼深刻的發言：「曾經有朋友鼓勵我將自己的詩作結集，但卻被我拒絕了，因為我想先把神話寫出來。我發現自己的詩只不過是自己以前在臺北的空虛生活中，所激發出來的情節，是一種痛苦的表現，相對於我們古老的詩歌和神話，簡直差了十萬八千里，所以，當時我就決定先將神話寫出來，不管別人是否認同它為文學……平時，我們也許不會感到這些神話的影響力，但是這幾年，當我重新回到沒有文字記載的部落時，才發現很多神話非得身體力行，才能感受到它存在的意義。很多人問我：『你們雅美人抓飛魚時，為什麼有那麼多禁忌？』假設我沒有參加抓飛魚的行列，就很難去回答這個問題，當我參加過後，我才明白其中的道理。」（孫大川，1993：98-99）

孫大川（1992）也說到：

所謂原住民文學，當然不能光指出是由原住民自己用漢語寫作就算了事，必須盡其所能描繪並呈現原住民過去、現在與未來之族群經驗、心靈世界以及其共同的夢想。在這個意義之下，作為一個嘗試以漢語創作之原住民作家來說，他比別人更有必要也有責任深化自己的族群意識和部落經驗，這是無法省略也不能怠惰的工作。沒有狩獵、捕魚的山海經

驗；未曾進入『會所』接受嚴格的成年儀式，我們的原住民
文學便無法觸及民族的靈魂，失去它應有的生命。（孫大
川，1992：169）

　　孫大川（1992）還提到，原住民文學必須由原住民作者以第
一人稱的身分來書寫，才能真正表達出原住民本身的感受，因為非
原住民作者的描繪、人類學家的記錄揣摩等，都無法真正呈現原住
民的心靈世界。所以藉由原住民文學更能了解原住民文化、原住
民對生活環境的感受及其內心對自己及非原住民族群的愛恨情仇
等。何縕琪（2007）在〈「原住民文學」在語文教學的運用〉一
文中，提到原住民文學不僅保留原住民文化的內涵，還傳遞了原住
民文化。因此，如果可以利用原住民文學中的散文作為國小的閱讀
教材，不僅能讓原住民學生認識自己的文化進而認同自己的族群，
更可以讓非原住民學生在閱讀原住民文學時，去感受原住民作家以
自然氣氛的描述方法來將土地、草木及人融合為一體的情感表現及
對自我族群文化的體現。這些都能讓國小學童更深刻的體認原住民
文化、原住民的群族意識、原住民的風俗等：

　　　　學校正式課程很少介紹原住民文化的特色，造成漢族學
　　生很難由學校課程中正確認識原住民的社會文化特色，而原
　　住民也很難從課程中找到自己的文化特色，這種課程內容會
　　造成原住民學生在學習過程中產生自我認同的困難，甚至產
　　生自卑與不安全感。（何縕琪，2007：44引蔡文山說）

　　　　透過不同族群或多元文化文學讀物可以教導不同團體
　　的文化遺產，使學生接受不同的文化，在愈趨多元化的社

會中，教師會面對各種有差異的學生，以文化回應教學為基礎設計方案，可以達到多元文化教育的目的，並進而增進學生的表現。（何縕琪，2007：34引Richards，Brown & Forde說）

利用原住民文學作品來達成教育的目的，吳其鴻認為具有以下功能：第一，原住民文學中仍然保留部分的「原文」，學生在接觸時可以和自己的母語保持一種「不陌生的熟悉」；第二，透過原住民文學中所保留的文化內涵來傳遞母文化；第三，將族群的歷史文化等用文學的方式表現出來，教師引導學生在自然的氣氛中學習，建立群族的認同感與歸屬感。孫大川、浦忠成曾以原住民籍學者的觀點體檢國小教科書，結果發現課本內容所呈現的風俗、文化、人物、典章制度等都是漢族文化下的產物，即使偶爾出現的原住民教材也都以漢族文化來鋪陳，無法反映原住民文化的真正意涵，原住民的觀念與價值不是被漠視，就是遭到邊陲化。（何縕琪，2007：39引吳其鴻說）

原住民文化在國小的正式課程中，都只是以「點」的方式散落於各個科目的課程中。如果可以將這些點串連起來，再加上閱讀原住民作家的散文，將可以使得原住民文化在國小課程中有一個較有系統的呈現，而不再只是散落在各個科目中的點文化或是只有一個面向的線文化。整理國小課程中相關的原住民文化課程，整合成一個具有原住民特色的「原住民文化」統整課程，再輔以原住民散文的閱讀，來補強課程中的疏漏，將可以使得原住民文化能有一個完整的面向課程，方便運用在國小的多元文化教育及統整課程上。

二、研究方法

　　為了達到上述的研究目的，必須採用相應的研究方法。因此，這裡就略為交代相關的取向。由於本研究所要處理的「原住民散文中的文化演現」是新概念的建立，屬於理論建構的一種，而不是實證研究模式，所以研究中各種相關資料的取捨及整理，需要藉助各種方法，包括：現象主義方法、宗教學方法、社會學方法及美學方法等。

　　現象主義方法，是指探討一切能顯示於意識或為意識所及的對象的方法。（趙雅博，1990：311；周慶華，2004：95）本研究中的第二章文獻探討，將對現今有關原住民文學的定義、原住民散文的研究及原住民散文中的文化課題等資料，以我個人的意識所及，把資料作一番整理、分析及批判，並從中歸納出原住民散文中的文化演現情況。

　　本研究論述原住民散文中的「祖靈的信仰」及「巫術」，這二個議題與原住民的信仰有所相關，所以採用專事「評估語文現象或以語文形式存在的事物所具有的宗教特徵（價值）」的宗教學方法（周慶華，2004：159）來對「祖靈信仰的源頭」、「祖靈信仰作為『祈求庇佑』的憑藉」、「祖靈信仰一併轉為『驅逐惡靈』的力量」、「巫術的起源與傳承」、「巫術中巫師角色的扮演」、「巫術行使的形態及其功能」及「巫術所面臨的時代考驗」等課題作進一步的探討建構。

　　本研究中討論原住民散文的「飲酒禮儀」、「狩獵」與「禮俗規範」，這三章分別是論述人與人、人與自然和動物以及人與環境的關係，與社會學有其相關性，所以此三章用社會學方法來加以研究。第五章的「飲酒禮儀」，將從「飲酒與祭儀及巫術的關係」、

「飲酒在社交宴樂中的特殊作用」、「飲酒的集體與個別的禁忌」及「飲酒遭遇外來文化衝擊後的質變」等四方面來論述原住民散文中有關「飲酒禮儀」的文化。接著將以「獵人的條件與養成」、「狩獵的規矩及其禁忌」與「獵人學校的期待」等三個面向來探討原住民散文中有關「狩獵」的文化。而以「出生與成長的禮俗規範」、「死亡的禮俗規範」及「祭典與其他的儀式」等三小節來論述原住民散文中有關「禮俗規範」的文化。

　　社會學方法，原是用以研究社會現象的方法（史美舍〔N.J. Smelser〕，1991；謝高橋，1997；藍采風，2002），但在此特別是指用於研究語文現象或以語文形式存在的事物所蘊藏的社會背景的方法。這二者的差別在於原來的社會學方法已形成一個相對獨立的方法，並且具體呈現在社會學研究中。社會學方法以三個結構層次來表現，此三個層次分別為：方法論層次、具體研究方式及方法的層次、研究技術的層次。而其研究方法則有社會調查、社會觀察和社會實驗。具體的研究方法則有比較法、文獻法、問卷法等；而研究技術則有問卷的設計技術、抽樣技術、測量技術等。（王海山主編，1998：230-231）但這用在探討語文現象或以語文形式存在的事物內所蘊藏的社會背景上，則無法全部轉移「社會學方法」的內容。因為在此只是利用社會學的方法來解析語文現象或以語文形式存在的事物所蘊藏的社會背景，所以綜合採用社會學方法中對社會和社會關係、社會規律的重視方式來探討原住民的飲酒禮儀、狩獵與禮俗規範等社會化的文化面向。（周慶華，2004：87-88）

　　本研究中探討「原住民散文中蘊涵的藝術表現」，因與原住民文化中的「建築與雕刻」、「編織與文面及圖騰飾物」、「樂器製作與歌曲創作」及「其他生活器具」等藝術呈現有關，所以引用

美學方法的論點來研判。美學方法，是用以評估語文現象或以語文形式存在的事物中所具有的美感成分（價值的方法）。（周慶華，2004：132）一般認為語文會成就一個美的形式，所以必須合情化，其目的在求「美」。因為經過藝術化的語文作品都具備一定的形式（姚一葦，1985：380），與其他藝術品的美有所不同，因為承載或身為文學作品的美的形式與「意義即內容」是有相關的。（周慶華，2004：132-134）

　　本研究的類型是屬於「理論建構」。周慶華在《語文研究法》中說到：

> 理論建構，講究創新。大致上從概念的設定開始，經由命題的建立到命題的演繹及其相關條件的配置等程序而完成一套具體系且有創意的論說。（周慶華，2004：329）

　　就理論建構而言，必須將本研究有關的「概念設定」、「命題建立」及「命題演繹」作一個說明。本研究是以原住民散文的文化演現為主題，所設定的主要概念有原住民散文、文化演現（概念一），以及次要概念有祖靈信仰、巫術、飲酒、狩獵、藝術表現、禮俗規範等（概念二）。概念確立後，依著理論的建構方法來建立相關的命題，以便進行論述。由概念一及概念二將原住民文化在散文的文化演現區分成六個面向：原住民散文中蘊涵有特殊的祖靈信仰（命題一）、原住民散文中蘊涵有相應祖靈信仰的巫術（命題二）、原住民散文中蘊涵有相關的飲酒禮儀（命題三）、原住民散文中蘊涵有獨特的狩獵習俗（命題四）、原住民散文中蘊涵有豐富的藝術表現（命題五）及原住民散文中蘊涵有可觀的禮俗規範（命題六）。經由本研究的六個命題面向來演繹，本研究的價值可以促

成多元文化教育的落實（演繹一），也可以提供統整教學的參鏡（演繹二），還可以深化本土語言教學的內涵（演繹三）。茲將本研究中所論及的概念、命題及演繹作成一個圖表，藉此來呈現本研究論述的架構：

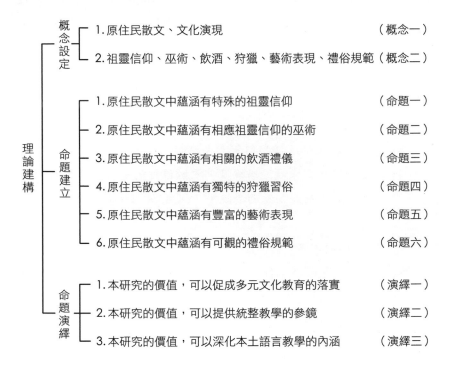

圖1-2-1　本研究理論建構圖

第三節　研究範圍及其限制

一、研究範圍

　　本研究試圖建構一套可以全面性認知原住民散文中的文化演現的理論，而此理論則涉及祖靈信仰、巫術、飲酒禮儀、狩獵、藝術表現及禮俗規範等六個面向。因此，這六個面向也就合而為本研究所要探討的範圍。以下將分別就這六個面向作一點說明。

（一）原住民散文中的祖靈信仰

　　祖靈信仰是原住民文化的核心，因著祖靈的信仰而有巫術、飲酒、狩獵、藝術表現及禮俗規範等面向的產生。所以「祖靈信仰」的研究面向將以原住民散文中的「祖靈信仰的源頭」、「祖靈信仰作為『祈求庇佑』的憑藉」及「祖靈信仰一併轉為『驅逐惡靈』的力量」等作為第三章討論的對象。如：

> 　　這裡的長輩包括馬臺部落來的Yutas（泰雅族語：祖父輩稱謂）和馬偶（叔伯輩之稱謂）、雅大（伯母嬸嬸輩之稱謂），以及把尚伯伯家族的長輩。
> 　　他們圍坐著低聲交談一會兒，就是那位馬臺部落的Yutas手拿一個酒杯，注滿小米酒，以手指沾杯中酒，向四周灑潑，口中同時低聲唸著：「今天這件事……就讓這杯酒『拿去』（消除）吧！」在場的長輩們，全都安靜肅穆的低首垂目。此刻，彷彿清楚的感覺到天地、祖靈都在聆聽這場

告解儀式。

> 「無論如何啊！孩子們年紀小，不懂道理，破壞了我
> 們的GAGA（泰雅族之儀式團體，也泛指一切禁忌、規範、
> 祭儀、禮俗……），」老Yutas用酒滴灑捆綁在旁待宰的豬
> 隻，說：「我們願意用這酒、以及這頭豬來向天地、祖靈告
> 解。」眾人默默。（里慕伊・阿紀，2001：119-120）

這所牽涉的就是「祖靈信仰『祈求庇佑』的憑藉」，為原住民
文化的重要環節而值得關注。

（二）原住民散文中的巫術

原住民文化中的巫術，相當於我們現代的醫生、心理師的角
色。原住民散文中的巫術的面向將以「巫術的起源與傳承」、「巫
術中巫師角色的扮演」、「巫術行使的形態及其功能」及「巫術所
面臨的時代考驗」等作為第四章的討論對象。如：

> 在日領時期末期，當族人遇到生病或是不舒適時，部落
> 裡的傳統方法仍是依賴所謂的巫婆，透過祭儀、祈福或是做
> 法等等來趕走疾病，因為族人認為只有惡靈附身才會使人生
> 病，惟有通過能與靈對話的巫婆做法，才能夠驅逐作祟的惡
> 靈，恢復身體和精神上的健康，這也正是人類所稱的「白巫
> 術」。（利格拉樂・阿𡠂，1998：82）

這所碰觸的就是「巫術中巫師角色的扮演」，為原住民文化中
具有「承轉」功能的成分，可以將它提升到「動見觀瞻」的地位。

（三）原住民散文中的飲酒禮儀

酒在原住民文化中是一種特別且嚴肅的元素，而不是現代人印象中的那種被扭曲後的意義。飲酒禮儀將從四個方向來探究，內容包括「飲酒與祭儀及巫術的關係」、「飲酒在社交宴樂中的特殊作用」、「飲酒的集體與個別的禁忌」與「飲酒遭遇外來文化衝擊後的質變」等。如：

> 之後用烤乾的乾材取火煮稀飯，這時候我開始準備夜獵的東西，等所有的東西都備齊後，我拿出在山下買來的竹葉青，視線朝著密林探去，在喝之前，一樣按著排灣的方式，先敬祖先和好兄弟，一口接一口地喝下，陶醉在竹葉青的香醇裡。（亞榮隆‧撒可努，2011a：199-200）

這所涉及的就是「飲酒與祭儀及巫術的關係」，原為原住民文化中較為獨特的一種禮儀，但現今已逐漸失落，理應將其尊貴性復原。

（四）原住民散文中的狩獵

狩獵是原住民賴以維生的一種方式，這個對象的研究將從「獵人的條件與養成」、「狩獵的規矩及其禁忌」及「獵人學校的期待」等三方面著手。如：

> 「撒可努，我的兒子啊，危險是能預知、感受和學習的，不斷地學習、感受，判斷得準確就能預知危險的存在，這是獵人最重要的課程和常識。」（亞榮隆‧撒可努，2011a：61）

這所關連的就是「獵人的條件與養成」，可以藉它來窺見原住民文化中「生動」的一面。

（五）原住民散文中的藝術表現

原住民在藝術的表現方面多采多姿，而對於原住民散文中蘊涵的藝術表現範圍，只擇要從「建築與雕刻」、「編織與文面及圖騰飾物」、「樂器製作與歌曲創作」及「其他生活器具」等四方面來探索。如：

> 照房間的大小，挖溝槽把石基埋下之後，接下來的工作是木匠的事了。因為經濟的關係，造房子都是將就著在自己地上就地取材，諸如石頭，竹子，木頭等，只要出時間和勞力就可以。倒是木工部分因為是自己不會的專業，所以請工匠是要付工錢的。（白茲‧牟固那那，2003：57）

這無形中透露了原住民文化中「與自然共構一體」的觀念，可說是無比珍貴而可以取則。

（六）原住民散文中的禮俗規範

禮俗規範是從原住民的生命禮俗及祭典、儀式出發，可討論的對象包括「出生與成長的禮俗規範」、「死亡的禮俗規範」及「祭典與其他的儀式」等。如：

> 我坐上床緣，雙手無意觸摸到一捆麻繩和乾淨毯子，眼看病人面無血色地仰躺床上，我內心已有了打算；但還是要有確定診斷的動作，檢查呼吸、心跳、脈博、及瞳孔，爾後

搖搖頭宣布死亡。

　　確定生命停止後，好像有股恐怖氣流忽然湧進屋內，使得年輕人與他叔叔的臉色同步轉變，也同時拿起毯子及麻繩，他們即將把死者捆住包裹起來，準備立刻送葬。（拓拔斯‧塔瑪匹瑪，1998：224-225）

　　這表現的是原住民的「死亡的禮俗規範」，表面看來頗為「原始」，其實是最自然的處理方式，在原住民文化中有其可以加以仔細演繹的地方。

　　以上是本研究的主要範圍。其次，則是要藉由這六個面向的探討成果，考量它可以發揮的作用，試為研擬「促成多元文化教育的落實」、「提供統整教學的參鏡」、「深化本土語言教學的內涵」等運用途徑。

二、研究的限制

　　至於本研究的限制，則約略涉及到研究範圍、選材及論述運用三個層面。

　　原住民文化已在臺灣發展幾百年的歷史，其文化的規模可說不小，但本研究旨在建立一套理論來全面性的認識原住民文化，所以僅能就概括性的面向來加以探索，包括：（一）祖靈信仰；（二）巫術；（三）飲酒禮儀；（四）狩獵；（五）藝術表現；（六）禮俗規範。此外，如果還有細微的關連或衍生性的成分，也就只能等待日後再深究了。

　　還有原住民文學的定義，學者及作家們各有主張。倘若以創作的「題材」為標準時，在臺灣這個島嶼有那麼多的族群共同生活，

對原住民文化有關的題材，非原住民可能也會有更深的體會或是獨到的見解，但因其數量龐大、作品混雜及其散落的地方較廣泛等因素，而使得以原住民文化為題材的作品搜尋不易，因此暫時不將此類作品列入研究範圍內。雖然如此，此類作品有異於原住民作家觀點的地方，將會用來作為旁證或與原住民作家相對照。

本研究是以具有原住民身分作家的散文作品作為研究對象，因為本研究的目的為建構一套全面性認知原住民文化的理論，所以採用比較便利的「身分」區別法。所考慮的是有原住民身分的作家其著作能更切近彰顯原住民文化；也更因為其原住民身分，所以在看待原住民文化時能用更深入且使用有臨場感的第一人稱的書寫方式來呈現。又因為受探討「文化演現」這一個迫切性課題的限制，所以對於散文一般會討論的形式、技巧和風格等層面（方祖燊等1975；俞元桂主編，1984；何寄澎主編，1993；鄭明娳，1994）也就不便一併涉及，而可以留待他日再另行探討。換句話說，原住民散文也可以專就它的審美特性作分析、比較和評價（如第二章第一節原住民散文的文獻所見的那樣），但本研究自有側重點，以致只好將該課題移出勿作寄望。至於「原住民文學」的各家說法及不選擇非原住民作家作品的原因，待下一節再作說明。

此外，有關論述運用上的限制，本研究雖欲建立一套全面性認知原住民文化的理論，但也僅研擬出三個途徑的運用，包括促成多元文化教育的落實、提供統整教學的參鏡及深化本土語言教學的內涵等，而無法再思及其他。另外，因為建構此理論的急迫性遠大於在教學上的運作，所以也未能考慮進行實務來作自我檢證成效；這是理論與實務無法完全密合而可以成為一個尋思的空間，這裡就一併寄予他日再進行計畫商議了。

第四節　名詞釋義

一、原住民散文

（一）「身分」說

　　對於「原住民文學」的看法，吳錦發（1993：5-12）在其編著《願嫁山地郎》一書的序文中，曾提到將該書的文章分成二類：一類為「原住民文學」；另一類稱為「山地文學」。原住民文學是指具有原住民身分的作家所寫的文章；而以非原住民身分所書寫有關原住民的文章就稱為「山地文學」。由此可知，吳錦發對原住民文學的定義是以作家的身分作準則。孫大川（1993）也認為以「身分」作為區別原則來界定「原住民文學」，是原住民文學上一個極為正確的準則。除此之外，要開拓屬於原住民自己的文學，更應該將「題材」的束縛掙開，勇敢的用第一人稱的身分來寫作。用身分作為區分的標準，雖然很少被運用在中西方文學上，但是因為原住民文化已經面臨即將消失的境況，不妨藉由文學呈現的方式來喚醒族人的危機意識並凝聚族群共識，進而將族群的聲音透過文學的方式來引起其他族群的注目，也讓在臺灣島上生活的人知道讓原住民的心聲。

（二）「語言」說

　　瓦歷斯・尤幹（1994：127-134）在《番刀出鞘》一書提到「原住民文學」，就是原住民以原住民族群的文字，來書寫以原住

民文化為題材的作品。他認為如果原住民文學的書寫捨棄這個準則，那原住民文學將只會是臺灣文學中的某一個支派，無法成為「中心文學」。以這樣的說法發展出來的原住民文學，只有懂得該族語言的人才能去欣賞這樣的文學，沒有辦法讓其他人「直接」去認識原住民文化。

（三）「題材」說

但浦忠成（1996）卻覺得倘若以創作的「題材」為標準，那麼就可以避免以「語言」或「身分」為準則而形成原住民文學上的限制或缺點。因為臺灣是個多族群的社會，對人事物的情感與看法會依各族群的文化或觀點而有所不同，所以以作品內容的「題材」為準則，要判定原住民文學與否會是較恰當的區分依據。

倘若以「題材」作為劃分原住民文學的準繩，由於非原住民作家並未能真正的表達出原住民的心聲及情感，再加上其對大自然環境的接觸、體認並沒有原住民那樣深厚的感受，而使得讀者在欣賞此類非原住民的著作時總覺得少了一分原住民獨有的特色。而作品描述的角度也可能是以漢人的觀點為出發，並非能真正的表達出原住民們的心聲。例如漢人作家陳其南在〈飛魚和汽車〉一文中對雅美族（今稱「達悟族」）造拼板舟的描述：

> 雅美人為了捕撈飛魚，特別建造了可乘坐八人或十人以上的大船。為了建造這些大船，雅美人要花費一兩年的時間準備，用最原始的工具到深山裡頭砍伐巨樹，再切成厚厚的船板，一塊塊地從處女林中搬運到海邊的住家附近……雅美族的拼板舟（不是獨木舟），不僅在工藝技術上具有相當

的水準，即使在藝術成就上也可媲美其他民族。（陳其南，
1993：218）

又如漢人作家林建成在〈新船下水〉一文中有關造拼板舟的
敘述：

> 雅美人世代靠海維生，因此獨木舟成為不可或缺的工
> 具，族人通常在山上早早看好了木頭，打上自己的記號，待
> 新船開工，便攜帶斧頭上山砍回，然後一塊塊木頭將之剖刻
> 再接合，板塊縫隙則填以木棉。（林建成，1995a：161）

但這在達悟族作家夏曼・藍波安的《冷海情深》中，對造拼板
舟的敘說卻是：

> 「孩子的父親，這棵樹是Apnorwa，那棵是Isis，那棵是
> Pangohen……這些都是造船的材料。這棵Apnorwa已經等你
> 十多年了，是拼在船身兩邊中間的上等材質，這種材是最慢
> 腐爛的。這顆是Cyayi，就是今天我們要砍的船骨……」
> 在父親剖船骨周邊的蔓藤之前，他口中唸唸有詞，蹲在
> 地上祈求道：
> 森林的山神啊　我已是祖父的老人　包括我的聲音和體
> 味　祢們是熟悉的孫子的父親也一道來祝福祢們　別讓我們
> 手中的刀斧由銳變鈍　好使祢早早在海洋中　衝破洶濤駭浪
> 逞英勇。
> 嗶……的一聲，驚動了力・巴杜克山頂的灰面鵟、木
> 葉蝶，牠們吱吱地叫著，父親是一眼也不看這些鳥，唯恐瞧

見Tazkok鳥（不吉利的鳥）。他一面削砍樹幹，同時又祈求道：我等祢了十多年　砍除祢周身的木屑　留下祢最堅實的部分　那是充滿飛魚、方頭魚腥味的木塊的。

　　父親砍了三分之一後，把斧頭交給我，並令我唸最後一句「充滿飛魚腥味的木塊」……我越說越起勁，不久這樹便順利的倒地了。父親又道：祢是孫子的父親之主人　求祢在大海中庇佑我的兒子　滿載飛魚的榮耀歸於祢。

　　「雅瑪，砍造舟的樹需要說那麼多的話嗎？」我說。

　　「樹是山的孩子，船是海的孫子，大自然的一切生物都有靈魂，你不祝福這些大自然的神祇，你就不是這個島上有生命的一分子……有了這些儀式，大自然就不會淘汰我們的民族。」這跟淘汰有關係嗎？我如此質疑。（夏曼・藍波安，1997：57-59）

　　從上面三篇對造拼板舟的敘述來看，三位作家都是從拼板舟對達悟族的重要性為論述切入的主題，但兩位漢人作家較著重於造拼板舟的結果，而原住民作家夏曼・藍波安則是著重於造舟過程來顯現原住民對自然的感謝及對祖靈信仰的儀式。因此，要了解原住民文化，從具有原住民身分作家的作品來認識會更貼近其真相。

　　彭小研（1994）從文學角度出發來看原住民文學，她認為對原住民作家而言，擷取漢人邊緣戰鬥的口號術語是一件很容易、簡單的事，但漢人作家如想模仿原住民作家，例如田雅各的山林文學或夏曼・藍波安的海洋文學風格，卻是困難的事，除非這些漢人作家具有原住民對山林的生活體驗。因為原住民是用原住民獨特的情感表達方法、思維方式、生活體驗、文化傳統等來進行書寫，這些都是原住民異於其他民族的部分，也是讓原住民覺得驕傲的地方。

原住民文學因著各族群不同的語言、特性、文化傳統，再加上作家們彼此的個性、筆法、個人經驗等差異，而使得原住民文學呈現出多種風貌。霍斯路曼‧伐伐（2002）也指出原住民以漫長的歲月在原始森林中成功的建立了與大自然相處的生活模式，這些經驗是其他族群未曾有過的生活。再加上臺灣是個多山的島嶼，整體生態也受山林影響，而原住民親近山林的機會比其他族群更多，因此原住民文學的特別性便產生。本研究旨在建立一套全面性認知原住民文化的理論，必須採用最真實且詳盡呈現原住民文化的作品。因此，本研究在「原住民文學」的界定是採孫大川（1993）以原住民的「身分」說為準則。

浦忠成（1996）將原住民文學分成二類：一是民間文學，又稱口傳文學，包含神話、傳說、民間故事、諺語、笑話、歌謠詞或祈禱詞等；另一類是創作文學，包含小說、散文、詩歌等。孫大川（1993）指出倘若用較寬鬆的標準來看原住民文學，那原住民文學最早始於採集口傳神話及傳說；但這些大都是人類學家田野調查的結果，並不是以原住民為主體身分的自我呈現。換句話說，它只是以人類學家或是「別人」為對象。如果原住民文化的呈現上是以旁觀者的角色來書寫，勢必無法確實表現出原住民特有的風格。再加上口傳文學是最早的原住民生活記錄，它並未隨著時間的流動而記錄其變化，更無法讓現代的人與現今的原住民生活作一個對照。所以本研究不採用民間文學，而將選材上的類型限制在「創作文學」上的散文。

在文學創作中，本研究的範圍是以「散文」為主。雖然詩也是情感表達的一種方式，但就其語言的表達方式而言，「詩」是文學作品中文字使用較精鍊的體裁，是詩人對某事物情感的抒發。這類的作品對於讀者而言，必須透過詩的前後文或題目、作

者的情感、書寫的動機等方式，來理解作者所欲表達的情感或理念，所以在閱讀「詩」時，無法直接理解作者所欲表達的理念，等於是需要二個以上的思考步驟才能讀懂「詩」的意境。再加上詩對韻律、句法變異、想像力等的要求又較散文來得嚴謹。相較之下，散文講求的是自由活絡，在特定的情感或思想的引導下進行寫作，對作者書寫的限制較少，比較能表達出作者的情感。（周慶華，2001a：446）因此，本研究不採用有關原住民作家所寫有關「詩」的著作。

小說與散文的主要分別在於敘事技巧上，散文的形式介於「詩」與「小說」之間。散文採用的語調類似口語的寫法，而小說是使用指示語句；散文的敘述內容不外乎是「自己經歷的事」或「自己聽聞他人的經歷」，小說主要是運用「想像力」來加以鋪陳、渲染故事，不論其來源是否有事實依據；散文的表現手法較接近自然而少用技巧花招，且用比喻或象徵思想情感的方式來敘述的故事或是事件，但小說的目的在作為一種評價，雖然其語言表面似乎像是在報導某些事。換句話說，小說的體裁已加入作者許多的想像內容，讀者無法從其內容判斷各個事項的真實性。而本研究的主要目的在於建立一套全面性認識原住民文化的理論，因為小說已加入作者本身的想像力在故事的鋪陳上，以致不將原住民創作文學中的「小說」放入本研究中。

此外，還有少數原住民戲劇（包含舞臺劇、歌劇、電視劇、電影等），它的形成也跟原住民小說一樣，已經多方的詮釋和包裝，遠不及原住民散文有真實感，所以本研究也要將它略去。

基於以上的理由，所謂的「原住民散文」就是以具有原住民身分作家的散文著作。

二、文化演現

文化演現是指文化的演出、呈現。而「文化」一詞的定義，各學派的說法莫衷一是，但如果將它界定為「一定歷史性的生活團體表現他們的創造力的歷程和結果的整體」（沈清松，1986：24），這樣它的好處是方便指稱和收攝材料。文化，是從終極信仰開始，然後形成世界觀，再由世界觀而發展出哲學、科學、倫理、道德、宗教、文學、藝術以及政治、經濟、社會制度等。（周慶華，1997；2005；2006）所以世界觀就具有「承上啟下」的功用。文化的五個次系統，分別是終極信仰、觀念系統、規範系統、表現系統及行動系統。

終極信仰，是指一個具有歷史性的生活團體中的成員，因著對人生和世界真相意義的一種終極關懷，進而讓自己的生命去尋求一種心靈上的依靠。例如如果某人往生後嚮往「阿彌陀佛」的極樂世界，那他在世時其心靈會是傾向「淨土宗」的宗教信仰。

觀念系統是，指一個具有歷史性的生活團體中的成員認識自己和世界的方法，並從中產生一套認知體系和一套延續該體系來發展他們自己的認知體系。例如以「淨土宗」為自己的終極信仰時，會形成其中一個觀念，往生後想到西方淨土，在世時就必須多誦《阿彌陀經》。

規範系統，是指一個具有歷史性的生活團體中的成員，依據他們的終極信仰和自己對自身及世界的了解而制定的一套行為規範，再依這些規範產生一套行為模式。

表現系統，是指一個具有歷史性的生活團體中的成員，用一種感性的方式來表現他們的終極信仰、觀念系統和規範系統等，因而產生了各種文學和藝術作品。

行動系統，是指一個具有歷史性的生活團體中的成員，對於自然和人群所採取的開發和管理的全套辦法。（沈清松，1986：24-29）

從世界觀的角度出發，可將世界的文化區分成三個系統，分別為「緣起觀型文化系統」、「創造觀型文化系統」及「氣化觀型文化系統」。此三大文化系統的差別為：

「緣起觀型文化系統」，其相關知識的建構，是起源於建構者相信宇宙萬物為因緣和合而成（洞悉因緣和合的道理而不為所縛就是佛）例如古印度佛教教義的構設（如今已傳布至世界五大洲）。（周慶華，2001a）

「創造觀型文化系統」，其相關知識的建構，是起源於建構者相信宇宙萬物受造於某一個造物主，因而發展出伸張「個人」的權利。例如一神教教義的構設。

「氣化觀型文化系統」，其相關知識的建構，是起源於建構者相信宇宙萬物由陰陽二氣化生，而該自然氣化的過程及規則，就稱為道或理，也就是中國人俗稱的造化。因此，宇宙萬物的起源演變都在「自然」中進行；而也是要人們體會這個自然的價值，不要做出違反自然的事情。而原住民也就是遵守這樣的律則而發展出自己獨特的族群文化，而使得自然和人、個人與族群、人與人之間形成和諧相融且相互依存的行為或道德。至於陰陽二氣化生宇宙萬物中，所指的陰陽二精氣，就是一般所說的「神靈」，陽精指的是神、陰精指的是靈。人死後，魂魄消散，又恢復原來的形體——神靈。（周慶華，2007：87-92）

原住民文化近於「氣化觀型文化系統」，一樣相信萬物有靈。其由祖靈信仰而衍生出其他的文化面向，如巫術、飲酒禮儀、狩獵、藝術表現及禮俗規範等。換句話說，原住民的祖靈信仰是同屬

於「泛神信仰」的範疇，因為原住民認為大自然中的萬物，如山、河、花、草、樹木等，都有其神靈存在，而祖先死後也會再回到其原始的形態——靈，而存在部落的周遭中，保護著族人。所以原住民的神靈信仰是屬於泛氣化觀型文化系統中的「終極信仰」。

　　因為有祖靈信仰的關係，原住民可以藉由祈求來向祖靈表達其情感或是訴說其內心的想法等；但遇有事需與祖靈溝通時，就必須要有懂得與祖靈溝通或表達方式的人，而扮演這個角色的人就是「巫師」，巫師藉由其與生俱來的能力來與神靈溝通或是協助傳達神靈的旨意。而神靈其本質為「精」，且神靈存在於大自然中，所以巫師是以一種泛氣化觀的觀念進行其工作，其在文化次系統中的位置屬於「觀念系統」。也因著「終極信仰」，原住民衍生人與大自然、人與人、人與族群的相處模式，而形成規範，所以原住民文化中的「飲酒禮儀」、「狩獵」、「禮俗規範」等文化是屬於文化次系統中的「規範系統」。而編織、圖騰等正是原住民因著對祖靈信仰、巫師及各種禮俗規範的感性表現，所以原住民文化中的藝術表現在文化次系統中位於「表現系統」。還有由於規範系統的形成，原住民對其族群中個人的行為必須作個管理，以讓原住民文化遵循著祖靈信仰來發展，因而對族人的生老病死等禮俗及獵人狩獵時應遵守的行為、飲酒的時機及方式等而有所規範，也就是使族人的行為有所依歸，而這造成「行動系統」的產生。以下將原住民文化中的細項與其在文化的五個次系統的位置，以圖來呈現：

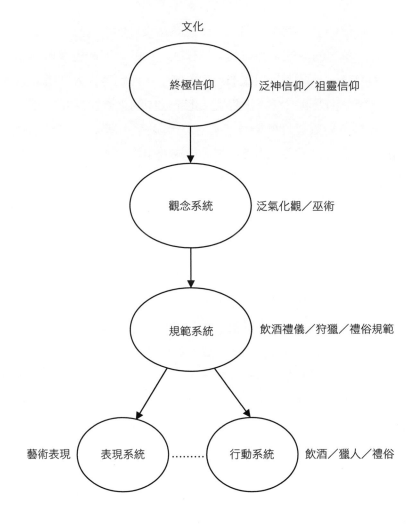

文化

終極信仰　　泛神信仰／祖靈信仰

觀念系統　　泛氣化觀／巫術

規範系統　　飲酒禮儀／狩獵／禮俗規範

藝術表現　表現系統 ……… 行動系統　飲酒／獵人／禮俗

圖1-4-1　本研究理論建構中的文化次系統圖

「終極信仰」的位置是最優越的，它塑造出「觀念系統」，而觀念系統再衍化出「規範系統」；而「表現系統」及「行動系統」就上承規範系統／觀念系統／終極信仰等（按：表現系統和行動系統之間並沒有誰承誰的情況；但是它們可以「互通」〔所以用虛線來連接〕）。（周慶華，2007：184-185）

| 第二章 |

文獻探討

對原住民而言，「山海」的象徵，不單是空間的，也是人性的。它一方面明確地指出了臺灣「本地化」運動，向寶島山海空間格局的真實回歸；另一方面也強烈凸顯了人類向「自然」回歸的人性要求。它不同於愈來愈矯情，愈來愈都市化、市場化的「臺灣文學」，也不同於充滿政治意涵的所謂「臺語文學」。長久以來，原住民卑微、苦難的經驗，使他們的文學筆觸、藝術造形及文化反省，更能觸及到生命的本質和人性的底層。（孫大川主編，2003：52-53）

李瑛（2000）提到原住民的創作比漢人更關注自然與人的關係，有些人會將神話與生活世界、文化等結合的寫實手法來呈現；而在語法的表現上，原住民也有其特色，例如排灣族在唱歌技巧中都是將一個句子拉得很長，因為排灣族人認為歌要唱得好是不能隨便換氣的，所以在閱讀有關排灣族作者的作品時，讀者可以感覺到作者似乎在自己的文學著作上雕刻，而且句子的呈現也拉長許多，這是一種語言美感的表達。

原住民文學的界定，大致可以區分成三類：第一，身分說；第二，語言說；第三，題材說。原住民長期與大自然為伍，其生活已與大自然融合一體，所以其文化具有獨特性，這些是非原住民作家無法模仿的，所以本研究是採用「身分」來界定原住民文學。

本章內容將蒐集到的文獻分成二類：研究資料中其內容有對原住民文化作論述的作品將列入本章第二節「原住民散文的文化課題」來加以探討；其餘則放在第一節「原住民散文」中。本章是以現象主義作為研究的方法，也就是將對現今有關原住民散文的研究及原住民散文中的文化課題等資料，以我個人的意識所及來把資料作一番整理、分析及批判，並從中歸納出我所要探討的原住民散文中的文化演現取向。

第一節　原住民散文

　　浦忠成（2000）提到有關原住民文學的風貌，約略可以分成日據時代末期及戰後二個階段。日據末期，是原住民文字書寫的開始，如泰雅族的林瑞昌、卑南族的陸森寶及鄒族的高一生等人。這個時期書寫的語言是日文，但因受限於日本政府的種種壓迫，原住民作家沒有辦法依自己的思想去寫作，但原住民卻用自己的母語唱出了心中的想法，如陸森寶的〈美麗的稻穗〉。

　　戰後時期，原住民文學內容從1980年代開始有較深的民族意識，而在1990年代原住民文學就逐漸興盛了。戰後接受現代教育的原住民，如胡德祥、華加志等人，其中文能力較日據時代的作家佳，但因政治情勢及同化政策，而使得書寫的範圍仍是處於為政黨辯護的位置；直至1980年代，解嚴後的臺灣社會正在釋放戒嚴時期所承受的苦悶與壓力，原住民社會也因此開始反省，如原住民的創作者將心中有關土地權喪失、經濟權被剝削、同化政策造成的文化流失等問題用文學來抒發心中的不滿及疑惑。

　　原住民文學中的創作文學，其文體與漢人一樣，散文作品數

量最多，而詩歌、報導文學、小說等體裁作品也有漸增的趨勢。原住民作家對以何種文體來進行寫作並不是那麼在意，有時一篇作品中可能會出現數種文體的寫作方式或特徵。如有些文章其文體像散文，卻又有小說的味道，這是原住民作家的特色之一。

在蒐集資料時，發現以「原住民散文」為主題的相關研究資料寥寥無幾，所以輔以原住民作家中，其有散文著作且集結成冊的相關研究資料來作整理、歸納。將資料分成兩類：一類是期刊資料；另一類是學位論文資料。

期刊資料中，談論原住民散文的共有六篇，如巴蘇亞·博伊哲努（浦忠成）（2008）的〈出入創作與論述之間的原住民文學健筆瓦歷斯·諾幹〉、許琇禎（2009）的〈原民書寫中的殖民意識與現代性——以田雅各、夏曼·藍波安為例〉、郝譽翔（2010）的〈孤獨的救贖之地——論夏曼·藍波安的海洋書寫〉、楊政源（2008）的〈試論《冷海情深》（1992-1997）時期夏曼·藍波安的文化策略〉、陳敬介（1999）的〈冷海中燃燒的生命——試讀《冷海情深》〉及林永福（1998）的〈臺灣原住民的散文——以《永遠的部落》為例〉。當中比較有代表性的是郝譽翔、陳敬介和楊政源的研究。

郝譽翔（2010）在〈孤獨的救贖之地——論夏曼·藍波安的海洋書寫〉一文中，提到要建立族群的認同，需要從個人、族群乃至國家都要有共同傳承的信仰、經驗，才能滋養出共享的特色。但原住民文化從以前到現在都因殖民政策而被忽視，現在因族人的意識抬頭，而發現族群文化已快消逝，才開始進行搶救，但執政者仍未有適時的政策出現，再加上歷代的執政者對原住民文化的了解不夠，所以原住民們只能先用文字保留目前能掌握到的文化，並儘量加以記錄，無法再等待與國家達成共識。原住民

文化已在殖民文化中快被摧毀殆盡了，但作者只是從現代／傳統、臺灣／蘭嶼的角度來看待夏曼的書寫，甚至認為書中的文化只是夏曼自己為了抒解壓力而找到的出口，而不是達悟族文化的呈現。

陳敬介（1999）則從《冷海情深》一書中去分析夏曼‧藍波安對族群認同的心路歷程、對達悟族海洋文化的實踐及現實生活與理想部落文化的學習等三面來進行，屬於文本內容書寫的探究；楊政源（2008）則是從《冷海情深》一書的內容去分析夏曼自己對傳統文化與現代之間自相矛盾處，例如穿現代潛水衣去捕魚。而另一個剖析面則是從書中去看蘭嶼這個地方的現代矛盾。楊政源（2008）認為傳統與矛盾是作者夏曼自己的取捨，而不是從部落文化觀點來看。

在這六份期刊的資料裡，作者的論述都是針對作家的文本或個人意識去加以探討，而未能將作家文本中所書寫的原住民文化作一個整理或深入探討。

接著再談論碩博士論文中有關原住民散文的論述，因其資料較多而將其歸成三大類，分別為「泛談散文」、「特定作家」及「特定議題」。

一、泛談散文

許雅筑（2010）在《水上往還──論戰後達悟首批遷移世代作家Syaman Rapongan、Syaman Vengayen、Sin Jiayouli的書寫》中，從三位作家的生活方式分析探討其文化的差異及衝突，並思考蘭嶼的在地文化書寫的新方向。而邱珮萱（2003）在《戰後臺灣散文中的原鄉書寫》中將戰後臺灣散文以懷鄉、鄉土、本土三

個空時為主軸，分別論述，而其文中對夏曼・藍波安的讚賞為其寫作以自己的族群文化為主，是本土化的一種書寫方式。邱珮萱（2003）又提到達悟族的傳統生產技藝為潛水射魚、伐木造舟、捕撈飛魚等，達悟文化就是飛魚文化，這是一般人對達悟的初步印象。這樣的說法並未從原住民文化的起源——祖靈信仰，來加以說明，而使得社會大眾將飛魚文化與達悟族文化畫上等號。也就是說，由祖靈信仰所發展出來的生產技藝、祭典、狩獵等都是達悟文化，只是飛魚文化已被觀光化了，如果只從飛魚文化來認識達悟族，會有以偏概全的現象出現。

二、特定作家

伊象菁（2002）的《原住民文學中邊緣論述的排除與建構——以瓦歷斯・諾幹與利格拉樂・阿𡠄為例》，是從原住民認同運動到返回部落後，所發展出擁有個人特質的文學角度出發來探討二位作家的寫作歷程及其特色。當時二位作家是夫妻關係，也一起創辦《獵人文化》刊物，在族群運動中，其文學創作的觀點或書寫方式是否有所異同，這是研究者所欲探究的；杜侃倫（2010）的《夏曼・藍波安的社會實踐》則是由生活、民族運動、文學三方面來探討夏曼・藍波安的社會實踐程度。

劉錦燕（2002）在《後殖民的部落空間——析論瓦歷斯・諾幹「臺灣當代原住民文學」的主體建構》的論述，是由瓦歷斯・諾幹的文本分析其書寫的角度及其對原住民文學的冀望；廖婉如（2006）的《祖靈的凝視：瓦歷斯諾幹作品研究》則從瓦歷斯・諾幹以祖靈的凝視提醒自己創作的方向，並在一連串原住民復權運動中不斷的自我反省並找回自我。這兩篇文章都是以瓦歷斯・諾幹

為研究主題，其不同在於前者以文本、後者以其生活歷程為其研究的基點。

林叔吟（2006）的《臺灣原住民山海文學之研究——以拓拔斯・塔瑪匹瑪和夏曼・藍波安之創作文本為考察對象》由時空背景和文學演變的現象，對夏曼及拓拔斯進行分析，並藉由二位作家的文本，找出原住民山海文學的樣貌及其獨特性。而高娸毓（2007）在《排灣族作家作品中的族群意識與書寫策略——以莫那能、阿𡢃、撒可努為探討對象》中則是從排灣族作家莫那能、阿𡢃、撒可努的作品出發，並從中探求族群意識，接著再從三位作家作品類型的異同，去印證原住民文學的發展歷程。潘泠枏（2006）在《排灣族作家研究——以陳英雄、莫那能、利格拉樂・阿𡢃、亞榮隆・撒可努為對象》中則是由排灣族作家所處的時代差異性，來進行分析其創作的目的，並與當前臺灣社會對原住民相關議題作一個辯證。

以上各篇學位論文對於作家著作中有論及原住民文化的這一個部分，研究者並未詳為探究，只是單純的從作者的意識或是其對原住民的特色去作論述而已。

三、特定議題

臺灣自1994年成立婦權組織「臺北市女性權益促進會」，各種女性作品開始如雨後春筍般的出現。而原住民女性文本的書寫除了較公開化的議題外，如族群的認同、還我土地或原住民有關大自然的獨特文化等，尚有屬於女性自己個人方面的議題，例如婚姻觀、家庭經驗、女性個人的生命歷程經驗等。（楊翠，2009）在臺灣文學中以女性為書寫主題的作品原本就比較少，而

原住民文學的數量更少，所以原住民文學中以女性書寫為主題的就更少。但少並不代表品質不佳，在這個主題中有利格拉樂・阿𡠄及里慕伊・阿紀二位女性作家，將原住民男性作家未表現出來的角落、未書寫的觀點或是未遭遇的問題等，用較細微且精心的方式呈現出來。這當中也包含了女性作家以女兒、母親、媳婦等角度來看待部落間的文化及部落女性的遭遇等課題，也有著比原住民男性作家多了一層身分的認同問題。換句話說，因著父親、母親及丈夫的族群不同，原住民女性作家的身分認同更加複雜且要面對的文化更多元。

從空間角度來探討女性作家書寫議題的學位論文，有鄭恒惠（2006）的《家庭・城市・旅行──臺灣新世代女性散文主題研究》及曾意晶（1999）的《族裔女作家文本中的空間經驗──以李昂、朱天心、利格拉樂・阿𡠄、利玉芳為例》，研究者從作家小時候到長大所接觸的空間或是從私人到公共空間等方向去作論述。而從族群認同或性別書寫為其論文探究主軸的，則有趙慶華（2004）的《認同與書寫──以朱天心與利格拉樂・阿𡠄為考察對象》及林奕辰（2001）的《原住民女性之族群與性別書寫：阿𡠄書寫的敘事批評》。

從以上所蒐集的資料中，其研究的出發點不是從作家的生平、文本結構的分析，就是從其書寫的意識型態，而對於書中所展現的原住民文化只是以一個文學內容來看待它。對原住民作家或其著作的研究已達基本水準之上，下一個研究方向應朝向原住民作家所想呈現的族群文化作更深入的探討，而這正是本研究所要致力的。

第二節　原住民散文中的文化課題

綜觀原住民的書面文學，其內容大致以「對族群文學失落的感歎」、「殖民國對原住民壓迫的吶喊」、「文明與荒野的衝突以及進步發展」及「原住民山海文化的剝奪」四個方面為書寫的方向，但其中以第四項「原住民山海文化的剝奪」是比較少被論述的。（瓦歷斯・諾幹，2002：50）

一、泛散文中的文化

許琇禎（1999）提到信仰是一個族群傳承血緣與歷史文化的依據，更是一個族群與與大自然關係的表徵。但在物質文明發達後，科學知識取代了族群的宗教儀式及神話信仰；而族群生存的經驗法則卻因消費慾望的高漲而失去其存在的意義，族群共識及生活型態也因而崩壞離析，人與人之間的凝聚方法也由「交易」取代了原來的「生活情感的關係」。原住民文化面臨消失，其原因正是因為位處於原住民文化中心位置的「祖靈信仰」，因著西方創造觀型文化的進入，如天主教、基督教，而產生變化，再加上統治的殖民主義及同化政策的傷害而消失殆盡。

周佐明（2008）在《山海文學獎原住民女性代表作家及其作品研究》中，其研究的方向是由曾獲得山海文學獎的白茲・牟固那那、伊苞、董恕明、里慕伊・阿紀等四位原住民女性作家的文本來探究。研究者從四位作家的生平及其族群文化著手，對於作品中涉及原住民文化的部分有加以分析。其中白茲因夫家的傳統習

俗——清明節掃墓，而發現自己族群的習俗是人死亡後埋葬在自己的家屋中央，活著的人必須搬到它處生活。看到漢族對祖先如此慎重的追思、緬懷，而白茲卻對自己不知道AK`i的墓在哪裡一事，白茲的回應是「怎麼對自己鄒的魂交待？說鄒的傳統原本就是這樣？還是以『慚愧』二字就了事嗎？」研究者認為白茲是要族人向漢人學習慎終追遠的觀念及作法。但這是研究者以漢人文化的優越觀點來看待此事，而產生了白茲傾向向漢人文化學習的看法。如果了解原住民文化的原始出發展點為祖靈信仰，就不會產生這樣錯誤的解說。原住民的祖靈信仰是一種泛神信仰，原住民相信族人死後會用另一種形式——靈的存在，來保護部落，而不是如研究者對白茲文本的解說。我認為白茲是在對自我族群文化的一種反省，因著異族文化而使白茲發現自己對族群文化的認識、了解是不足的、是困惑的，讓白茲想再深入該族文化的中心再去探究。研究者對原住民文化存在著一個偏狹的概念性觀點，以這樣的觀點出發，容易使讀者對原住民文化產生偏執的觀念。如果從祖靈信仰的源頭為出發來看鄒族文化，就更能看到作家白茲對其族群文化的反思。另外，研究者也談及鄒族的捕魚法、戰祭及蓋新房子等文化。

　　研究者在伊苞的文本中，談論到排灣族文化關於巫師的內容，有巫師與族人的生活關係如占卜與治病、選定巫師的方法等，屬於原住民文化中的巫術面向。但研究者只談論到巫術中巫師角色的扮演，如祈福者、醫師等，但卻未針對巫術中巫師角色的扮演主軸作研究，就是巫師究竟如何與祖靈溝通？如果沒有將這基點加以論述，只會把巫師的角色神化，因為我們看不到巫師與祖靈的溝通的橋樑在哪。此外，有關巫術中的起源與傳承，也只討論了傳承方法卻少了巫術起源的探討。

巫師引導死者往祖靈的方向前進、祭師撫慰生者的吟唱詞及死者埋葬的方式等，是排灣族文化中有關死亡的禮俗規範，但卻未對為何要將死者面對大武山來埋葬一事加以探討，研究者又再次的露出其並未掌握住原住民文化起源的疏忽。另外，研究者對西藏的政治議題一事，我認為伊苞看到了西藏人不論獨立與否，其族群的信仰中心──達賴，並未沒有因為政治的迫害或是執政者的同化政策而消失不見；但原住民的中心信仰──祖靈信仰，卻因日本殖民統治時，外來文化與政治政策而讓族人產生疑惑，而因信念的不堅、不相信祖靈的存在等因素而摧毀了。

　　還有在董恕明〈非病中手札──瘋與不瘋之間〉的文本分析，我認為這只是作家對現實環境中所遭遇的問題，以一個比喻的方式來表達其情感，但研究者卻與我有著不同的解讀及看法。

　　至於里慕伊‧阿紀的部分，談到泰雅族的男女朋友的交往方式、gaga儀式等文化，但研究者只針對文本中所提到的內容去作整理，如在〈到此為止〉一文中只訴說了舉行gaga儀式的緣由，但並未對gaga儀式作更深入的探討。gaga儀式在泰雅族人的心中是一切生活的規範，其源頭來自原住民的泛神信仰，是對祖靈信仰的一種呈現方式。但研究並未加以探究，不免讓泰雅族的gaga儀式蒙上一層面紗，而使人對祖靈的存在產生神秘感，而懷疑其存在的價值。

二、散文中的狩獵文化

　　浦忠勇（1999）提到原住民部落的經濟行為可以以狩獵活動來說明，從狩獵文化中可以看到族群的文化特色，如祖靈信仰、族群倫理等；更可以從中了解人與祖靈、人與大自然、人與人及

人與社會之間的互動關係。所以在找尋原住民文化起源時，是不可以忽略狩獵一項的。原住民是在山海的大自然環境中生活，因著族群自然生活環境的差異，狩獵文化必須從山與海二個方向來談論。

在海洋的狩獵就是捕魚，現代化的稱呼則是「海洋文化」。海洋文化在原住民文化中以書面呈現方式，最普及的當是蘭嶼的達悟族。但原住民中只有達悟族有海洋文化嗎？其實不然！只因達悟族中的夏曼・藍波安及夏本奇伯愛雅二位作家，在寫作時以自己族群文化為起點，將它介紹給生活在臺灣這塊土地上的人們，所以講到海洋文學，大家就會想到達悟族。但生活在有山有海的阿美族，其實也有如海祭這樣的海洋文化，只是目前尚未有原住民作家將此類文化用文字呈現。達悟族作家中以夏曼・藍波安在創作文學方面有較多的著作，所以以海洋文學為研究主題時，就會以夏曼・藍波安為研究對象，從文本結構、作家書寫意識、作家對文化的親身實踐等主題來加以論述，如吳孟蓁（2011）《試論達悟族信仰之意涵與變異：以夏曼・藍波安的文本為中心》；黃勤媛（2007）《論夏曼・藍波安及其作品中海洋意象》；簡曉惠（2008）《夏曼・藍波安海洋文學研究》等。當中以吳孟蓁的研究較具代表性。

吳孟蓁（2011）《試論達悟族信仰之意涵與變異：以夏曼・藍波安的文本為中心》提到祖靈信仰及達悟族人相信萬物有靈等觀念時，只用了文本中的二段句子來說明達悟族的祖靈信仰，這樣薄弱的證據無法使人信服。況且研究者也只說到了原住民祖靈信仰中的源頭，而「祖靈信仰作為祈求庇佑的憑藉」及「祖靈信仰一併轉為驅逐惡靈的力量」二個層面的觀念研究者都有提及，只是未將這些文化加以細為歸類說明，而僅以「文化」一詞來統稱。

「雅瑪，砍造舟的樹需要說那麼多的話嗎？」我說。

「樹是山的孩子，船是海的孫子，大自然的一切生物都有靈魂，你不祝福這些大自然的神祇，你就不是這個島上有生命的一分子……有了這些儀式，大自然就不會淘汰我們的民族。」這跟淘汰有關係嗎？我如此質疑。（夏曼‧藍波安，1997：59）

（父親說）人需要樹木造船、捕魚，在大海中人與船是一體的，樹就像人一樣有靈魂，凡有靈魂者就是有生命的，尊敬樹是我們這些住在小島上的人應有的習俗。」（夏曼‧藍波安，2002：225）

　　吳孟蓁還提到歌謠或祈福辭的部分，但只把這些視為達悟族的特有文化及意涵。其實這是達悟族人對祖靈信仰祈求庇佑憑藉的一種表達方式，因為他們相信祖靈是存在的，所以以這樣的方式來告知祖靈，並希望祖靈能協助他們平安、順利的完成工作或任務，而非研究者所說的歌唱（詳見第一章第四節）。

　　吳孟蓁在研究中提到田雅各（1998）在《蘭嶼行醫記》中，達悟族人對付惡靈的方法如戴藤帽、身穿甲冑、手執刀劍等，這是達悟人在祖靈信仰中驅逐惡靈的方式，是屬於達悟族祖靈信仰文化中，祖靈信仰一併轉為驅逐惡靈的力量。而此研究將「惡靈」信仰及其意涵的轉變說明得倒是頗為詳盡。

　　進一步想看出原住民的海洋觀點、海洋文化的發展或海洋文學等，其與異族文化的差異或區分點為何？其研究的方向則是會以原住民海洋文學的代表者夏曼‧藍波安與其他族群作家作個比較，此

類的研究如劉又萍（2009）《劉克襄與夏曼・藍波安生態文學之環境倫理觀比較》；吳建宏（2011）《回歸與漂流——夏曼・藍波安與廖鴻基的海洋書寫研究；李珮琪（2005）《海洋作為認同的場域——從廖鴻基及夏曼・藍波安作品探究其認同與實踐》等。大多數的研究者對達悟族的文化只在一般人看到的面向如飛魚祭、捕魚的禁忌等進行表面的論述，並未從其文化源頭——祖靈信仰，來作一個完整的研究呈現；少了這個文化的起源，猶如人少了靈魂只剩下一個軀殼，看不到原住民文化的美、更見不到其真正的內涵。而對於飛魚祭中達悟族穿著丁字褲及拼板舟上的圖騰等藝術層面的論述，則又是所有研究者未關注到的一角。而祭典中的祈求及其禁忌，則是缺少了以祖靈信仰為祈求庇佑的憑藉及祖靈信仰一併轉為驅逐惡靈的力量的深入探索。

　　李珮琪（2005）認為在《冷海情深》一書中經常出現夏曼・藍波安經由學習技能並持續勞動的實踐，如達悟族人會伐木造舟、潛水射魚、捕飛魚、能在海中謀生等傳統技藝。她將它視為界定為一個「達悟男人」的標準，也是一種自然而然的身體表現。這些一般視為一個漁夫須具備的謀生技能，與其他漁夫有何差異？為何達悟族的這些捕魚技能要特別提出來講？因其發展是由達悟族的祖靈信仰而來，祖靈信仰是泛神信仰的一種，是一種與大自然共融的觀念。以現代理論來說，就是注重生態保育。原住民這些文化已傳承四百多年，只是因為政策、被殖民或同化等因素而被遺棄、遺忘，但現在因為本土運動、族群的認同等影響，又重新使得原住民開始去發現自己文化的優點。

　　研究者所謂的傳統技藝，其實是原住民文化的一個層面，這些技藝是屬於海洋狩獵中獵人的條件與養成。李珮琪（2005）對夏曼・藍波安文本中達悟族的傳統或特色，只用「文化」來統稱，而

不加以分門別類，讓人無法用一個全面性的概念來對達悟族文化有所了解。

　　接著談論山裡的狩獵文化。狩獵是原住民以山林為家的生活方式，是漢人對原住民的第一印象，近來環境生態觀講求回歸自然，而原住民文化中的狩獵是秉持著祖靈信仰中的人與自然融合生活的觀念，再加上撒可努的二本著作與排灣族的狩獵文化有關，因此原住民的山海文化，便以「亞榮隆‧撒可努」和「夏曼‧藍波安」為代表。其相關研究，如吳春慧（2010）《勞動與知識的辯證：夏曼‧藍波安與亞榮隆‧撒可努作品中的身體實踐與身體書寫》。狩獵文化是原住民廣闊文化中的一個，因著祖靈信仰而發展出狩獵的規矩與禁忌，而獵人所應具備的條件及養成也應運而生。以獵人文化或亞榮隆‧撒可努為研究主題的，如吳斐甄（2008），《亞榮隆‧撒可努（Ahronglong‧Sakinu）的獵人文學研究》；高麗華（2007）《排灣族作家——亞榮隆‧撒可努的作品研究》等。其中較具有代表性的是高麗華（2007）的研究，她將撒可努的作品依作品、題材、角色、場景敘述等面向予以分析，但在題材中對狩獵文化的分析卻是用片面形態來論述，如占卜祈福、獵區與獵團、獵物的禁忌等，並未將撒可努文本中對獵人的條件與養成有一個全面性的整理與分析；其對狩獵規矩也只停留在獵物的面向上去探討其所帶來的禍福，而未將觸角延伸至獵物的數量限制或是其狩獵的季節限制等。而將亞榮隆‧撒可努與其他族群在生態文化上的比較研究，則有洪浩仁（2006）《經由故事敘述傳遞環境哲學：以喬瑟夫‧布魯夏克與亞榮隆‧撒可努的原住民文學作品為例》。至於部落英雄的形象大多由狩獵活動產生，除了族群間的戰鬥以外，而以此為研究主軸的如朱文詳（2009）《從部落文化看泰雅文學之英雄形象》，其研究焦點是從口傳文學與創作文本中去找尋部落文

化中的英雄形象。然而，上述這些研究不是失之片面，就是缺乏深度，還可以再致力發掘的層面與深入探索的地方不少。

三、其他

　　陳瓊薇（2006）《拓拔斯・塔瑪匹瑪作品研究》的論述，是從拓拔斯・塔瑪匹瑪的童年部落生活、平地求學及行醫來分析其文學養成及寫作目的；再從其文本的中心思想探索原住民與漢族社會的衝突，了解其試著將不同群族的文化衝突書寫出來的緣故。因為拓拔斯・塔瑪匹瑪的散文著作為《蘭嶼行醫記》，他從一個異族的角度書寫達悟族文化。研究者從拓拔斯・塔瑪匹瑪的醫生職業角度來討論達悟族文化中的現代醫學與巫靈禁忌、現實與理想醫療環境的衝突，及人生根底與生死問題等觀點，但一樣仍有未盡意的地方。

　　飲酒文化在原住民文化中與其祭典、狩獵及祖靈信仰等息息相關。對飲酒文化這個領域加以研究的如陳明珍（2005）《析論原住民飲酒文化與其文學的關係》，其將飲酒文化在原住民部落中的新舊面貌作一個探究，如飲酒在祭典節慶及生命祭儀上的使用、現代原住民飲酒習慣的變化，但卻缺少了飲酒文化與巫術的關係、及飲酒在社交宴樂中的作用等面向的探究。換句話說，研究者已將飲酒在原住民文化的類型歸結出來了，但卻未能以創作文學中的散文作品來加以舉例說明。因為研究者在其論文第七章中，將散文文本中有關飲酒的描述詳列出來，但卻未一一加以探究其文化意涵，反而在第八章結論中用整合性的論述方法將飲酒文化中質變的原因，如酒後吐真言、逃避生活的現實等論點作為結論，而讓讀者看不到其飲酒文化與原住民文學的關係。

正因為既有的研究成果都還看不到「完整全面」的相關原住民文化論述，而少了我們對原住民文化了解的基礎，所以此次我才發想探討原住民散文中的文化演現，希望透過特別能徵候或呈現原住民文化的原住民散文來理出一個理解模式，有助於族群的融合發展，並在教育上徹底改觀大家對原住民的刻板印象。

第三章

原住民散文中的祖靈信仰

第一節　祖靈信仰的源頭

　　周慶華（2007：233）認為信仰不宜局限於一神教的特定信仰，而必須涵蓋各種類型的信仰型態。宗教因有終極實體的信仰內涵而顯現出其宗教性，且依其信仰對象的不同而可分成三種類型：第一，指具有創造力的人格神，如上帝；第二，指絕對寂靜的狀態，如佛；第三，指自然氣化的過程及規則，如道。

　　世界上的文化可依其「終極實體信仰」而歸納成三種類型：第一，創造觀型文化；第二，緣起觀型文化；第三，氣化觀型文化。當中創造觀型文化，其相關知識的建構，起源於建構者相信宇宙萬物受造於某一個造物主，因而發展出伸張「個人」的權利；緣起觀型文化，其相關知識的建構，起源於建構者相信宇宙萬物為因緣和合而成；氣化觀型文化，其相關知識的建構，起源於建構者相信宇宙萬物由陰陽二氣化生，而該自然氣化的過程及規則，就稱為道或理，也就是中國人俗稱的造化（詳見第一章第四節）。其差異可以經由信仰對象、關懷方向及終極目標不同而得知其分別：

表3-1-1　世界三大文化系統的比較表

	創造觀型文化	緣起觀型文化	氣化觀型文化
信仰對象	上帝	佛（涅槃）	道
關懷方向	人的原罪	人的痛苦	個體的困窘／倫常的敗壞
終極目標	進入天堂	脫離痛苦及輪迴而到達絕對寂靜境界	沒有分別心和名利欲的逍遙境界／仁行仁政
終極承諾	藉由懺悔、禱告來尋求救贖	修行八正道進入涅槃而得解脫	虛而待物及離形去知／推及己人

（資源來源：周慶華，2007：236-242）

　　經由終極實體信仰所產生的宗教及文化的各種表現如觀念系統、規範系統、表現系統和行動系統等，其關係因而有次序產生。宗教形成後，其內涵的終極實體信仰會衍生文化的各個次系統；而文化各個次系統的發展過程也會對宗教組織、形式產生鼓勵或刺激而形成宗教或文化的互相影響。也因而使得對文化有使命感的人，只要保有其終極實體的信仰，他就可以參與創造的行列，而會有相應的成果展現出來。

　　董芳苑（2008：38-44）提及從臺灣東部發現的石棺及其中的陪葬品，人類學家斷定臺灣初民是用石棺來保護亡者的屍體與靈魂。由此可知原住民已有靈魂不滅的觀念存在，也有舉行某種程度的埋葬儀式行為。以阿美族的精靈信仰為例，可將其內容分成：靈魂、祖靈、惡靈及神靈等四種。靈魂是指人活著時，「adingo」會寄宿在人的身體裡，人死後則會脫離人體；祖靈是指「善終」的人，其「adingo」會成為祖靈，而往天界去享受後代子孫的供奉，並庇佑其子孫；惡靈是因枉死或橫死的人，其「adingo」無法成為祖靈而成為「kariah」，並在原地作祟而使人們害怕；神靈是各種

神，如掌管人類生命的Luji。

氣化觀型文化肯定宇宙萬物由陰陽二種精氣化生而形成，陽精是指神，而陰精是指靈（用精而不用氣來稱呼，是因精代表一種極純之氣，而氣是含有其他的雜氣）。大自然中的神靈及人（有一個由精氣聚集而存在於人體內的神靈）是可以互感互通的，因為其組成是相似的，只是有無形體存在的差別而已。人與萬物死後其體內的精氣又會回復其原貌而進入大自然中。（周慶華，2006：161-162）

原住民的祖靈信仰也是以宇宙萬物的起源演變都在「自然」中進行而形成。因此，可將原住民文化歸類於世界三大文化系統中的「氣化觀型文化系統」，因二者的信仰都認為萬物起源於大自然。只是氣化觀型文化肯定萬物由精氣所形成，而在原住民文化中的祖靈信仰是一種大自然的多神信仰，其崇拜大自然中的萬物，如樹有樹神、山有山神、祖先死後會以祖靈的形式在部落中保護族人等，以致原住民的祖靈信仰是一種「廣泛的氣化」類型，是類似「氣化觀型文化」，所以只能用「泛」氣化觀型文化來界定其在世界三大觀型文化中的位置。其關係如下圖（所標示「原住民文化」低半格，代表不完全相等於「氣化觀型文化」）：

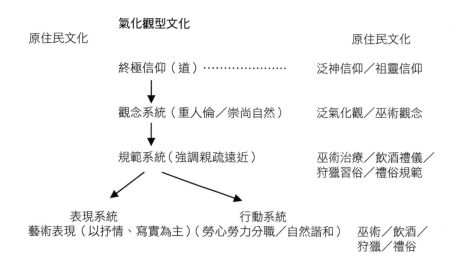

圖3-1-1　原住民祖靈信仰與氣化觀型文化的關係圖

　　由上表的「終極信仰」中，可看出原住民文化的祖靈信仰是一種泛神信仰，是一種對大自然萬物的崇敬與感謝，與氣化觀型文化的「終極信仰」有異曲同工之妙；「觀念系統」中，原住民文化以大自然的萬靈信仰為主，藉由泛氣化觀與巫術觀念來與大自然溝通、協調而形成人與自然融合相處的生活觀念，其與氣化觀型文化崇尚自然和重人倫相同；而由終極信仰與觀念系統發展成部落與大自然及族人間和諧相處的「規範系統」，如巫術治療、飲酒禮儀、狩獵習俗與禮俗規範等，是一種人與人及人與大自然之間親疏關係的表現方式；「表現系統」中原住民文化以一種與生活、信仰相關的表現方式呈現，與氣化觀型文化的抒情、寫實手法是一樣的；「行動系統」中，原住民文化的巫術行為、飲酒表現、狩獵舉動與禮俗規範等，都是以與大自然和諧共處的觀念為出發點。

人類最早由對大自然的敬畏而形成自然崇拜，例如原始人見到日昇日落而崇拜太陽神。以後，人又認識了靈魂的存在，於是開始靈魂崇拜。在世上各大主流的文化中幾乎都是如此。靈魂崇拜發生以後，自然崇拜並不因此消滅，自然崇拜裡的神，併入靈魂崇拜中，形成了多神信仰的體系，一直到今天，多神教還是極為普遍流行的信仰。

　　多神教之後的發展是一神教，譬如基督教、回教。由自然崇拜而靈魂崇拜而多神教而一神教，這就是一般所認為的宗教中發展過程。（董芳苑等，1985：217）

董芳苑等（1985：221-223）認為宗教與民間信仰的差別在於「愛」與「靈魂崇拜」。宗教講求的「愛」是指犧牲自我而完成對眾人的博愛，是將愛導向較高深、廣泛的意境；民間信仰是講求自己個人的福利，就是祈求自己一家平安健康。民間信仰敬畏不平凡亡靈的觀念，在世界各地都有類似作法。如關公，因其兵敗而亡再加上其忠義之行，而被人所紀念而供養。因此，可以從五個方向來區別民間信仰與宗教：

第一，有無創教主，流傳國際的宗教都有其創教的人，如基督教的耶穌、佛教的釋迦牟尼等；但民間信仰的宗教並沒有創教的人。

第二，有無經典：基督教有新舊《聖經》、佛教有三藏（經、律、論）等；但民間信仰卻沒有完善的經典。

第三，訂定教義、教條及宗旨的與否：基督教講求博愛、佛教講求慈悲，但民間信仰卻沒有這樣明確的宗旨。

第四，宣教的催迫力：擁有全球性的宗教，都會希望將自己的宗教傳到全世界，但民間信仰並沒有這樣的想法或動力，因為民族

宗教的特性只限於某一個區域發展，如關公的信仰只限於中國人。

第五，對特定敬拜對象及其相關的倫理道德規定：宗教都有其敬拜的對象及其相關的倫理道德規範，如基督教敬拜的對象為耶穌；民間信仰對神明的觀念很廣泛，而因害怕鬼神心理而有亡靈崇拜的觀念出現等，而其道德的約束力並未如宗教那樣強大，如勸人向善勿做壞事，做壞事會有報應，信者恆信，不信者並不理會其因果說詞。

原住民的祖靈信仰未有明確的創教主、經典或是教義、教條，更沒有特定敬拜對象及其相關的倫理道德的規定，所以原住民的祖靈信仰是一種民間信仰、也是一種民間宗教。

> 民間宗教，實含民間通俗信仰與民間宗教結社。民間通俗信仰屬普化宗教，其信仰與儀式混合在民間制度和風俗習慣之中，無教團形式也無固定教義。民間宗教結社介於普化宗教與制化宗教之間，一方面自立教團，一方面又依存於通俗信仰的生態環境上，在教義思想上代表了民間文人或鄉土百姓的意識形態，在教團組織上缺少強而有力的組織體系，形成各自政地緣性的小團體。（鄭志明，1998：5-6）

原住民的祖靈信仰未有明確的創教主、經典或是教義、教條，更沒有特定敬拜對象及其相關的倫理道德規定，但卻發展成為原住民特有的文化。周慶華（2001b：145-146）認為倘若以一種積極的態度來看待民俗信仰，可以發現其最能維繫一個民族文化的傳統，因為外來文化無法破壞其文化傳統的脈絡，只能讓其退居非主流派的位置，但卻又是一個民族文化的精神表徵。原住民的祖靈信仰在歷經各殖民主義的統治及基督教或天主教等外來宗教文化的

入侵，其傳統文化並未完全消散，從其對祭典、狩獵等文化的復振，仍可窺見其傳統文化存在的影子。這樣的情形正如董芳苑等（1985：224）所說的民間信仰是一種文化認同，民間信仰是文化現象的展現。

　　巴蘇亞・博伊哲努（浦忠成）（1999：45）由文學的角度來看神話，神話是遠古時代的人觀察大自然與社會中各種現象後，用其原始的思維方式並夾雜著理性及感性而創造出來的，其代表著對所處世界的印象及感覺，也將他們的情感、想法與期盼包含在神話中。如果以現代人的觀點來看，它可能不是那麼的合乎邏輯，但它卻是一個民族文化的根源所在。神話是一個民族的信仰和道德的支柱，但原住民文化與遷至臺灣的其他民族接觸時，其可能因環境不利文化傳承而使其喪失其完整性，但在眾多片段的神話情節中仍可見到其文化與信仰之間的關係。董芳苑（2008：76）也指出「神話」是宗教人的信仰語言，用意是在說明自然界萬物創造的起源或方式、宇宙的起源或神靈出現等。如：

> 　　依照南澳部落泰雅族的口碑，太古時候，在南湖大山帕奔柯洛地方有一個巨石。有一天，一隻鳥在一塊大石頭上焦急的要搖動它卻無能為力，這時候飛來一隻西西列克鳥，輕易地就把它推落坡下的水中，巨石裂開，從裡面走出來一個男人，接著又走出來一個女人（另一說法是四位男女），這就是泰雅族的祖先。因此後來的泰雅族老人還有崇拜西西列克鳥為聖鳥者。（林道生，2002a：19）

> 　　從前，在塔波阿里社（今太麻里社）有一位老人，因妻子去世而過著孤單的生活。當時林中有兩位美人，有一天她

們來拜訪老人，並照顧老人的起居生活，陪他聊天說笑，使老人的生活大為改善，每天過著有說有笑的快樂日子。

有一次，其中的一位美人對老人說：「你家有那麼多的豬，今天宰一隻煮來吃，晚上我們兩人都在這裡陪你到天亮。」老人高興地答應了。她們宰了豬在鍋裡燉，太陽下山了，夜漸漸來臨，她們請老人到庭院躺著要為他按摩，邊問老人什麼地方需要按摩，老人先是說肩膀，一下子又是腰部、膝蓋，被按摩的筋骨都舒暢，當按摩到腳部時，其中一位用力壓著老人的雙腳，另一位用鍋裡的熱湯把老人燙死。兩人合力把老人的屍體抬到草叢裡。第二天，她們再去看老人的屍體時，老人已經變成了三隻鳥，兩人嚇了一跳趕緊掉頭就跑，卻看到老人的屋頂上正停了幾十隻鳥，並且對她們說：「以後我們要吃掉你們種的玉米、芋頭，讓你們不再有收成。」

後來，部落裡真的就不再有那麼好的收成了，每當地瓜、芋頭、玉米、小米長出新芽時就會被成群的鳥吃掉。

原來，這些鳥都是被害死的老人靈魂所化成的，為了復仇，專門吃婦女們種的農作物。（林道生，2002b：124-125）

從前，泰雅族的祖先有個叫布達那雅的偉人，他領導村人，恩威並重，村人都把他當成神一般的尊敬他。當他老了，快要去世時對全村人說：「我死了，會變成赤魂飛上天，在天上守護著你們。」不久布達那雅死了，這時天邊出現一道如同天橋似的美麗彩虹。今天泰雅族人還把彩虹看作是吉祥物而喜悅。每當彩虹出現時，也必定會聽到一種

聲音，那就是他們的祖先──偉人布達那雅對他們的呼喚聲
音。（同上，30）

　　但從原住民的神話中只能看出其祖先的來源、其祖靈形象化
的表徵，而對其祖靈信仰的根源卻是片段式的、沒有一個完整的概
說。換句話說，原住民的神話與其祖靈信仰之間是有斷裂的、無法
與其密合，因此無法用原住民神話來說明其祖靈信仰的源頭。巴蘇
亞・博伊哲努（浦忠成）（1999：187）認為文學創作者在擷取民
間文學時必須歷經選擇過程，讓意象鮮明且特徵明顯的民間文學素
材可以增加創作文學作品的文采及其內涵，並且傳達著族群文化的
獨特意念，這樣具有原住民文化圖騰性質的語言符號，以現代話語
來說是一種置入性行銷方式，可以讓讀者無形中去認識原住民文
化。但因原住民作家對其文化中祖靈信仰的了解因人而異，且所創
作的散文中祖靈信仰的表現也較為粗糙，所以可印證的材料並不
多。如：

　　　　他們總共砍了三十幾棵八種不同的樹，四個多月後完
　　成。父親說：「人需要樹木造船、捕魚，在大海中人與船是
　　一體的，樹就像人一樣有靈魂，凡有靈魂者就是有生命的，
　　尊敬樹是我們這些住在小島上的人應有的習俗。」（夏曼・
　　藍波安，2002：225）

　　　　所以在我們的島嶼，耆老們的一生就像平靜的汪洋大
　　海一樣，在一般人透視不到的海底世界，實踐他們敬畏自然
　　界神靈的信仰，又從自然界的物種體認到尊重自己生命的真
　　諦。（同上，225-226）

從夏曼・藍波安的散文作品中，知道祖靈信仰存在於大自然萬物中，但卻找不出其原由。因此，這裡只能將民間文學及創作文學中，有關原住民的祖靈信仰的片段資料融合起來；而就其形式與對象來看，其祖靈信仰於「理」是較近似於世界三大文化系統中的氣化觀型文化。

第二節　祖靈信仰作為「祈求庇佑」的憑藉

　　氣化觀型文化，講求重視人倫、崇尚自然，進而在與大自然和諧相處的狀況下，將私心、私利轉而成為公心公利而使得社會安定及倫常的穩固，並希望由個人出發而推己及人。這樣的方法相較於「緣起觀型文化」是較為實際可行的，也比「創造觀型文化」以個人救贖為主的觀點來的更為周全、縝密。原住民文化較近似於「氣化觀型文化」，雖然不是完全相同，但其發展是以與大自然、全人類共生共存為其起點，雖然無法用科學的方法來驗證，但時間可以證明其文化的特質及其價值：

　　　　（父親說）「過去這些植物是我們生活的一部分，老人家一再重複地讓我們熟悉，因為生活而記憶，而不是用記憶來記憶。現在這些植物的功能和用途，正被我們遺忘，人類卻用科技和文明來取代它們，兒子，說起來，有一天傳統的東西會有再被用到的時候，就算在這個世紀沒有被使用，我們還是可以用我們的記憶傳承去等，也許半個世紀，或許要更久達一個世紀，當文明和科技沒有辦法去解釋，沒有辦法

去滿足人類的慾望時，回歸傳統是未來唯一的出路。」（亞勞隆・撒可努，2011a：140-141）

　　瓦歷斯・諾幹（2002）在〈從臺灣原住民文學反思生態文化〉一文中，曾提及原住民與土地共存共享所形成的大自然文化，是一種生物多樣化的精神層次展現，也是生活與環境保護的一種實踐，因此大自然是文學書寫的主題、也是文化的課題。為了突破自然寫作在思想的困境，年輕的論者提出了要從本土科學知識著手，從這顯現出人與自然的斷裂。本來本土的科學知識與技藝是同等重要，只因原住民在臺灣所發展出來的本土技藝長期被忽視。但從原住民文學中卻可以看出原住民的本土技藝，如霍斯陸曼・伐伐在《那年我們祭拜祖靈》一書中，述說布農族的傳統人文觀念是人與自然萬物的存在價值相等，且祖靈信仰是對自然敬畏而不是偶像崇拜，因為只有在萬物與人的生命平等原則下，才能看出並了解大自然的奧秘。人類是以混雜著人與自然的生命慾望的態度來面對大自然，並以與大自然共存的山林文化及與戰士的保衛來實踐這個生命慾望。

　　創造觀型文化，其終極目標在天堂；而人為了進入天堂，必須為自己所犯的罪，藉由懺悔、禱告來尋求救贖，因而透過累積財富和創造發明等榮耀上帝的種種方法來為自己找到救贖途徑，如資本主義、殖民主義、民主主義因而興起。當中民主政治，是因基督徒相信人類的祖先違反上帝的旨意而被貶謫到凡間，為了避免讓這樣的「罪惡」一再蔓延而設計了一個相互牽制、監視的環境；但演變的結果卻是出現了假民主的現象，如為了選舉，而設了許許多多的限制——保證金、年齡等，喪失了選賢與能的功效。而根源於榮耀上帝的科學，其發展的結果也造成人類的浩劫，如資源短缺、生態的破壞、環境汙染等問題不斷出現。

緣起觀型文化，其終極目標是為求解脫或往生佛國淨土，這是一個未知的境界，因為這些只能在佛經上看到其描述的場景或優點，並未有人能以其經驗分享給大家知道；也就是往生後是否能到達彼岸，一切不可知，只能努力去作，而將一切交由神佛來作主。也因這樣的不可知世界，而容易使人無所憑藉而失去信心或耐心。但以這樣的觀點出發，其對世界而言並不會如「創造觀型文化」帶來破壞、或遺毒，因其是以不造壞緣的方式而行，其在修行的過程講求的是誦經、茹素，是一種對自我修行而能利他人的模式而行。在某種程度上，它可以並行不悖於世界的永續經營。

　　鄭志明（2005：1-11）曾提出的「游宗」觀念，因著一般人採用游走的方式於各種已存在的宗教中，並沒有所謂的專一性，只要能達成願望，都可以去試試看、求求看，也就不會發生所謂「改宗」的信仰問題。用這樣的概念來說明在華人傳統的文化形態下，所發展形成的一種信仰的心理與宗教的行為。因發展的基礎是由華人生活的社會歷史背景及華人的特殊的生態環境，以致所形成的是一種認同理念與對應的行為。「宗」就是信仰的對象，也就是終極實體，是一種形而上的力量，其力量可以超越主宰者或宇宙力量。「宗」也代表著人與神交感的經驗，是沿用了中國古老巫文明的思考方式，也就是用直接觀察的方法與對象直接進行溝通。中國以游宗的方式來讓人與神互相溝通，讓人們利用各種宗教的行為來趨吉避凶，主要的方式有三：降神、占卜、祭祀等。

　　降神是人類最古老也是最基本的宗教行為，是透過通靈的巫師及儀式，來達成人與神的溝通，希望神靈能展現其神聖的力量，來讓人們的祈求或願望能實現。

　　占卜也是一種能獲知或預測神靈意思的方法，只是操作的技術及方法比「降神」較為複雜且多樣化。神靈會用某種訊息來啟示

或是警告人們，人們也認為從前兆的出現到結果，都是神靈的意志及其力量所為。這些前兆都是以一些自然現象或人所無法控制的生理現象來預知未來會發生的事，演變到後來氣候或季節的異象、夢等都可以來進行占卜，而占卜的形式也隨著多樣化，如相面、鳥卜等。

祭祀是一種整合降神與占卜的儀式，人們認為神靈主宰天地人事物，其中人的禍福吉凶、生老病死也是神靈在安排，所以透過向神靈膜拜及祈求的祭祀行為來趨吉避凶。這樣的方式可以讓人與神靈有著更多元的交流方式；而人們也因對神獻祭或禮拜而產生神靈會因此滿足人們的祈求，或作出相應的回報。其交流的方式如利用言詞來歌詠讚頌，向神靈訴說自己的願望、祈求或是感謝之意；藉由身體動作如叩首、獻上供品等方式來接近神或向神祈求。

原住民文化中的祖靈信仰也藉由類似的方式來與祖靈溝通。占卜在原住民文化中有兩種呈現方式：一種須透過巫師來執行；另一種是由族人的經驗或由長者告知，不須藉由巫師來了解其意義。有關占卜及降神需藉由巫師的協助而達到溝通的部分，就留待第四章「原住民散文中的巫術」再來詳談。

原住民的占卜屬於較原始的占卜法，就是前兆信仰。與現代人為了某事，如考運、事業、投資等而去占卜的方法及動機有很大的不同：

> 連續在不同的地方放了幾門獵陷後，父親說：「每一個獵物各有屬於他們放置獵陷的方式和儀式。山豬和山羊不同，水鹿又跟山羌不一樣，沒有人放山羊的獵陷會打到山豬，如果有話，那可能是逃課貪玩沒有去上學的山豬。但過去的老獵人曾經這樣跟我說過：『如果我們的獵陷不是我們

原本想獵到的獵物時，我們的內心要有所準備。』」

「為什麼要這樣說？卡瑪？」我疑惑的問著父親。

「假使這樣的事情發生了，老人說，那是祖先和自然給我們的啟示，沒有人知道那個啟示和暗示是什麼。例如，你放的獵陷是獵山豬的，卻打到水鹿，老人說，要能打到水鹿不是一件容易的事，更何況你如果從來沒有打到過水鹿，卻意外地打到水鹿，老人會說，這是祖先給你的禮物。禮物不管是好是壞你都要接受，接下來的日子不能在山上狩獵，要等下一個獵季後，才能再上山出獵。老人家講，獵到水鹿的人要留在部落，為的是在下一個獵季前等待祖先的啟示。」

（亞勞隆‧撒可努，2011a：128）

不同的獵陷是為了捕獵不同的獵物，如果獵陷無意中捕獲較珍貴的獵物，如水鹿、山羌等，是祖靈賜予的禮物；反過來，則是祖靈對其的警告。無論是賜福或警告，該獵陷的主人都必須遵守祖靈給予的啟示，必須要等到下一個獵季才能再上山狩獵。在臨海的原住民也有類似的觀念，如在飛魚季不捕撈其他魚類等。

原住民在日常生活中，最常使用言語的表達方式來祈求祖靈的庇佑，其庇佑的內容可以分為工作平安順利或是賜福或是准予表達感謝等。

一、祈求祖靈能在工作上賜予平安順利

原住民在工作或狩獵時，希望能平安順利完成或是能有所收穫時，最常用歌頌的方法來祈求祖靈能讓其達成願望：

萬物有靈的信仰來維護自然生態的平衡，也許因為這樣，在我每次潛水前都非常虔誠地祈禱，默禱海神保佑我。（夏曼・藍波安，2002：41）

　　父親除掉番龍眼樹四周的雜草，口中說些山靈樹神聽得懂的話。爾後，叔父注視著樹根，手握著斧柄說：「但願你心地善良，我們全是一群沒有利用價值的老人了，希望你們順著我們的心倒向為你整理的地面，好讓我們節省體力，也讓你很快地躺在我們家的庭院，從很久很久以前的祖先，我們是如此地虔誠，不曾變節。」

　　「願你早一點倒下來，你躺在沙灘放眼汪洋，比你站在深山裡等待腐爛更有價值。我們山裡的祖靈，你們聽見後就來幫忙，你們的孫子將有吃不完的豬肉。」

　　「你是我們在汪洋航海、在通往小蘭嶼的航道的最佳夥伴，從很久很久以前的祖先起就是如此尊敬你，沒有任何東西比你美，當你聳立在我們的海邊的時候。」堂哥在一旁解釋給我聽。

　　「樹真的有靈魂嗎」我問堂哥。

　　「以後你造船的話，你會深深體會到今天長輩們所說的話。」

　　好多好多的話我聽不明白，我仔細地看著長輩們砍樹的神情，揮斧的同時，他們長年勞動肌肉呈現的線條，如刀痕般明顯。樹一如他們所願地倒向較平的地面，自始至終我都沒有揮斧，因為他們說我還不會握斧頭，用老人的語言說：「樹的靈魂瞧不起你。」（同上，223-224）

山裡的雜草賤木象徵惡魔或湧浪，清理伐木的四周是給善靈納涼休息，就像面對大海時會祈禱駭浪歸於平靜；第二棵樹要造大船的龍頭，他也如此口中不斷地唸著禱詞，祈求工作一切順利；第三棵樹要造龍骨，此時，部落裡一行十多個親朋好友前來幫忙，這是傳統禮俗，部落親友造船者間相互交換勞力，持續彼此間良好的人際關係。（同上，95）

二、祈求祖靈賜福

當原住民在狩獵或是工作時，遇有困難時，便會即刻向祖靈祈求。另一種情形是當父親帶孩子進行第一次狩獵時，父親會祈求祖靈賜福給予孩子，讓孩子在狩獵過程能平安並有所收穫；孩子也會祈求祖靈賜予他相關的考驗或能力。這也是一種告知，向祖靈訴說孩子已長大將進入工作階段，讓祖靈知道這是其子孫，而不是外人，並祈求祖靈能給予各種的協助：

也許，已故的小叔心中也充滿恐懼吧！他突然地高喊，吟唱：

孩子們，划吧　我們越過了最艱險的激流　但海浪的脾氣緊緊尾隨在船身　願退潮的海神節省我們的體力　願漲潮的海神削弱你的怒氣　航行的過程　飄送婦人烘烤豬肉的香味　願豬肉的油浮在海面　願船靈早些在沙灘上休息（夏曼・藍波安，2002：27-28）

「我海裡的祖靈，賜我力氣，讓我順利的游回陸地，否則不給你們分享魚頭的肉（雅美人捉到大魚時，魚頭是獻給

父母吃的，並剖一塊魚肉分享予祖靈）。」我這樣祈求道。
（夏曼‧藍波安，1997：126）

　　我在海面休息，調節我的呼吸再潛入水裡，然而，我依然很緊張。拜託，「我的祖先賜給我這條魚吧！好讓親朋好友共享之，別讓牠脫走。」我祈禱道。（同上，154）

　　父親又囑咐著：「這裡走下去都是峭壁和不好走的路，走路的時候不要說話和問題，儘量降低移動的聲音……出發前，兒子我們先禱告！」
　　……而我用著父親的方式，祈求我的祖先：「我來到這裡也許是你們的安排、指引和考驗，就如父親說的，讓我來當文明與自然的詮釋者和溝通者，我需要更多來詮釋獵人生命的智慧和能力，當我膽怯、害怕時，有足夠的力量來平衡。我親愛的VuVu（祖先）們，我是你們的VuVu（孫子），讓我擁有你們的美麗和驕傲，因為我是排灣的孩子，我知道你們聽到我說的，瑪沙露VuVu，我感謝、相信你們，希望VuVu們不要保留、放棄考驗我的方法，瑪沙露VuVu。」（亞勞隆‧撒可努，2011a：85-87）

　　這是兒子的處女航，於是夏曼‧達卡安開始默念雅美人古老的祈福歌：「我們古老的，英勇的祖宗，祈求你們庇佑這懦弱的兒孫，教導他那一雙魯鈍的槳手……自古以來，您們都是如此保佑這島上的子民循著您們經驗所累積的智慧在海上求──生存……」（夏曼‧藍波安，1997：77）

三、准予對祖靈表達感謝

對於狩獵工作結束後或是遇難脫危後，原住民會以訴說的口語表達方式來請祖靈准予表達感謝。感謝祖靈賜予的食物並平安歸來、感恩祖靈的賜福而平安脫險或謝謝祖靈聽到其祈求而讓其能平安脫困：

> 天色逐漸明亮了起來，晚睡早起的父親端詳著我捕回來的飛魚，那一夜是我的處女航。阿爸眼看被漢化很深的兒子尚能遵循族人求生的技能，神情油然散發著喜悅的表情，母親亦然，並且問道：「孫子的父親捕了幾尾飛魚回來？」「大約一百尾。」父親很高興的回道。此時，他們並沒有注意到在涼臺上的我。看來整個村子，全部都被飛魚染上了喜悅與興奮的氣氛，每個男人都展現了驕傲的臉孔，就連雞、狗、豬也跟著精神抖擻。父親取出了銀帽與金箔片，在飛魚的身上祈福道：願你們飛魚的子孫，像雨滴滴滿我的船身。使我們永遠結合在一起，長壽於世。（夏曼·藍波安，1997：143-144）

> 由於自己也在海底憋氣至少有十五秒左右，加上緊張，很自然地呼吸就比較短。但總得想個辦法趕走這個魔鬼，我想。用槍射牠，槍絕對被牠拉走，並且我實在很厭惡看到怪物的鮮血。在狗急跳牆的惡況下，我在海底用力的吼叫，結果牠好像被咒罵的，驚嚇地立刻拍起翅膀游走。
>
> 哇，我終於吐出一口氣浮出海面，並且立即地上岸休息。我親愛的祖靈，謝謝你們庇護我。（同上，180）

當我們在船上休息之際，加費杜恩對我說：「別為失去的魚槍難過，那條大魚當作是獻給我們小蘭嶼的祖靈之祭品。」由於我自己仍深愛著族人萬物皆有靈「泛靈」的信仰，所以自己也祈求道：「請祖先庇佑我的靈魂，像我這樣的稱為不熟習的新鮮人（年紀輕，很少去小蘭嶼的雅美族人皆以新鮮自稱，表示對祖靈的敬畏）。」（同上，168）

氣化觀型文化，因其神靈眾多，再加上各神靈的能力不同，而使得人們起了貪念，祈求的內容包羅萬象，如平安、愛情、事業、錢財、健康等。人類因慾望的擴增，而使得祈求的內容也因而變得更多且雜；而緣起觀型文化，因其是在求解脫，其祈求的內容多在求佛菩薩們能免除其目前所受的苦，而能早日看破紅塵了脫生死；創造觀型文化，其祈求內容不外是求上帝赦免他們的罪，以讓其死後能順利進入天堂。

相較於世界三大文化的祈求內容，原住民的祈求比較單純、簡易，其祈求的內容都跟獲取食物有關，只希望在取得食物的過程能「順利」、「平安」，可見原住民的祖靈信仰特別講究與自然和諧

表3-2-1　原住民文化與世界三大文化的祈求內容比較

	氣化觀型文化	原住民文化（泛氣化觀型文化）	緣起觀型文化	創造觀型文化
祈求的方式	歌頌讚詠、膜拜	歌頌讚詠	膜拜、歌頌讚詠	禱告
對象	神靈	祖靈	佛菩薩	上帝
祈求的內容	平安、愛情、錢財、健康等	平安順利、賜福、感謝等	擺脫生死輪迴	救贖自己的原罪

相處，無所貪欲或奢求。換句話說，原住民是以最自然、簡單的方式來與祖靈溝通、祈福，因為他們相信祖靈無所不在，祖靈是為了庇佑族人而與族人共生在大自然中；而這種信仰不會給地球增加負擔，如能推廣一定有助於人間社會的長治久安。

第三節　祖靈信仰一併轉為「驅逐惡靈」的力量

　　原住民的祖靈信仰，會一併轉為「驅逐惡靈」的力量，也就是藉由祖靈的協助來驅趕欺身干擾的惡靈。而依董芳苑（2008：44）的研究，原住民將枉死或是橫死的靈魂視為惡靈的一種。而驅逐惡靈的方法為巫術，且可以分成一般性的巫術及巫師施行的巫術等二種。一般性的巫術是原住民人人都可以做的，不需巫師的協助，此為本小節所欲探討的部分；而巫師施行巫術的部分，則留待第四章「原住民散文中的巫術」再來論述。

一、臨海而居的原住民驅逐惡靈的方法

　　在達悟族人的眼裡，惡靈是無所不在的，黑夜來臨就是孤魂野鬼的晨光，尤其是深冬的寒夜更是許多惡靈喜歡出現的時間點。有些惡靈其力量強大，可以將人的靈魂帶走：

　　　　在海上不許用手對天空指劃，魔鬼看到你這樣好奇，就
　　　　立刻知道你是個新手，當心回家睡覺時，他們抓走你海上的
　　　　靈魂。（夏曼・藍波安，1997：78）

在我們族人的觀念裡，夜裡的小蘭嶼是四面八方不同族群的惡靈集會的島嶼。想到父親曾告訴我的話，他說：「你是新鮮人（按雅美語的意思是，小蘭嶼的鬼還不認識你的靈魂）所以在那兒捉魚，千萬別東看西指、狂笑尖叫的，否則那兒的惡靈會討厭你的光臨的，千萬記牢這一點。」（同上，103）

　　斯時，想到父親的叮嚀：遠離海中的怪物（如沙魚、大斑鰻、魟魚等）因為牠們是惡靈附身的實體，也是不吉利的徵兆，帶給家族靈耗。於是我害怕的立刻浮出海面。我們三個人在這方面仍深信族人關於海中所有傳聞的：「惡靈附身於怪物」的靈觀。「遠離吧，兄弟。」我說。（同上，168）

　　（夏曼・藍波安的大伯向夏曼敘說）「這些天我都夢到黑影經過我家屋前的空地，我感受到你堂哥的一些靈魂在荒野迷路，我的靈魂雖然很剛強，但抵抗不住眾多的孤魂野鬼，尤其是你堂哥掉落下來的那棵樹（指他已故的妻子）更惡毒（咒語）地要帶走你堂哥的靈魂在陰間孝順她。我如此說，你是了解我的話的意思。」（夏曼・藍波安，2002：48）

　　對於惡靈，達悟族的長者總是交代子孫不要做出會招引惡靈的動作，如捕撈魚類時，長相醜陋的魚不捕、不強抓超出自己能力的大魚、不在天黑後潛水捕魚或第一次捕魚時對於新奇的事物用眼睛看，而不要有任何的動作或是聲音出現等。如果工作中遇見惡靈、或是惡靈跟隨時，達悟族會以其匕首或藤盔、藤甲來驅逐惡靈。

（一）使用匕首來驅逐惡靈

　　家裡有嗷嗷待哺的孩子，我的恐懼會帶來鬼的陰魂回家，想要驅散心中的陰氣，在我們上了機動船後，抽出了隨身攜帶的護身匕首，在自己的頭頂比個驅除惡靈的動作，如此才安心的回航。（夏曼·藍波安，1997：105）

　　父親全身無力的、斜斜的，右手肘頂住水泥地而背靠在牆壁邊。乍看，父親仍在呼吸，離右手約是手掌寬的距離有一個沒利刃的舊刀，這把刀是我和妹妹在小時候睡覺時驅除惡靈用的，在我兒子睡覺時媽媽也把這把刀掛在搖籃邊，讓惡靈不敢靠近。（夏曼·藍波安，2002：118）

　　我趕緊請達悟同事充當臨時翻譯員，幫忙解說病情。

　　臨時翻譯員把病情及我的建議告訴她，小病人感冒發燒了，我提醒她小孩發燒四十度，必須留下住院觀察，避免小孩的病情在家惡化下去。

　　臨時翻譯員的話尚未說完，老婦人突然大聲嚷叫起來，眼睛掉出幾滴淚水，緊緊抱住小孩，小孩被她的失魂樣嚇哭⋯⋯

　　門口突然出現三位老人，兩個穿丁字褲的男人，一位嘴巴仍嚼檳榔的婦人。他們交談幾句達悟話就哭成一團。

　　⋯⋯

　　他們跑來跑去，右手抽出短刀，口中發出聲音往前心劃著。

　　「哇！我完了！」我緊張地自言自語。

我站立不敢移動，心臟縮緊，腦子出現問號，刀尖會不會指向我？會不會怪罪我讓小孩躺在檢查臺上？……

　　「這是我們達悟的風俗信仰，一切病都是阿尼肚（惡靈）捉弄人的把戲，短刀可以驅邪。」達悟同事解說著。（拓拔斯·塔瑪匹瑪，1998：68-70）

　　蘭嶼行醫三年八個月了，看背影我也認識，他是患潛水病的老病人，我猜想他又潛水捉龍蝦了，跑來賣給海產店，然後找我幫忙解決他的痛苦。

　　我走過去叫他，我這次猜錯了，他凝重的表情不是因病痛，他的袋子裡不是魚蝦，原來他早知道我要回臺灣了，他趕製一把木刀，今天完成完整的一副達悟短刀，他由東清部落趕來找我，送我最後一次禮物。

　　我非常喜歡，但有點不好意思，他可能看到我感激的眼神，直接把它斜掛我胸前，很鄭重的告訴我，臺灣的魔鬼太多了，達悟短刀可以保護我。（同上，238）

（二）使用藤盔、藤甲來驅逐惡靈

　　唉，怎麼辦，我不是畏懼惡靈的，因祂們也已習慣我在力馬拉麥海域潛水，我的靈魂是祂們的朋友。但最為我擔心的是，我那滿腦紋皆是惡靈影子的父母親，如果父親戴上藤盔，穿上藤甲的話，這是最為嚴重的，認為入夜前家裡的男人去射魚還未回到家的話，那表示這男人有生命的危險，而且我又是一個人。（夏曼·藍波安，1997：29）

　　我明白我是錯了，不該在黑夜後回家，堂哥開車，神情

顯得不安，機車是二堂哥與表姐夫。他們都穿上了驅除惡靈的頭盔與盔甲，這樣的穿著絕對是來找我的。（同上，30）

　　走到宿舍大門，遠遠看到三個黑影子急速走過來，他們一身驅惡靈裝扮，看到剛才求救的年輕人背他父親的屍體往紅頭墳場，我不知那來的勇氣，跑到年青人面前，請求他答應讓我跟去送葬。（拓拔斯・塔瑪匹瑪，1998：225-226）

　　就如每天清晨一般，我在衛生所前車道走來又走去，當轉回頭時，道路遠端出現車隊黑影，不久傳出引擎爆破聲響，我伸直頸椎眺望遠處，看到一輛報廢進口車，隨後四、五臺機車，發出不難聽的合音，越近越大聲。我看到一群身穿盔衣，戴藤帽的達悟男子，整隊車陣直接停靠到衛生所大門，他們由車內合力抬出一個大人，往觀察病房走，我收回散步的心情趕緊跑過去。（同上，232）

（三）使用蘆葦莖來驅逐惡靈

　　記得我三歲那年，媽媽帶我去芋頭田，那地方的田園叫伊其你克其干……當我們還沒有走到山野時，母親叫我停住，且抽出一把專門整理芋頭的刀子，砍了六、七根的蘆葦莖，大約三十五公分長，莖片切除四分之三。我問媽媽說：「砍這個做什麼？」她很正經地告訴我：「你是第一次到這裡來，山頭上是魔鬼住的地方，祂們看到很少見的人，會抓他們的靈魂，使人生病死亡」……

　　之後，母親把其中的一根蘆葦莖，一端用一塊石塊打碎。心想，媽媽是不是要跟魔鬼作戰，難道她看得到魔鬼

嗎？不管我怎麼想，母親還是做驅鬼的動作。她把蘆葦莖打碎後，將渣抹在我身上，尤其是頭頂，不讓魔鬼亂摸我的身體。接著媽媽口唸咒語，同時把那蘆葦莖往四周丟。在我們還沒有上路之前，她遞給我一根蘆葦莖，說：「千萬別丟掉了，要握在手中。」……

其餘的蘆葦莖在母親的手上，走了大約五十步，媽媽就抽一根往前丟去，並唸咒語：Kada kamo tamanganiyaei kamo do aviaviten namen，意思是：「魔鬼們！趕快走開，不要靠近我們這裡；否則，將會遭到無情武器的傷害。」……當我跑去撿蘆葦莖時，聽得母親在後面喊叫我不要去撿，不要去——不過，我已經把它拿來玩了。母親追上了我，很快地說：「你怎麼可以去撿，那是趕魔鬼的武器，不要再撿了」……一路上重複這些驅鬼的動作，直到我們到達目的地。

在芋頭田，母親叫我坐在田埂兩塊不平的火山岩石上，吩咐我說：「不要隨便亂跑，也不可以放掉手中的蘆葦莖。」（夏本奇伯愛雅，2004：4-7）

二、依山而居的原住民驅逐惡靈的方法

原住民認為惡靈會在其死亡的地點出沒；在曾出事的區域，原住民一般都會遠離或是繞路而行，避免遇上惡靈。山裡是惡靈較常出現的地方，依山而居的原住民，倘若有事要到山林裡，必會做一些預防措施。如上山狩獵的獵人必會攜帶刀子，一方面用以驅趕惡靈，另一方面作為狩獵的輔具。

（一）用刀或槍聲來驅趕惡靈

　　（父親對撒可努說）「以前的排灣族人只要一出門，身上的任何一種刀子，都會磨得很亮而鋒利，刀尖的尖銳是任何物品都能刺穿的。老人說，這是能讓鬼靈害怕的方法之一。再者就是獵槍的聲音，那是可以讓惡靈害怕，不再接近我們的利器，獵槍可以把不好的或不乾淨的東西驅走，獵槍的聲音更能喚醒我們的祖先，讓害怕遠離我們，而給我們勇氣和力量。」（亞勞隆・撒可努，2011a：183）

（二）用咒罵、憤怒或丟石頭來驅趕惡靈

　　父親說到這裡，讓我想到小時候我跟著外婆上山工作時，常在路上跌倒，心痛的外婆看著我手腳上的傷口，就會對著周圍咒罵，而不是責罵我走路為什麼不小心，或是什麼事物讓我不專心。現在回想起來，我才知道外婆對著周圍用大咒罵的用意。「返ㄍㄛ，買唉一嘛ㄖㄨ（走開，不要在這裡）。」「岔譯（大便），沙死ㄍㄛ順（你很臭），ㄅㄞㄨ（走開），不用捉弄我的VuVu（孫子）。」接下來外婆會撿起地上的石頭，動作很誇張地朝著周圍的密林或是草叢去擲，一面去丟擲石頭一面配合著說：「我丟到你了，也讓你流血，很痛啦！我知道你故意不哭出聲，就以為沒事，如果你再捉弄我的VuVu（孫子），看著，我會對你不客氣！」

　　我看著像發了瘋的外婆，待外婆抽著煙斗絲之後，我問她：「VuVu（外婆），你在幹什麼？」

　　外婆抽著煙斗，告訴我她在趕走魔鬼。（亞勞隆・撒可努，2011a：183-184）

有時林裡無聲得讓人恐懼，有點鬼魅的氛圍。「不要回頭看著前面，不要讓鬼靈看穿了你的膽怯，他會把你的靈魂帶走。」最後父親呼喊著，「呼……呼……」

這時，膽怯的心突然被振起而雄壯，之後又是一片寧靜，像聽得懂父親怒吼的鬼魅卻像風一樣的飄走。父親說：「人害怕，鬼靈會知道，有時候你的憤怒，是驅趕鬼靈最直接的方式，也讓鬼靈害怕你！」（同上，328）

從原住民驅趕惡靈的方式來看，大致可以區分成物品的使用及行為。使用讓惡靈害怕的物品，如刀子、藤盔、藤甲或蘆葦莖（應是芒草莖）等，因為刀子的鋒利、蘆葦莖的味道而讓惡靈畏懼；運用某種行為讓惡靈產生畏懼，如咒罵、丟石頭或憤怒等。不論是物品或行為，其都是會讓惡靈恐懼而不敢靠近或是讓惡靈遠離人身。至於槍聲，是後來才有的用品，應是藉由槍聲的震憾力來讓惡靈害怕而逃走。而在這一驅逐惡靈的過程中，多少都有賴祖靈從中庇佑協助（雖然作品並未提及），才能有效的阻絕惡靈近身危害。

其實，驅逐惡靈並不是只有原住民才有的習俗，在世界三大文化系統中，也可見其影子；只是彼此使用不同的稱呼來表示，以及用不同的方式來驅趕。

董芳苑（2008：107-108）認為人死了其靈魂仍然存在，而在臺灣民間信仰中這種死後存在的亡靈就稱為「鬼」。鬼有分好壞，有兒孫按時供養的亡靈稱為「善鬼」，無後代子孫照顧的亡靈便淪為孤魂餓鬼，是「惡鬼」的一種。惡鬼會危害牲畜及人類，所以會請法師或乩童來作法驅趕這些惡鬼，而不要去影響或是傷害人世間

的人或動物。巫術有二類：會害人的稱為「黑巫術」；幫人祈福驅鬼的稱為「白巫術」。

董芳苑（1984：249-262）又提及巫術的使用者有乩童與法師。法師就是一般人口中所稱的「豎棹頭」，其與「緣起觀型文化」中的法師是不一樣的。乩童，是神靈附身的人，每位乩童都有其專屬的廟宇及守護神。而法師精通符咒與法事，用來幫人驅邪押煞、祈福求平安，其在作法事時頭覆紅巾，手拿角鼓、淨鞭或是揮旗揮刀等動作來進行驅邪。在臺灣民間信仰中，法師與乩童通常會搭配來施法，因為一個負責與神靈溝通或找出病因，另一個則進行驅邪的動作。

氣化觀型文化是融合了道儒二家的思想，其驅邪的方法必須由巫師來進行，是屬於較專業的法術，得經過訓練或是由神明挑選而產生；而其作法的目的，不外乎是祈求神明的賜福或是驅邪除魔等。因為人是由精氣所化生的，而會生病被認為是受到了雜氣的干擾，所以必須透過巫師的協助來找尋其病因。而原住民的驅逐惡靈，其一般性的巫術是採取讓惡靈害怕的事物或行為來加以驅趕；如仍無法改善其狀況，也是必須藉由巫師來加以協助。

至於緣起觀型文化中，為了讓鬼神也能解脫六道的輪迴之苦，會藉由法會的儀式來超渡這些鬼神使其能往生西方淨土而不再受苦。此外，如遇有鬼魂靠近而產生身體不適感時，一般則會用金剛拳來加以驅逐。而創造觀型文化，其惡靈指的是一般人所稱的魔鬼或是吸血鬼，其驅趕的方式是運用上帝的神力於「十字架」及神父身上，藉其力量來加以驅逐。原住民文化與世界三大文化的驅逐惡靈的比較如下表：

表3-3-1　原住民文化與世界三大文化驅趕惡靈方式的比較表

	氣化觀型文化	原住民文化 （泛氣化觀型文化）	緣起觀型文化	創造觀型文化
驅除的 對象	惡鬼	惡靈	鬼魂	魔鬼
儀式的 主持人	乩童、道士	原住民	法師	神父
驅趕的 方式	乩童與法師的 作法	刀子、藤盔、藤甲、 蘆葦莖、咒罵、丟石 頭、憤怒或槍聲	舉辦法會	十字架、禱告

　　同樣的，原住民的祖靈信仰所一併轉為「驅逐惡靈」的力量，僅止於所冒犯或有意捉弄的惡靈，並不牽動太多靈界生態而必須廣為動員，基本上仍是可感可從的。換句話說，別的文化系統連驅逐惡靈都煞費其事，不但忙亂，而且還耗費許多的資源；遠不如原住民文化順著單純的祖靈信仰來從事「恢復秩序」的活動那樣自然和諧。

第四章

原住民散文中的巫術

第一節　巫術的起源與傳承

　　巴蘇亞・博伊哲努（浦忠成）（2009a：171-172）提及原住民家族或氏族部落的形成，除了在生活環境中須虔誠面對安全的守護神、讓作物豐收的神祇或行旅時可能帶來禍福的地方性精靈外，祖靈信仰是非常重要且必須的一個崇拜對象。再者因氏族部落對於祖靈力量的敬畏及祈求等行為，更是形成部落最原始的宗教模式，因而對祖靈的歌頌與祭祀也會隨著部落中對其相關神靈及精靈的祭拜，次第而行。因此，原住民的宗教是以祖靈信仰為中心而發展繁衍形成，巫術更是為了與祖靈取得直接聯繫而產生（如圖4-1-1所示）；因而更進一步的印證原住民的祖靈信仰是一種泛神信仰，是近似氣化觀型文化的泛氣化觀型文化。

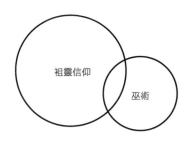

圖4-1-1　祖靈信仰與巫術的關係圖

　　巴蘇亞‧博伊哲努（浦忠成）（2009a：320）又認為祭儀是藉由祭品、儀式、歌舞、祝禱詞、唸咒等與巫術行為組合而成的，其目的在於表達對祖靈、神祇或精靈的祈求，也是一種對大自然的感謝與尊敬。由此可知，一般原住民與原住民巫師對於祖靈信仰的憑藉差別，在於一般原住民對祖靈信仰是採取一種單方面的訴說、祈求，必須等到自己的祈願是否成功後才能知道祖靈在當下給予的答覆；而原住民巫師則是藉由巫術與祖靈直接溝通，在祈求的當下即可得知是否獲得祖靈的首肯或是解決問題的最佳途徑、問題發生的原由等，而不必等待事情的結果來判定祖靈的答案。

　　　　學者涂爾幹、馬克斯‧韋伯認為巫術的起源開始於人類開始有宗教意識或是泛靈的信仰。在原始時代，人類對於自然界的認知與改造能力不足，因而對於自然界的千變萬化，產生強烈的恐懼和敬畏之心，便相信有一種超自然的力量在支配千變萬化的大自然……人類為了生存，憑藉著對大自然的一些神秘和虛幻的認識，創造出各式各樣的法術，期望能夠寄託和實現某些願望，這種法術一般通稱為巫術。（維基百科，2012）

可見巫術的起源與泛靈信仰有較親密的關係，因著泛靈信仰而衍生出許多法術，而人們給予這些法術一個名稱為「巫術」。在世界的古文明中都存在著這樣的巫術，卻因著各地不同的風土民情而發展出不同的術法，但其本源——泛靈信仰仍是其發展的中心。

　　鄭志明（2005：91-92）指出薩滿是古代的「巫」，是人與神交通的一種文化表現，也是早期人類的思考方法，藉由某些具有通神能力的人，經由相關的巫術來支配或操控超自然力，這種模式或可稱為「靈感思維」。經由古代靈感思維的作用而有巫術、神話等文化的形成，這些文化代表著人類自我創造的精神與生活的智慧，更是人類追求與鬼神間和諧相處的一種超自然的對應關係。中國早期的巫與巫術就是在這種靈感思維下形成的，從遠古時代一直延續到後代的宗教文化。人們崇拜神靈具有掌握宇宙造化的權威，因而冀望能與神靈進行溝通、聯繫，進而能操控、了解這種超自然力，因而發展與神靈交通的各種技術與方法。

　　鄭志明（2005：131-132引苗啟明、溫益群說）認為民間信仰的內容主要是以人民禮俗生活中的靈感文化為主，是一種著重人與靈交通與感應的宗教，其延續著古代巫術文化的信仰，原始的基本型態可分成三類：一為泛靈的認知與崇拜；二是為人通感的巫師；三是交感巫術或法術的操作。此三種原型以巫師為中心而發展，巫師是人與靈的一個溝通橋樑，藉由巫師的巫儀讓人與靈能互相適應彼此的願望請求，而讓人與靈發展出一種相互協調的生存模式。巫師熟知靈性世界的觀念建構與詮釋，也精熟人世界儀軌的執行，並藉由通靈的這種超自然手段來解決人類世界的各種生存問題。（鄭志明2005：132引宋兆麟說）

一、臺灣傳統的巫術

劉還月（1994：124）認為臺灣的巫覡一般是指法師、童乩、尪姨等的靈媒人物，而李亦園（1990：51）則將臺灣民間信仰中使用各種術法的人分成三類：道士、法師、靈媒。劉還月與李亦園的分法雖不相同，但其實只是稱呼上的不同而已。劉還月（1994：36）進一步的說明「紅頭師公」指的是道士，就是臺灣南部所指的「大法仔」；而「烏頭師公」，則是法師。為了將臺灣的巫覡能有較明確的分法，本研究採用李亦園的分類方法，而輔以劉還月的說明，以便讓讀者能更加了解臺灣民間的巫師的類別；再者避免因南北不同的稱呼而有所混淆。

第一類為道士：道士可以分成「紅頭師公」與「烏頭師公」二種，其主要專長分別為延生法術與度死法術。延生法術為驅邪、祈福等法術；度死法術是指辦理喪事所需的法術。

第二類為法師：法師服務的法術有消災、送煞、收魂等。劉還月（1994：42）說明法師與道士的區別，主要為師承的來源不同，道士是傳承於道教，而法師傳承的是巫術，為人驅邪治病，與道教沒有相關。

第三類為靈媒：則包含童乩、扶乩、及尪姨三種。劉還月（1994：85、102、125、136）認為童乩是臺灣民間信仰中最通俗的靈媒，可以代表神明直接與人們進行對話，但有時需要「桌頭」來協助翻譯，服務的範圍包羅萬象。童乩有時為了顯示神靈的真實性而會使用各種巫器或巫術來讓民眾相信神明降靈附身，如操演五寶的七星劍、月斧等法器，讓童乩身體見血以辟邪展現神明的的誠意；或以過火、煮油等法術來達到淨化或驅邪的效用。扶乩則是利用各種不同的器物，如神轎上的扛轎用的木頭在沙盤上寫字

以傳達神明的旨意。劉還月（1994：120）說明尪姨因主持「牽亡魂」而使得其有著一層神秘的色彩；再加上尪姨為女性的靈媒人物，更讓尪姨被視為是亡靈的媒介，也被視為一種女巫。

劉還月（1994：46）指出臺灣的道士和法師的傳承基本上是以師徒傳授的方法來進行，但大多數都是以家族傳承方式來進行，祖傳父，父傳子，又怕子孫偷懶而將其送到同門師兄弟或不同門的道士去拜師學藝。由此可知，臺灣的民間信仰的巫覡是以家族兼師徒的方式來傳承；而靈媒的傳承，主要是以神靈指定的特定人選為依歸。

二、排灣族的巫術

劉其偉（1995：60）認為巫術盛行於自然民族社會中，女巫與巫覡使用法術為人治病、祈禱或驅邪等。田哲益（2009：75）也提到巫覡所以發達，是由於民智未開，對於周遭環境不能理解，巫術因而產生。於是事無大小，都要巫覡的祭祀祈禱，因此巫覡的地位崇高，族人都敬畏他們。

原住民的泛靈信仰，指的是對自然萬物及祖靈的崇拜。雖然分類方式或稱呼因研究者而異，但其信仰的主體都是由祖靈信仰為出發而伴隨生活中出現的各種神靈、精靈等。神指的是各族的守護神或創造神及存在於自然界的萬物之神，如阿美族的創世神——烈旁（Lipan）、守護神——馬拉道（Malatao）及海神、小米神等的萬物之神。大部分的原住民相信人身上有靈魂的存在，但數量因族群而有不同的說法，但卻都相信靈魂一但離開人體，人就死亡；人死後，靈魂因人的死亡原因而被區分為「善靈」與「惡靈」。「善靈」會在部落守護族人；而「惡靈」就在其死亡地點作怪或為害人

間。善終者成為善靈；因意外橫死者則稱為惡靈。

　　原住民以祈禱的方式間接來向祖靈作各種祈請或溝通，但遇到無法解決的事，如生病、災害等，就必須有人能與祖靈直接溝通，並將祖靈的旨意直接告知族人以順利解決族人目前所遭遇的困境，這個溝通的媒介就是「巫師」。巫師扮演的是一個溝通的管道，透過巫師讓人與自然界中的精靈、神及祖靈進行溝通；而為了讓族人的祈求能如願，巫師就必須透過各種的巫術來進行。巴蘇亞‧博伊哲努（浦忠成）（1999：11）更明確的說明在巫盛行時期，原住民認為人事物的禍福吉凶是因神或精靈所促成的，巫術可以令禍事或凶兆消除。

　　目前原住民各族行使巫術的現況並不普遍，因著西方宗教的傳入及醫學的進步，而使得各部落大部分的原住民改信西方宗教，而背離了以祖靈信仰為中心的傳統宗教及巫術。巴代（2009a：7-8）曾提到在卑南族的大巴六九部落中仍存著十多餘巫師，是巫術實踐較活躍的地區；余光弘（2004：91-94）提到達悟族巫術的行使者巫師已不復見，只有祭儀中的祭師尚存在朗島地區，達悟族的巫術只能從傳聞或文獻中去得知；邱新雲（2010：70）曾提到在2002年進入臺東縣達仁鄉進行調查工作，發現全鄉只剩五位女巫師，且年紀多已年邁，對祭儀的執行頗為困難。

　　本章節是採用專事「評估語文現象或以語文形式存在的事物所具有的宗教特徵（價值）」的宗教學方法（周慶華，2004：159）來對「巫術的起源與傳承」、「巫術中巫師角色的扮演」、「巫術行使的形態及其功能」及「巫術所面臨的時代考驗」等課題作進一步的探討與建構，而在原住民散文中就我搜尋有關巫術的敘述中，目前蒐集到的資訊只有排灣族，因此本章僅以排灣族為主體來進行有關巫術傳承的探討。

邱新雲（2010）在〈東排灣族女巫師養成研究：以土坂村為例〉一文中將田野調查的結果提出東排灣族傳統學習巫術必備的基本條件：第一是家中的長女；第二是家族中曾經有祖先擔任巫師；第三是隔代傳承或近親相傳；第四為神靈所挑選。但譚昌國（2007：76-77）認為第四點——為神靈所挑選是最重要的，神靈的挑選遠勝於家族的背景，因為沒有神靈的支持，在艱困的學習過程中及行使巫術的儀式中沒有一個可以依靠或詢問的主神，巫術的真實性就無法顯現：

> 在我的部落中，巫婆的產生是充滿奇異的傳說的；家族中的老人家說過，在新一代的巫婆人選出現時，「天定」的人必定會在她生活周遭發現五顆特殊的珠子，至於這五顆子長得是什麼樣子？便只有身為巫婆的人才知道。（利格拉樂・阿𡠄，1996：101）

排灣族巫術的傳承主要為「為神靈所挑選」；再者為祖靈的挑選——家族中有曾擔任巫師的祖靈。神靈挑選的方式為何？據譚昌國（2007：77）表示有以下各種方式：第一類為神珠的出現：女子在夢中夢見神珠自天空降下，醒後發現神珠出現在手中或枕邊；女子在參觀祭儀或他人為自己所做的祭儀時，有神珠突然降落其身旁等。原住民散文中正有這類的記載：

> 神靈喜歡的人才能成為巫，巫師曾經唸了一段古語，然後解釋說：「大武山的神坐在雕刻著人形圖的石椅上吃著檳榔，他往下看，看見他所喜歡的人，他在樹上一摘，摘下了 za-u 給他所中意的人。

> 她（巫師）小的時候，神靈給過她三個za-u，一次是在
> 庭院掃落葉時，突然砰一聲，什麼東西掉落，她拾起一顆圓
> 石般的果實給父母看，父母立刻知道是怎麼回事。有兩次是
> 在田裡拔花生的時候，跟先前一樣，za-u突然從天上掉落下
> 來。（伊苞，2004：72）

　　第二類為公開的徵兆：在收穫祭時會舉行盪鞦韆，這是巫師之
神公開挑選徒弟的儀式，部落中的女子不論已婚未婚都可進行盪鞦
韆的活動，倘若在活動進行中該女子出現頭痛、身體發抖、臉色蒼白
或痛哭失聲等症狀，就是被巫神發現其有成為女巫師的資格。第三
類為巫師在為女子治病時，倘若巫師接收到巫神的啟示，表示該女
子要學做巫師，其病才能康復。也就是必須為神靈或祖靈所挑選才
能進行巫術的學習，習巫者在家族中的身分別，或是家族中有著巫術
傳承的經驗，或是巫師身分的象徵等，都是次要的條件。例子如：

> 在四年前，住在下部落一位中年婦女，被人發現行為舉
> 止有異於常人，原本是被家人認定得了「失心瘋」，請巫婆
> 前去驅魔時，才在巫婆的慧眼下認出是新一代的巫婆傳人。
> （利格拉樂・阿𡠄，1996：101）

　　排灣族習巫者的條件中為何必須具備「家中的長女」、「家族
中曾經有祖先擔任巫師」或「隔代傳承或近親相傳」等條件？依譚
昌國（2007：76-77）的說明是因排灣族實行長嗣繼承制度，長嗣不
論男女都繼承出生家庭的一切，如出生家庭為頭目，則長嗣繼承該
項頭銜，男子成為頭目，女子稱為女頭目。這是不同於漢人的觀念
中，男子才具有家族中繼承的權力。排灣族中巫師與祭師有著明顯

的性別傳承方式，巫師是女性而男性則是祭師。巫師與祭師的繼承可說是世襲，只不過其範圍擴大到一個家族，而不是以家為單位；而巫師較祭師的傳承又多了一點神祕色彩，因為巫師必須由祖靈來挑選而非自願就可以了。以家族為單位來傳遞巫術文化，因為家族的祖先倘若曾經擔任過女巫師，必擁有許多事蹟及自身的經驗可以述說或傳承，並讓習巫者相信並接受巫術，進而產生興趣。再者，有著祖靈的支持與保護，可以讓習巫者有較高的成功機會。每個家族都需要有一個巫師來替家族中的每一個人進行由出生到死亡的所有祭儀，進而能參與部落祭儀，更是家族的一種財產及榮譽的象徵。

在確認神靈或祖靈所顯現的徵兆後，被挑選者必須進行拜師學藝的工作，找尋師父的工作通常是由被挑選者的家屬進行，待確定後再由被挑選者舉行正式的拜師儀式，正式進入學習巫術的歷程。胡台麗（2010：28）提到在排灣族學做巫師的第一個儀式如同婚禮中的提親，習巫者的家人（大部分都為父母）會帶著聘禮——小米、酒、檳榔等，到師父家中請求其收習巫者為徒。

譚昌國（2007：77-82）提出學習的歷程，從具備學習巫術的條件下到成為巫師所必須歷經的學習與考驗：（一）開始學習；（二）解除學徒的語言障礙；（三）女巫師升立儀式；（四）獨立開業儀式。學徒必須學習經文的唱頌及祭儀中祭品的使用及擺放。

第一為開始學習：先拜師，然後師父為徒弟舉行一個「驅除語言障礙」的儀式，其目的是讓徒弟受到神靈的庇佑，在學習艱澀複雜的經語時，能順利且流利地背誦。自此開始，徒弟就跟在師父身旁開始學習之旅。且徒弟的身分不再是父母的孩子，而是屬於師父所有，在傳統上學徒的最佳學習年紀為八到十四歲，因為不懂男女之情，而能專心學習。邱新雲（2010：82）提到巫術的教學是採取一對一的方式來傳習——入門經文與吟唱經文，其餘的教學採取

實作教學的做中學的方法進行。經文難學是因其難懂且又無文字可參閱，必須靠老師一句一句來口授。倘若無神靈的相助，要學會這古老經文是一件不容易的事，所以在學習前要先進行「驅除語言障礙」儀式。

第二為解除學徒的語言障礙：邱新雲（2010：82-84）指出經文的學習可分為基礎經文九段及祈福經文六段。因經文艱澀難懂，為了提高學徒的學習興趣，通常會先從旋律優美的練習曲開始教授，以期學徒將基礎經文以哼唱的方式融入日常生活中，待學成後才用吟誦的方式來加深其精熟度。而與第一階段中的「驅除語言障礙」中是有其差別性。

第三為女巫師升立儀式：學徒是否可以升立成為巫師的關鍵為何？邱新雲（2010：84）指出當老師認定徒弟的學習已到可封立的程度，且神珠完好時，就可以升立為巫師。在進行升立儀式前，由於這是家族中的大事，從學徒開始拜師後就慢慢開始籌備及分配工作，如養豬、編籃等。在儀式進行當天，部落的族人及附近部落的巫師們都會受邀前來觀禮並準備紅包及禮物，而準巫師家必須準備小米酒及豬，有如進行一場準巫師的婚禮，而家族為準巫師準備的物品有如準巫師出嫁的嫁妝。在升立儀式中，準巫師將會獲得巫神賜予的最後一顆神珠。胡台麗（2010：29）提到神珠的作用為卜問及作為巫師的護身物，在成為巫師前排灣族的巫師會獲得三顆神珠，三顆神珠各用於不同的儀式中（在排灣族的古樓村中其神珠就是無患子的果核）：一顆用於卜問有關村中的事，如五年祭的男祭師人選；一顆用於卜問有關族人生病的事，就是求神靈告知病因及祛除疾病的方法等；一顆用於處理因意外死亡的族人喪事，女巫師在為因意外死亡者進行送財物到特定地點時，要將神珠帶在身上以作為護身用；神珠的出現，綜合胡台麗（2010）、邱新雲

（2010）和譚昌國（2007）的研究而知：第二及第三顆神珠是在舉行升立儀式中出現；而第一顆會因人而異，可能在被神靈揀選為習巫者的過程中，或是學徒在學習的過程中出現。而這在原住民散文中，也略為提及：

> 新巫婆的出現，在傳統部落中可是一件不小的事，這不但意味著將有一大堆關於巫婆儀式的舉行，同時也代表著一個新的部落政權的替換。（利格拉樂·阿𡠁，1996：102）

第四為獨立開業儀式：在成為巫師後並不能馬上單獨執行祭儀活動，必須在老師認定其具有執行基本儀式的能力後，才可舉行獨立開業儀式，並自行開業。邱新雲（2010：89）指出學徒被升立為巫師後，才具有資格學習與神靈相通的經文，如請祖靈、迎送巫神等經文；再者學徒也必須跟隨師父參與各項祭儀，並從中熟習各種祭儀中所須準備的祭葉、祭品及經文。待獨立開業儀式舉行後，成巫師就可自行接案舉行祭儀，所得的報酬也完全屬於自己。

排灣族巫術的傳承來自於神靈的揀選，再依排灣族傳統的長嗣繼承，或家族巫師的傳遞而形成。其傳承過程較其他族群來得嚴格及謹慎，而神靈揀選的徵兆不斷在習巫者的學習過程中展現——神珠的出現，讓族人們再三確認其資格，也讓族人相信其與神靈等溝通的真實性；再者其升立儀式的繁複準備過程及全家族或全部落的共同參與，因儀式中所需使用的物品都是原住民日常生活中的自產物資，必須藉由分工合作的方式來為巫師的升立儀式作準備，在在都讓族人確信巫師對家族或部落的存在性及重要性。巫術因巫師的存在而形成，巫術的發展以原住民泛靈信仰中的祖靈信仰為中心發展而

成，也更讓非原住民族明白祖靈信仰對排灣族或其他原住民民族的意義。在萬物有靈的觀念下，巫術與禁忌是早期人類對超自然力的一種信仰，巫術是以積極的手段來達成特定的目的，而禁忌則是以消極的態度來避免禍患的發生。（鄭志明，2005：12引馮天策說）

李亦園（1998：169-171）認為中國傳統的民間信仰具備二個特色：一為普化的宗教；另一個為超自然因素與倫理道德因素，是有相當程度的分離性。所謂的「普化」，是指一個民族的宗教信仰沒有系統的教義、也沒有成冊的經典、更沒有嚴格的教會組織等章程或規章的存在，其信仰內容與該民族的日常生活有相關連，而無明確的區分。因此，傳統的民間信仰內容包含祖宗及神明的崇拜、生命禮俗、符咒法術等，而無法用西方觀點中的一個宗教來涵蓋中國的民間信仰。可見中國的民間信仰是一種具備兼容並包的宗教，並不像西方的一神教，如基督教、天主教等具有強勢的排他性；中國傳統民間信仰的超自然與道德倫理有相當的分離性，其信仰重心主要為超自然力，因而使得這樣的信仰非常的現實並趨向功利主義，其巫術性的特質也很強烈。西方一神教中的道德倫理的源頭是神本身所顯現的現象，所以神與道德倫理無法分開。

原住民的祖靈信仰也是民間信仰的一種宗教，其特質與中國傳統民間信仰相似，所以也具備上述這二個特性；但是中國傳統的民間信仰認為超自然力必須在人與社會的和諧搭配上才有意義，而原住民以祖靈信仰為中心所發展出來的宗教卻較中國的傳統民間信仰擁有更廣泛的宇宙觀及其包容性，對人類必須「回歸自然」才能永續經營有更多的啟發，因為原住民認為泛靈信仰必須在人與大自然間取得一個共存的平衡，人類才能依靠超自然力及大自然生存下去。再者因超自然力的權威性，而使得原住民因著生活中的所需、安全等因素向祖靈們祈求，為了能與祖靈們雙向溝通、更為了能擁

有操控超自然力的方法，巫術因運而生。原住民巫術的傳承雖因各族而有差異，但行使巫術的術法，如招魂、生命禮俗、祈福驅邪、與祖靈溝通等，都由部落中的巫師來執行；但在臺灣傳統宗教中巫術的施行卻必須因巫師所具備的特性或傳承的術法而有所不同，對不了解巫師專長的人們而言，會有找錯人施法或是令術法效果不彰等現象出現。再者因不同類別的巫師，其施法的酬勞也無一個標準可適用，而形成各自為主的狀況，令有需要巫術的人無可適從或有望之卻步的打算。

第二節　巫術中的巫師角色的扮演

譚昌國（2007：61）提到巫師能與神靈及祖靈直接溝通，祖靈與神靈也藉著女巫師的語言來傳達祂們的旨意，抽象的神祖靈觀念經由巫師才能具體呈現，也讓部落複雜的祭儀可以井然有序的進行並顯現其效力。巫師與祖靈及神靈交通的方式，也是一般人無法使用的溝通方法：

> 成為部落巫者的人，需要經歷一場不平凡的際遇，讓心靈能夠藉由超越人性的經驗，培養出一般人所沒有的眼界，那也是與神靈的交會。（巴蘇亞・博伊哲努（浦忠成），2009a：324）

陳文德（2010a：88-89）提及執行卑南族儀式的人物有祭師、巫師及占卜師三種，但因祭師及占卜師是因具備某種特質，而有能力學習相關儀式進行的方式，但巫師與前面二者最大的不同在

於「能與祖靈及神靈進行直接溝通」。不論哪一個原住民的族群或其巫術儀式的執行者有幾種，本章所要探討的巫術執行者必須具備能與靈界（包含祖靈、神靈等）進行直接交通者，各族中擁有這樣的能力，且經各族認定為該部落的巫師者即為本章研究的主角，更是本研究中最能顯現祖靈信仰中最特殊的地方。

在教育部國語推行委員會（2012）《國語小字典》「巫」的定義為「能與神靈溝通或行使神祕法術的人」；另「巫師」在教育部國語推行委員會（2012）《重編國語辭典修訂本》指的是「原始社會中，神靈附身，授予法術，專為人們治病、斷吉凶、解疑的人。或稱為『薩滿』」。在蒐羅各族巫師的資料中，目前發現最與眾不同的是邵族。據滿田彌生（2010：468）的研究得知其祖靈信仰的祭拜對象為「公媽籃」，而其祭拜的巫師則稱為「先生媽」，先生媽的工作只是將族人的祈求或祈願在祭拜時將它轉達給祖靈知道。其他族群，則是因其命名或是研究者的翻譯而有祭師或巫師等稱呼上的差別。不論其稱呼上的差異如何，只要能與「靈界直接交通者」在此都稱為「巫師」。

胡台麗等主編（2010：12）發現在巫師的角色與定義方面，各族巫師在執行傳統儀式的範圍雖然不盡相同，但其共同點都是能與神祖靈溝通及有治病的功能。有些部族巫師的工作範圍較大，如排灣、卑南、阿美、邵族等除了施行治病及個人儀式外，在有關整個部落祭儀中，巫師扮演的是具有主導性或輔助性的角色；在巫師職權較小的族別中，巫師的工作是以治病、招魂為主，如泰雅族、太魯閣族。另外，邱新雲（2010：69）也提到女巫師在原始排灣族的部落中，扮演著非常重要的角色，如部落族人的生理疾病的醫生、因失去親人而有心靈傷痛族人的心靈治療師等。換句話說，族人有任何的疑難雜症等問題，都可以找巫師協助排解。

巴蘇亞・博伊哲努（浦忠成）（2009a：432-433）提及巫術在早期的社會中具有防護部落家族、規避災厄、治病、祈福等功能。在一般的經驗中，巫術的施行大都針對個人或少部分的群體才會形成具體的治療，如對付敵人、驅逐惡靈等效果。黃宣衛（2008：111）則認為阿美族的宗教儀式環繞著二個主題在進行，一是人、另一個為物。在人的方面，阿美族祈求的是健康、平安與長壽，如人一生的生命禮儀：命名、結婚、喪禮等；在物的範圍，則是希望生活富饒而不匱乏，如阿美族的主食為小米，因著小米的成長而舉行一連串的播種、除草、收成等的歲時祭儀。可知在原始的生活中，原住民認為安全的生活是極重要的一件事。為著族人的生活與安全，巫師在巫術中所扮演的角色可從舉行各種巫術儀式的對象為準則，分成部落及個人二方面來說明：

一、在部落中擔任的角色

　　（一）部落的守護者：當部落的生活受到威脅或是干擾時，巫師便會開始去尋找線索，找出破壞部落安定生活的原因，並進行必要的巫術使得部落的生活恢復原狀。如：

> 約莫過了二個Masalu（瑪沙魯，小米豐收祭）之後，隔壁部落遠征狩獵的戰士，透過獸徑與精靈的傳達，陸續傳來一些不祥的警告；在世居的獵場出現了不明身分的敵人，配帶著威力強大的火鎗……負責部落安危的頭目Gaiagimu（嘎拉基木）家族為了安撫民心，不得不邀請Bulinaf（卜拎安福，巫婆）前往族中祭拜祖靈的祖靈屋，向住在南大武山脈的祖靈詢問禍福。（利格拉樂・阿䳒，1997：93-94）

（二）部落歲時祭儀的靈魂人物與媒介師：譚昌國（2007：
67-68）提到排灣族的祭儀是由一群祭儀專家來執行，包括
moluso、男祭司及女巫師。Moluso負責處理祭儀中的豬隻，包括
殺豬、切祭肉等都要依循祖傳的規矩；男祭司在祭儀中擔任女巫師
的助手，將女巫師備好的祭品送至部落的各出入口或山上獵區的祭
壇。祭司長則是負責戰爭、獵首及五年祭的重大祭儀；女巫師則是
用儀式語言與祖靈們（tsemas）溝通，且組織、執行整個祭儀的
一切步驟。一個部落倘若無巫師與神祖靈進行溝通，則無法進行祭
儀，因為一般人不知道如何與神祖靈進行溝通，更不明白要如何
將祭品獻祭給神祖靈。Moluso及男祭司是代表著排灣族一般的族
人，而女巫師則擔任溝通的中間者與媒介師來與神祖靈進行交通，
以祈部落的平安或祈求神祖靈的賜福等。

（三）維持部落的秩序者：孔吉文等（1994）認為在原始社
會中，維持社會秩序的三股力量分別為頭目、祭師及巫術，三者各
自發揮其社會功能維持部落的秩序。而巫術的施行者為巫師，所以
巫師也是維持部落秩序者之一。如：

> 巫婆在部落是個重要的角色，據外祖的口述，巫婆幾
> 乎可以操控族群的生死與未來，不論是部落祭典、外交，甚
> 至是小至嬰兒的出生禮，都得由巫婆透過各種儀式的進行，
> 傳達給住在天上的祖靈得知，在遠古一切不可知的時代中，
> 其神聖重要是可想而知的。（利格拉樂・阿𡠈，1996：100-
> 101）

二、在個人祭儀中所扮演的角色

（一）巫醫

　　林建成（1995b）提到巫師如以其功能來區分，可分成「祭師」與「巫醫」二類。巫醫其主要工作為治病、驅邪，也包括在婚、喪儀式祈福、用竹占斷吉凶等。

　　在原始社會中，因著醫療的不發達、生活環境的惡劣及難以預測的天災等，再加上泛靈信仰，所以對疾病的認知有限。黃宣衛（2008：109）將原住民的疾病分為二類：一為自然疾病，就是因日常生活飲食或是作息不正常而引起的疾病，類似今日因不良的衛生習慣或不當的烹煮方式而導致的病痛；另一種為神祕疾病，因惡靈或觸犯部落禁忌而引發的疾病。此二種疾病的治療方式為治病與驅邪。驅邪是指倘若是因惡靈而招致的疾病，就請巫師進行巫術的祭儀來進行驅逐惡靈。而治病有二種：一為因觸犯禁忌而遭受神祖靈的責罰，則必須藉由巫師的溝通來請求神祖靈的諒解並告知補救的方法；二為自然疾病，部分的疾病是沿襲祖先所流傳下來用哪些藥草可治病，無法治癒或是不知如何治療時就會尋求巫師的協助。如：

> 　　婆婆生長的這個泰雅部落裡，據說沒有會施行「白巫術」的巫婆（師），只有會害人下蠱的「黑巫術」。因此，族人大多都沿承著長輩所遺留下來的藥草記憶，自行上山採藥外敷或食用，婆婆的父親便是最典型的例子。（利格拉樂‧阿𡠅，1998：82）

黃宣衛（2008：109）認為巫師所以存在是為了幫族人治療疾病，巫師在昔日阿美族社會中是個重要人物，其主要的功能是消災祈福，其中最重要的是替人治病的工作。從巫師替患者就其罹患的神祕疾病解釋方式來觀察，個人身體上的疼痛、疾病，可能是病人本身或家人因違反社會規範或宇宙秩序而所導致的結果。

　　如前所述，原住民的疾病之一，是原住民認為人所以會生病，都是因為惡靈的作祟或是家族中有人觸犯了禁忌而產生的。孔吉文等（1994）提及在治病的過程中，巫師會求問神祖靈患者的疾病是什麼樣的靈所導致？如祖靈、神祈抑或是惡靈等，產生的原因為何？是觸犯禁忌或是惡靈所導致，再者該如何來驅病或治療。如：

>　　回臺北之後，整整四個星期不能睡覺。白天不管多累，一到晚上，閉上眼睛歌聲就傳進耳裡，歌聲悠遠而深長，似吟唱又好像在呼喚。我害怕夜晚的來臨，整晚煩躁不安……一個月之後，我回部落。巫師告訴我，自從我們上次上山回來之後，頭目生了一場大病，在醫院住了幾天……
>
>　　「集中，不管您的呼吸（生命）遇上麼問題，集中你的氣息，不要白費力氣。」
>
>　　她挪移小板凳，「來，我們把它叫回來。」……兩手抱住我的頭，口對著我的頭頂哈氣，然後對準我的耳朵呼喊「哦～～哦～～」她呼喊著：「在冬季，埋葬深底的枯枝腐葉，起來，清晨的陽光出現了；裡面的人，醒起來，醒起來」（伊苞，2004：79-81）

（二）心理治療師

邱新雲認為（2010：69）在排灣族中，巫師扮演著部落族人生理疾病的醫護者及心靈傷痛的靈療師。

在喪禮的儀式中，主角都為亡者，一切的儀式是以讓往生者能到達其死後的世界為目的，亡者的家人只是儀式中的祭拜者、發起人。原住民較一般漢族不同的是，主角包括亡者與生者，安排往生者的一切後，對於亡者在世親人的悲傷、難過也有儀式來加以撫慰。如：

> 我記起家鄉，在迎亡靈的儀式中祭師撫慰生者的吟唱。
> （伊苞，2004：65）

（三）占卜師／解夢師

喬宗忞（2001：24）提及魯凱族的神祖靈在有好事或不幸事件即將發生前，會藉由某些徵兆來預先告知其子孫，如夢境；或者也可以藉由占卜的方式來預知。在此所謂的占卜，是指經由巫師來進行占卜以解惑的儀式。夢占有二種方法可以來進行解夢：一種為巫師藉由占卜的方式，或者與祖靈或神靈直接溝通，而來解釋夢境的代表意義；另一種是祖先口傳下來的經驗，不需要巫師，一般人就可以由夢境中出現的物品或行為來判斷吉凶。如田哲益（2009：72-73）提及布農族人倘若夢見豐收，表示其妻不久將妊娠；夢見自己在唱歌或他人唱歌，則是家人將罹病的預兆。根據祖先流傳下來的解夢方式，是一般人可以自行解讀的，並不需要巫師的協助，所以此節不針對此方法進行探討。所剩第一種的兩類，分別舉例如下：

1.利用占卜方式來解夢

（巫師說）「妳來得正好，我正準備去杜鄔的家為她解夢」

……

「我近來時常作夢，夢見琉璃珠不見了。我不知道，究竟是什麼在削弱我們家庭的力量。」杜鄔阿姨面對巫師說。

巫師兩腿夾著葫蘆。葫蘆光滑的肚腹上手指搖晃著小葫蘆。「大武山的神靈，居住在聚落札拉阿地阿的祖靈，來自遠古的家族長老、智者、引信靈的球網拋向空中……請為我們解開迷霧。」

……

杜鄔說：「……他在平地的水溝裡意外身亡，他是意外身亡所以沒有帶回我們婚後所建立的家，他應該回到他出生的家裡和他的家人在一起。」

巫師搖著葫蘆吟唱……

葫蘆停。巫師：「他同意了，我們希望他能怎麼做。」

（伊芭，2004：73-74）

2.透過與神祖靈溝通的方式來解夢

驗孕後的第二天，南部的娘家傳來母親的夢境，夢中出現一串美麗異常的男用項鍊，經過巫婆的解讀，說照家族中將有新生命誕生，外婆母親一聽見這個訊息，匆忙地跑回家就各自抱著電話，分別打給散居在全省四處的女兒、媳婦，一一詢問誰的肚子出現徵兆？（利格拉樂・阿𡠽，1996：141）

巫師在個人或部落祭儀中所扮演的都是一個媒介師，藉由與神祖靈的直接溝通而來解決族人們在生活中所遭遇難以解決的事務。也因著巫師所具有的與靈溝通的能力，而讓部落的族人能安心且無慮生活著；巫師是部落生活的關鍵人物，更是族人生活的依靠。

第三節　巫術行使的形態及其功能

　　因著統治者的更替及西方宗教的傳入，而使得原住民的祖靈信仰從此受到摧殘、消滅，連帶著因祖靈信仰而發展出來的巫術、祭儀、藝術等文化也隨後被外來的文化同化或取代了。在原住民作家的散文中，有論及巫術行使的狀況或功能的，目前只有在利格拉樂・阿𡠄的《紅嘴巴的VuVu》及奧威尼・卡露斯盎的《神秘的消失：詩與散文的魯凱》中有提及。為了要讓一般人對原住民巫術有個完整的概況認識，所以本節中將會另外引用原住民作家的小說題材中，有關巫術行使的篇章來加以補充說明。雖然小說的情節是作者使用其想像力，用文字呈現其誇張的題材以吸引讀者的興趣，無法確認其內容的真實性；但在原住民小說家中，如巴代因鑽研部落的巫覡文化，將其研究結果加上自己的想像而發展出有關巫術行使形態的小說文章，姑且不論小說的真實性與否，至少其小說中巫術的行使是依著卑南族大巴六九部落的巫術原理來呈現，由此可以讓人知道原住民巫術的行使原則、方式等樣貌，對原住民文化有不無小補的功效：

臺灣原住民族過去擁有非常周備的巫術文化傳統，巫者心靈與視野所見為何，在文學創作中鮮少出現：巴代有這方面研究的素養，他的部落仍然屹立不搖，所以這方面是應該期待巴代的。（巴蘇亞・博伊哲努（浦忠成）），2009b：329）

　　原住民巫術的行使不外乎要有巫師、巫師與神祖靈連線的方式、祭儀進行所需的術法或儀式、祭品及法器等。巫師已在本章第一節論述過了，所以此小節不再重複；而因不同目的的儀式需要而有不同的步驟及祭品，這個部分因原住民的祭儀繁多，在此只論述各祭儀中基本的術法或儀式及一般性儀式中的祭品。

一、巫師與神祖靈連線的方式

　　巫師具備有與神祖靈直接溝通的能力，但是否與神祖靈搭上線，巫師自己必須要能知道，否則儀式將無法進行。漢人的乩童是否與神祇連線，可從其身體的靈動來得知，但靈動並非一般人可以確認，只有乩童自己才知道是否是真的靈動。原住民各族的連線方式因族別而有不同。原英子（2005：165）說明阿美族巫師為了能與kawas（神祖靈）交流，在祭儀開始時必須先從kawas取得一條叫calay的絲線。這條絲線是kawas與人間的連絡道路，倘若巫師無法取得此絲線，則祭儀沒辦法進行。阿美族的神祖靈各自存在不同的空間方位，會因祭儀而必需取得該祭儀所屬的神祖靈給予的calay。胡台麗（2010：23）提及排灣族巫師是透過「唱經」來與神祖靈相會；楊江瑛（2010：276）認為建和的卑南族是使用ngatir（經文）來與神靈溝通、交涉。

二、祭儀進行所需的術法或儀式

弗雷澤〔J. G. Frazer〕（1991：21-26）提及倘若從巫術的思想原則來作一個總結，可將交感巫術分成二類：一為順勢巫術；另一個為接觸巫術。

（一）順勢巫術

此為「相似律」，也就是同類相生或結果必源自於同一個原因。從這個定律引伸出只要藉由模仿就可實現任何想做的事，又稱模擬巫術。順勢巫術，有如漢人民間信仰中法師利用稻草做成的人偶，將其視為某人的一個代替品，在人偶上作法，使人身上的病氣或穢氣能消除：

> 「過刀箭關」亦稱「過囝仔關」，是一種為嬰童破關解運以求父母子女均安的法事，過程大致如下……（5）草人解運：刀箭關破後，由內取出預藏的草人替身，在嬰童胸前上下晃動，再令嬰童哈氣於草人身上，表示穢氣盡出，已經解運了。（黃文博，1998：209-210）

在原住民的巫術中，也有使用這樣的順勢巫術，但與漢人不同的是，原住民是使用其生活中最常見的物品：檳榔，利用檳榔做一個實體的替代物，利用這樣模擬的方式來進行巫術：

> 巫師將靈力客體化於檳榔等物品而成為護符。（陳文德，2010b：139）

（阿烏）她拿起年輕女巫為她準備的檳榔與繩結，放置在蓆座前的矮木桌上，排成「法術開口」的縮小模型，執起小刀，搖起銅鈴，祭起咒語，與其他七個站的女巫遙相呼應。（巴代，2009b：270）

楊江英提及建和卑南族祭祀的基本形式是以檳榔的排設作為一個基本形式：

在收穫祭的獻新粟demira' 儀式中，祭祀者在karuma`an（祖家）前排設祭祀用的檳榔，剖開的檳榔中放一顆陶珠，每五顆一組……祭祀時以水灑之，表示各路神靈聚集一起會商人間祈禱的事情。（楊江瑛，2010：265）

另陳文德（2010b：150）提到卑南族每位巫師都有二個巫鈴，一個巫鈴代表巫師的「替身」頭部，放在該巫師的巫屋牆壁上的木盒裡；另一個則放在巫袋內，是巫師在儀式上使用的器物之一，如召喚重病或是亡者的靈魂、重建祖靈屋時舉行「祈求種子」等儀式時使用：

比令站在部落北方出入口正中央，面對北方墳場，揚起手，唸一段咒語，然後接下副手準備好的，以長髮、棕鬚、削細的艾草纏紮的細繩結，橫擺在地上並蹲了下來。再唸一段咒語後，在繩結一個手掌寬的正後方，整齊的擺下三顆已經切開處理好的檳榔；又唸一段咒語，再擺下三顆檳榔……（比令）取出銅鈴在右手，唸一段咒語的同時，左手取出繩結……抑揚的唸咒聲，激起一片黃光，向面對著的北方飄了

去。（巴代，2009b：271）

（二）接觸巫術

就是「接觸律」，有論者提到它是指物體經相互接觸在中斷與
實體的接觸後，還可以繼續遠距離的相互作用。也就是藉助被某人
觸碰一個物體，就可以藉這個物體來影響某人，這個物體並不一定
是此某人身體上的一部分。（弗雷澤，1991：21-26）在漢人習俗
中，當人罹患難以治癒的疾病時或該疾病有危及此人的生命時，道
士會要求做一個生基的法術，將當事者的頭髮、指甲等放入一個小
棺材中，並將小棺材埋入土中，有如當事者已死亡，做成一個假象
來騙過鬼差，這是一個結合順勢巫術與接觸巫術的法術。接觸巫術
的部分，是指某人的頭髮及指甲。

楊江瑛（2010：273）說明建和卑南部落的治病儀式中，巫師
會以檳榔及碎鐵片去觸碰病人的身體，並一邊唸經文找出病因以及
用檳榔將讓當事者生病的穢物從當事者身上收走。

> 阿烏收回銅鈴取出一顆陶珠，在傷患的肩頭拊了拊，唸
> 起祝禱詞，在狀況穩定的這段時間裡，她想拾搶點時間多唸
> 一些，讓傷患舒服一些。（巴代，2009b：241）

弗雷澤（1991：31-32）提及交感巫術包含積極規則與消極的
規則，積極規則是指法術，告訴人們應該做什麼或是這樣做就可能
會發生什麼事，其目的在於獲得一個希望得到的結果；而消極的規
則是禁忌，告知人們不能做什麼或別這樣做，以免生什麼事，目的
是避免不希望得到的結果。

三、祭品及法器

（一）卑南族

陳文德（2010a：144）提及卑南族巫師的巫袋中有陶珠、鐵鍋片、小刀等。楊江瑛（2010：272-273）認為卑南族儀式的特徵是以具象的祭祀物來顯現各種祭祀所象徵的意思。其祭品包含檳榔、陶珠、碎鐵片及水。祭品中用途最廣的是檳榔，整顆的檳榔用來表示人的身體或是一種護身符；剖開的檳榔則是以五或七片為一組用來代表祭祀的靈魂，善靈則在檳榔上放置陶珠，惡靈則是用碎鐵片來表示。陶珠及碎鐵片則是用來與靈溝通或交涉，巫師通常會一邊誦唸經文一邊將其往靈的所在方向拋擲。從祭品所組成的象徵可以獲知儀式的性質是屬於祈求或禳祓等，如增強力量的儀式，是以小竹籤上放有陶珠的整顆檳榔來做成護身符，當新居落成時會請巫師為其家屋設立這樣一個類似護身符的物品。

陳文德（2010b：144）也提到儀式中含有除穢、阻擋等作用時會用鐵鍋的碎片；而有關祈福、庇佑的儀式則使用陶珠。陶珠是指一種燒烤成暗紅色的珠子。雖然楊江瑛與陳文德的文章中一個是用碎鐵片，另一個是鐵鍋碎片，但這只是原住民語在翻譯時，使用不同的語詞，並不影響有關卑南族的巫術行使形態。

　　（阿烏說）「叫車吧，妳弟弟老五出車禍，軍方通知準備送往臺東醫院。」……利用候車短短的時間，阿烏著手準備了近三十顆，夾著陶珠、切開的檳榔，小心的放進揹起的「拉法特（註：巫器袋）」。（巴代，2009b：230）

陳文德（2010b：145）提到巫師過世後巫鈴要留給承接巫師工作的族人或後代子嗣，其他的巫袋、及巫屋內所有儀式的器物都要當陪葬品。巫袋的內容物有：

> 待晚餐送來時，較年輕的女巫，已經準備好了二百八十八顆切開並夾著陶珠的檳榔，整齊的排列在兩張寬大的檳榔葉柄製成的盤皿上；二十四根由長髮、棕鬚及削細的艾草纏繫的細繩子，各打了七個結，也一列排開；加上每個人隨身巫器袋裡的銅鈴、陶珠、小刀……（巴代，2009b：268）

（二）阿美族

巴奈·母路（2010：336）提到阿美族一般儀式的祭品有祭壺、檳榔、荖葉、糯米糕、糯米飯、酒等。原英子（2005：51）提及阿美族人的祭儀在開始前會進行miftik（獻酒儀式），巫師將右手食指輕輕地浸入酒裡，一邊唸禱一邊將酒彈出。唸禱的內容大都是呼請主宰此次祭儀的神祖靈。另林建成（1996：28-29）也提到在阿美族巫師「哈賴」有個名叫「沙卡日馬」的神祕武器，其形狀類似一隻小章魚，前端是將塑膠皮剪成條狀並綁上紅色及深藍色的小布條，再繫上一串鈴鐺。接著是用各色串珠來裝飾，最後用紅色小布條來纏繞，以便於把拿。

（三）排灣族

邱新雲（2010：100-106）指出在土坂村的排灣族的祭儀中最常用的器物有：

第一為豬骨：用來象徵一隻全豬，因為在原住民部落食物的取得不易，豢養一頭豬至少需要一年以上，而部落中的祭儀頻繁，如

果每個儀式中都要殺豬來獻祭，在執行上困難重重，因而在一般的儀式中採用權宜之計，簡化用豬的右側骨頭來代替全豬，將骨頭敲碎並哈一口氣就象徵是一頭全豬的獻祭，是一種替代的方式。譚昌國（2007：66）提及排灣族的每個重要的祭儀都是以殺豬開始。在傳統時代，飼養的豬大多做為獻給祖靈的奉獻物，所以家家戶戶都養豬以備在舉行生命儀禮時使用。

第二為樹皮：早期如果沒有豬肉則用其代替「牲禮」。

第三為葫蘆：用來卜問或取神水的器物。

第四為酒。

第五為小米梗：用豬肉脂助燃，燃燒產生的煙，是人與神互通訊息的一種方法。

第六為祭葉：一般研究者認為祭葉是排灣族人在祭儀中用來盛裝獻祭品的器物。譚昌國（2007：69）特別指出一般祭儀中的祭葉是使用桑葉，而特殊的祭儀還會使用其他種類的葉子，如收穫祭會使用榕樹葉。

譚昌國（2007：69-71）提出的祭儀的器物除了邱新雲所提的六項外，尚有肥豬肉、水、葫蘆、竹筒、祭盤及巫師箱等。肥豬肉的油脂其代表著力量，擺放於祭葉上作祭儀可以增加神力；水放置碗中，用小刀沾水向祭品和道具灑淨則有潔淨、除穢的功能；葫蘆則是用於占卜；竹筒是用於保存重要祭儀後的部分祭品，如播種結束祭、收穫祭等；祭盤為方形的木盤，每個家族都有擺放祭盤的固定位置，在儀式開始時才將祭盤從原位取下，待祭儀完成後才歸位，此時儀式也才算結束：

> 巫師兩腿夾著葫蘆，葫蘆光滑的肚腹上手指搖晃著小葫蘆……葫蘆停。巫師：「他同意了。」……葫蘆停。巫師

又繼續搖：「我要再問一次，不能隨便了事，要讓你和母親、兄弟在一起，還是你要與他們分開，你心底的意思如何？這是我要問的，你要分別，還是追隨你扎拉阿志與家族同路。」葫蘆停。「他要和父母、兄弟在一起。」（伊苞，2004：73-75）

譚昌國（2007：69-71）認為巫師箱是巫師身分的一種象徵，巫師箱大多是由家族內歷代過往的巫師祖先所傳承下來，也有得自於老師的。百步蛇和人頭被認為是巫師的守護神，所以通常會在巫師箱上雕刻上這些圖騰，有蘊藏巫神神力的涵義存在。箱中放有基本的祭儀道具，如祭祀小刀、豬骨、豬皮或豬脂、碎鐵片和神珠等。祭祀小刀是由該巫師的老師所傳承下來的，主要是用來修祭葉、刮豬骨、沾水及點酒作獻祭等作用；碎鐵片在祭儀中放在祭葉中，有增強力量和驅邪的象徵；神珠是巫師用於瓢葫占卜之用：

> 經過VuVu提醒，才知道今天是輪到Ligrlauvr家屋祈福的日子，巫婆不久後就來到家裡……客廳中的一張小圓桌上，擺著VuVu一早煮好的各式gavai（排灣語，類似粿、糕之類食品），有高粱的、芋頭的、小米等等，還有豬肉和幾塊骨頭，和平常所吃的並沒有什麼不同，真要說有什麼特殊的地方，大概就是它們的外形較小，宛如廳裡展示所用的食物模型……巫婆依舊是小聲的唸禱詞，一直到快結束的時候，巫婆拿出一把精緻的小青銅刀，一面削著她袋裡所準備的骨頭；一面以榕樹葉輕觸祭禮。（利格拉樂・阿鳴，1997：207-214）

（四）其他

　　奧威尼・卡露斯盎（1996：83）提及魯凱族的「接引靈魂」儀式中所需準備的祭品有一壺象徵性的酒和阿派（是指小米磨粉製成粘糕，中間放有豬肉，再以香蕉葉包裹。形狀為長方形，但因其不同的作用可將其長度變長或縮短。長形的阿派，因要切割分食，所以是作為孩子的糧食；較短的則是作為靈魂的糧食或獵人生命的糧食），那是接迎她的靈魂回來的禮餐。

　　李亦園提到（1990：126-127）漢人祭祀的物品有點香、供品及冥紙等。

　　第一種點香：利用點香來與神靈等溝通，對於不同類別的神靈其點的香也各異，如拜「天公」則是用盤香；一般神明點三枝香、祭祀祖先用二枝、對鬼魂則僅用一枝香。點香的枝數代表人與其的關係，香的枝數少表示關係愈少愈好，最好少與鬼魂交往。

　　第二種為供品：利用供品的全部與部分及生熟來表示對不同神祇的態度。全代表著最高的崇敬，將供品愈切愈小則尊敬的程度也隨著下降；生食表示關係較疏遠，熟食則代表其與人的關係較熟悉且隨便。如拜天公時會用整隻的豬來敬供且全豬都是生的、祭祀祖先時則是都使用熟食且大部分都是家常菜。

　　第三為冥紙：冥紙分成「金紙」及「銀紙」二種，金紙是用來燒化給玉皇大帝及諸神祇的，銀紙則是燒給祖先和鬼魂的。

　　從漢人與原住民的祭儀來看，漢人祭儀中所需使用的祭品都需要特地去製作且無法用簡易的方式來替代，在資源的使用上較原住民多且需花費較多時間去取得，如冥紙，先砍樹造紙漿、再製紙、裁紙、使用人工加上金箔或銀箔等再加以焚燒。反觀原住民，祭品是直接取自大自然，使用過後也可直接還歸於大自然，而不需再特

地去處理，如祭葉，其所使用的資源都是來自於大自然，只有少數必須使用人工加工而成。對環境的汙染較少、損傷也最少，是以一種與大自然和諧相處的方式在進行祭儀。倘若以現代的觀點來看原住民的儀式，則是一種較具環保概念的作為。

　　原住民巫術是起源於對祖靈的信仰，所以祖靈是巫術的「終極信仰」，因著祖靈信仰而讓原住民產生巫術的觀念，巫術觀念其實是文化中的「觀念系統」。而為了解決族人在生活上所遭遇的各種困難，從巫術觀念中衍生出解決族人各種難題的巫術，利用各種的巫術來解決族人的問題或治療族人身心理的疾病，這樣的巫術統稱為巫術治療。而巫術治療就是一種「規範系統」。各種巫術儀式中所使用的經文、祭品、法器等就是巫術「行動系統」的一環，而巫術的傳承則是巫術治療中的「表現系統」，因著巫師的資格認定、繁複的學習及巫師靈力的展現等，讓族人更相信巫師具有與一般人與眾不同的靈力，可與神祖靈直接溝通，並能有效的解決族人在日常生活中所面臨的問題，如疾病、夢境的涵義或是神祖靈所能給祈福、祝禱等，功能各具。以上所提及的原住民文化中的巫術在氣化觀型文化（泛氣化觀型文化）所歸屬的地位，則可用下表來呈現其關係及脈絡：

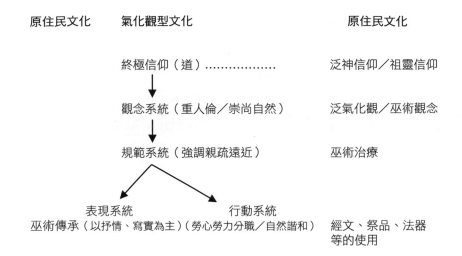

原住民文化	氣化觀型文化		原住民文化

終極信仰（道）⋯⋯⋯⋯⋯⋯　　　泛神信仰／祖靈信仰

觀念系統（重人倫／崇尚自然）　　泛氣化觀／巫術觀念

規範系統（強調親疏遠近）　　　　巫術治療

表現系統　　　　　　　行動系統
巫術傳承（以抒情、寫實為主）（勞心勞力分職／自然諧和）　經文、祭品、法器
等的使用

圖4-3-1　原住民巫術與氣化觀型文化的關係圖

第四節　巫術所面臨的時代考驗

　　邱新雲（2010：77）提及排灣族的巫術因歷經荷西、明、清、日治及國民政府等統治者文化的入侵後，使得傳統頭目部落的組織制度因而鬆動，祭儀文化與巫術傳承也因而式微。直至外來宗教（以基督教為甚）的傳入，因其強勢的排擠原住民的傳統祭儀及巫術，而使得巫術因而快速的失傳、消失在部落的文化中。原住民的巫術在歷經臺灣政權統治下被迫以各種政策來被同化，一點一點的將自己的文化給遺忘了。

　　原住民巫術所面臨的時代考驗，一個是來自於族人對祖靈信仰的態度；另一個是巫術文化的傳遞：

一、族人對祖靈信仰的態度

巫術的終極信仰為祖靈信仰，但在外來宗教傳入部落後，而使得族人改信其他宗教。因基督教、天主教的排他性及其對巫術的反對，而使得原住民不得不放棄原有的信仰。西方宗教的一神信仰相信天地間只存在一個創始者；倘若有其他的泛靈信仰存在，那則是惡魔，其存在目的是要來擾亂、危害人類的，所以西方的一神信仰無法接受泛靈的存在。再者因其一神信仰的觀念而將巫術視為無稽之談、是一種祆禍之術。在原住民紛紛改信其他西方宗教時，以祖靈信仰所形成的各種文化，如巫術、狩獵、飲酒、藝術及禮俗規範等也逐漸消失中：

> 反觀臺灣1945年到1960年之間，因為西洋宗教的入侵，竟有百分之七十以上的原住民成為教徒，其中又以長老教與天主教的人數為最多。教會的傳入，打破了臺灣原住民原來的社會體制，甚至徹底的破壞了原來宗教的祭儀，此種傷害不可謂之不深。（利格拉樂・阿𡠄，1997：44）

在西方科學發展下的現今社會，因人們體認到資源已被人們過度的濫用，許多非再生資源的耗竭，如石油、金屬礦等，將使得人們的生活變得綁手綁腳、生活的便利性不再。因而開始推行所謂的環保及資源再利用等活動來節約能源，但這些觀念早就存在於原住民的文化中，如收成後的土地猶如人工作後要休息，所以使用過的土地要讓它休耕；不捕捉未長大的獵物或禁止在動物繁衍期進行狩獵活動等。這些與大自然和平共存的觀念都來自祖靈信仰，但因統治者或是宗教等因素而讓原住民放棄了自我的終極信仰。

居住在大武山的創造神，坐在綠葉蓊鬱的榕樹下看著山下的人民，他身後寧靜的湖泊，魚群自湖中跳躍，有外侵者從他身邊走過，他感到孤單害怕。

我問：「神怎麼會孤單和害怕？」

因為它的人民背離了他。巫師說：「我們的傳統信仰已被外來的神所取代，人們離原來的世界越來越遠，他們不知道自己是誰，知嘛ㄙ我們稱為神，外國人的神也借用我的話講他們的神是知嘛ㄙ。」（伊苞，2004：78）

巫術的觀念來自於祖靈信仰，因著生活上的需求或是所遭遇的問題，為了尋求解決之道，並能與大自然繼續共生共存，因而需要與大自然的精靈或是祖先、保護神等來進行溝通，巫師、巫術因應而生。所以巫術快速消失的主因，是原住民拋棄其終極信仰，巫術能否再恢復或是傳承下去，關鍵在於族人是否能恢復以「祖靈信仰」為其終極信仰。倘若大多數的原住民能再以祖靈為其信仰中心，則巫術方有其存在的價值及其發展；反過來，倘若原住民仍以外來的宗教，如基督教、天主教、道教等，為其信仰主軸，則巫術對其而言是毫無意義，只是一種古老的傳說或神話，巫術是不存在的或者巫術只是一種邪術。唯有原住民恢復其宗教的終極信仰：祖靈信仰，巫術才有存在的意義，原住民特有的巫術文化才能繼續發揚光大，也才能讓其他族群見識原住民巫術文化的獨特性：

（巫師說）不要忘記人類跟自然是合一的，禁忌是教導人們懂得向大自然學習和謙卑，不是接受另一個信仰，然後丟掉自以為在生活中綁縛你的禁忌。等我走了，誰來引領人們回家，與祖靈相見。（伊苞，2004：79）

二、巫術文化的傳遞

邱新雲（2010：70）提到2002在執行部落原住民傳統領域調查工作時，因達仁鄉的巫師僅存五位且年紀年邁，再加上辦理一場儀式的索價不低、儀式的繁瑣，因而讓部落的族人紛紛改信外來的宗教。而有心學習傳統祭儀及巫術者，則因經文的艱澀難懂且學習費用過多，因而讓許多人打消學習的意願。

巫術因著原住民遺棄了祖靈信仰及巫師傳承上的困難，而使得巫術文化逐漸的枯萎。巫術的傳遞在現今的存在著許多困難，如繼承者的意願、巫術的獨佔性等：

（一）繼承者的意願

巫師的相傳必須要有神祖靈的挑選才能讓其靈力發揮到至極，並不是有意願學習就可以了；另一方面則是被挑選者則常因其他宗教信仰或是分身乏術無法兼顧巫師這個工作。如原英子（2005：40）提到阿美族中倘若被告知有資格成為巫師時，大部分的阿美人都會選擇成為漢族的乩童，因為阿美族巫師被強迫要團體行動，這樣的規定很難讓想成為巫師的人可以兼顧自己家裡的工作。因為巫師並不是一個專職的工作，巫師對家族或部落的責任也是一種使命，巫師必須先處理好自己生活中所需的食衣住行或是照顧家人等工作，如種植芋頭、織布等。阿美族巫師的團體行動常讓許多有資格成為巫師的人望之卻步，以致在傳承上會出現斷層，類似的狀況也發生在排灣族：

就在部落族老與巫婆的忙碌籌備中，卻傳來一個不好的消息，原來這名婦女來自虔誠的基督教家庭，忠貞的宗教抑

使她無法擔任巫婆的司職，這下子，可真是愁煞了部落的族
人了；而最難過的，莫過於年邁的巫婆了。（利格拉樂・阿
媳，1996：102）

（二）巫術的獨佔性

邱新雲（2010：127-128）提及巫術因其獨佔性及無文字呈
現而使得巫術文化形成一種獨佔。因一般人無法與神靈有直接的接
觸，必須藉由巫師來當媒介，而巫師的傳承除了神靈的挑選外，最
重要的是家族。因為在排灣族裡，家中倘若有祖先曾擔任過巫師，
祖先會在家族中揀選適合的人選進行巫術的傳遞。巫術的教授是採
取一對一的方式進行，因為有關巫術的禁忌、使用方式或時機、祭
品、經文或祝禱詞等資訊，都存在於巫師老師的腦中。因其無文字
的記載可與其學習來相互參照，而使得巫術在老巫師們逐漸凋零後
而失傳。

當巫術慢慢消失後，巫師的存在性也就不需要了，那麼原住民
該如何與祖靈進行直接的溝通？死後如何到其該去的世界？

各色毛巾掩住了他們哀傷的臉，卻掩不住陣陣心碎的
啜泣聲，失去了與祖靈溝通的巫婆，宛如失去了傳統信仰的
中心，族人的恐懼不僅是因為喪失了一位一百零五歲的老人
家，更大的無形憂慮是，將來要如何與大武山上的祖靈們聯
繫？（利格拉樂・阿媳，1998：257-258）

（三）老巫師的快速凋零

目前原住民各族中存在的巫師寥寥無幾，再加上年事已高，使得巫術的傳授更加困難，再者因族人改信奉外來宗教，對巫術的需求愈來愈少，連帶的使得舉行祭儀的機會也因而銳減。巫術的學習者在學習是採做中學，在儀式舉行的次數變少後，老巫師能授予有關巫術的祭儀內容也跟著減量了：

> 部落族人最擔心的事情還是發生了：巫婆這些年來身體
> 狀況一直不好，這件事情全部落的族人都知道，但這也正是
> 部落不能揭發的隱痛，任誰也不敢冒然提起這件禁忌，找不
> 到巫婆繼承人的惡夢，如蛇一般地盤踞在族人的心靈深處。
> （利格拉樂・阿𡠅，1998：255）

巫術因祖靈信仰的存在而產生意義，祖靈信仰因巫術而彰顯其珍貴性，二者的關係密切且不可分。原住民的祖靈信仰能存在至今，其可取處在現今講求科學的社會中更能顯現其獨特而不被現代潮流所淘汰的價值；而在原住民高喊保存其文化的口號下，必須先將原住民泛氣化觀型文化中的終極信仰及觀念系統找回來，也就是祖靈信仰及巫術觀念，才能讓原住民特有的文化繼續傳遞下去。

| 第五章 |

原住民散文中的飲酒禮儀

第一節　飲酒與祭儀及巫術的關係

　　萬偉成（1997：3-30）提及人類最初飲用的酒為「猿酒」，是由一種含糖的野果所自然醱酵而成的。因著人類的需求，利用自然醱酵的原理，人們開始研究生物的生長及其作用，研發成以人工的方式來進行釀酒。人類將酒視為一種大自然的恩惠，因而用酒來取代水作為祭祀神祖靈的一種祭祀物，以表達對大自然神靈的一種崇拜、尊敬，進而感恩大自然的賜予。酒對人們而言也是一種神聖、吉祥之物，更是一種美味的食物，要敬天事神必用最虔誠尊敬的心及最好的食物來祭祀，酒比水更佳美味，因而取代了傳統祭物中的水，人們期望藉由酒作為一個媒介，來向天地的萬靈祈請賜福、消災或農作物豐收，酒在泛靈信仰中是一種祭物。再者在酒文化的創造中，先民們發現酒可以避邪消災，如端午節的雄黃酒，可驅避蛇害。

　　巴蘇亞・博伊哲努（浦忠成）（2009a：720）提及西方宗教進入原住民部落宣教時，希望藉由部落的頭目或巫師、祭師來讓族人接受這種外來的宗教，進而改信基督教或天主教。因為頭目是部落的領導者，任何部落中的事頭目說了算；巫師、祭師在表面上雖

然沒有實際的權力來決定部落的大小事，但有關部落祭儀的進行卻必須靠祭師來主持，再加上能與神祖靈進行直接交通並傳達祖靈旨意的也只有巫師，所以在有關祭儀或部落的安全上，祭師與巫師在主導或建議上具有舉足輕重的地位。因著西方人利用部落的領導者或是原住民傳統宗教的傳承者來進行西方宗教的宣揚，而使得族人慢慢的背離了傳統的祖靈信仰。再加上西方宗教大量利用物資的吸引如奶粉、麵粉等，及統治者將原住民生活的空間如聖山、耕獵區等劃歸為國有地後，使得原住民在生活上更加匱乏，精神及心靈也因土地的國有化找不到歸依的方向，而陷入了困境，於是族人紛紛改信西方宗教。

巴蘇亞‧博伊哲努（浦忠成）（2009a：720）更指出在族人改信基督教或天主教後，原有的文化如巫術、語言、雕刻等都遭到禁止，只因西方宗教的一神信仰。而依憂樹‧博伊哲努也提出類似的論點，如：

> 從《聖經》舊約摩西十誡，第一條「除了我有以外不可有別的神」的信念下，「新教」對族人傳統宗教就產生很大的排斥及破壞，如牧師砍伐神樹、禁止信徒參加戰祭、反對孩子做初登會所禮……使鄒族原始宗教加速消失於無形。（依憂樹‧博伊哲努（浦忠勇），1997：40）

因西方宗教以其主神為世界唯一的神靈，倘若有其他的靈存在，都是惡靈、邪靈，因著排他性的教義而否定了原住民的泛靈信仰，導致原住民因祖靈信仰而發展的巫術、祭儀、藝術等文化也被視為一種邪惡的表現，所以已改奉西方宗教的族人被禁止再進行任何與傳統祖靈信仰有關的儀式或是活動。這些西方宗教就是所謂的

創造觀型文化（詳見第三章），其發展方向是以救贖為其終極承諾，因此原住民以祖靈信仰為主所發展的文化，就這樣在族人逐漸改信西方宗教下，而使得其傳統文化因創造觀型文化的終極信仰凌駕而一點一滴的消失中。在原住民作家的散文著作中，對於巫術的提及少之又少，倘若有也只是象徵式的提點。為了更明確的將飲酒與祭儀及巫術密不可分的關係呈現出來，所以在此部分的文章呈現將以相關的原住民巫術著作來補足其關係，以補原住民散文中所缺少的原住民文化中一環。本節將就祭儀及巫術這二個部分，來探討飲酒在這個層面的關係。

一、飲酒與祭儀的關係

（一）作為祭儀中的供品

巴代（2009a：72-76）提及在卑南族的收穫祭、部落祭司的祭典及一般居民的祭祀中，酒是一種供品，其他當然還有檳榔及水。

（二）祈請或感謝祖靈賜福物

這個動作與巫師呼請祭儀中的祖靈有異曲同工之妙，只是呼請祖靈的人為族人而非巫師。這樣的方式有點類似漢人在廟宇向神明祈求賜福，都是希望神明或祖靈能夠讓自己的祈求如願：

> 祖靈祭完成後，頭目和一些長老會留下來繼續與lyutux（祖靈）說話，一邊將酒倒在地上給獻給祖靈，自己也一邊喝一點酒，最後剩下的酒則必須留在祭祀的地方，不可帶回去。（林建成，1996：89-91）

　　　　阿美族的豐年祭祀中，少不了米酒的襯托，首先，頭
　　　目會將一口酒含在嘴裡，再將之噴出，唸唸有詞的與祖靈溝
　　　通，祈求今年風調雨順大豐收，感謝祖靈的保佑，部落永遠
　　　平安順利，並且祝豐年祭圓滿成功。（林嘉鴻，2000：183）

（三）象徵意義

　　王梅霞（2006：85）提及在泰雅族的播種祭中，祭主在進行
祭儀時，會用左手倒一點小米酒在小米糕上，接著再喝一點小米酒
吐在小米糕，並說著祝禱詞：希望將來收穫小米所釀的酒可以多到
讓我喝到吐出來。祈請祖靈能讓今年的小米收成能多一點，有足
夠的小米供族人食用，還能有多餘的小米能拿來釀成小米酒。而釀
成的小米酒，能讓族人在明年的祭典後的慶祝活動上，能因小米酒
很多而無限暢飲，猶如祭主在祭儀中呈現的狀態──喝小米酒喝
到吐。

（四）成為祝賀物

　　在原住民的社會中，未成年的男子不可以飲酒，要飲酒必須
要等舉行成人禮後始可喝酒。所以在成年禮祭儀結束後，族中的
長老通常會賜予酒來祝賀其成年。依憂樹・博伊哲努（浦忠勇）
（1997：90）提到阿里山鄒族男子在舉行成年禮時，族中的長老
會賜一杯酒給舉行成年禮的男子，並告知其從此可以飲酒。

（五）作為購買祭儀中儀式資格的一種交換物

　　在部落中，每個家族都希望能借由各式祭儀來讓自己的家族能
有豐收或平安的生活，所以如能在祭儀中以家族的名義來進行祈福
更是求之不得：

（排灣族的五年祭）代表包春琴頭目發言的族人林文川指出：祭竿的尖端視階級大小而設置不同的「刺」，有三枝或數枝，一般平民則單獨一枝直立，要擁有一些「刺」，必須準備小米酒、豬肉向頭目「買刺」。（林建成，1996：110）

（六）聘禮

黃貴潮（1998a：119）提及阿美族人進行婚禮時，要由女方準備象徵性的聘禮，有醃肉、酒及糯米飯等，並請媒人及家人送至男方家。另外，江宏傑（2010）也提及在霍斯陸曼·伐伐的小說作品《那年我們祭拜祖靈》中〈布妮依的婚禮──被詛咒的婚禮〉一文有提及在布農族的婚禮中，豬肉及小米酒是必備的聘禮。假使男方準備的聘禮數量不夠的話，則會被以小氣或是不夠愛女方等話語來評斷男方的作為。

（七）其他

1.是一種成年的訓練或是處罰

阿美族「巴卡隆愛」到達晉升年齡時，會進入「巴拉冠」聚會所，由長老實施一連串上山狩獵、下海捕魚的訓練，成績不好或不按規定的青年，長老便罰以唱歌、喝酒（成年禮表示接近成年階段，可以灌酒，若真的不聽教訓，長老可以罰他灌醉，然後要家長以病假為由，將之領回，如此也失去參加豐年祭的資格）。（林建成，1996：25）

2.酒與新生兒的關係

　　江宏傑（2010）也提及在霍斯陸曼・伐伐的小說作品裡的《那年我們祭拜祖靈》及《黥面》都有講述有關新生兒的祭儀中酒所代表的意義。如利用酒的特殊味道來驅趕或防止惡靈的侵入或靠近、用酒擦拭新生兒，藉酒的味道來表示接納與認可新生兒的加入等。

二、飲酒與巫術的關係

（一）呼請主持祭儀的祖靈

　　周謹（1997：26）提及古代在飲酒時，會有四個禮儀的動作：拜、祭、啐、卒爵。先民在喝酒前會做出一個表示敬意的動作就是「拜」；接著將少許的酒倒在地上，感謝大地賜予的食物就是「祭」；進而品嚐酒的味道，並說出酒的美好而讓主人高興是謂「啐」；最後仰杯而盡也就是乾杯。與現代的酒相較之下，古代的酒味道較淡薄，所以乾杯並不是難事。

　　在原始社會中，穀物是最珍貴的食物，將豐收的穀物釀造成酒，酒就是穀物的菁華所在，因此將此珍饌獻給守護族人的大自然神靈，以感恩眾神靈賜予豐收的收成，並祈求神祖靈對來年的賜福及保佑：

　　　　泰雅族是遷徙的民族，遷徙中往往來到陌生的環境，對於未知的神秘，及對鬼神傳說的敬畏，以最直接的方式表達，認為食物是珍貴的，食物是至高的，用血汗拚來的，食物越豐富表示越富足，也越神勇。拿食物來祭天上祖靈、地下神鬼，大自然的神祕是最坦誠的，也最無私，誠心誠意面

對未知是令自己心安的方法，所以飲酒儀式不只是儀式，而是種生活。（高進發，2000：182）

　　對泛靈信仰為主的原住民而言，酒是一種珍貴的物品，在祭儀開始前必有一個「點酒」的動作。原英子（2005：51、252）提到在阿美族的祭儀包括巫師祭儀等，在祭儀開始前都會舉行miftik：祭儀前的獻酒儀式。在行巫師祭儀時，巫師們會各自將酒倒入碗或杯子中，再圍成圓圈坐下。一邊將右食指輕輕地浸在酒中，一邊進行禱唸，因著祭儀內容不同而呼請不同的kawas（泛指一切的神靈）。禱唸結束時，巫師會用手指輕輕將酒彈出，在儀式中要對kawas禱唸三次且每次都要彈酒。參與儀式的所有人包含巫師、家屬及在場者都會進行獻酒儀式。

　　另巴代（2009a：56-61）也提及在卑南族中沾點水酒敬禱是很普遍的動作，是一種對地靈的崇拜。飲酒前及進入山林前沾點祝禱的對象大都是土地神，但巫師或是具有一定程度daramaw（巫術）信仰的人，在進行此儀式時會有比較細膩且較全面性的祝禱活動，如進入山林或其他部落地界前的沾點祝禱（bendik），年長的巫師除了會告知在上的神靈外，還會告知守護這個區域及山林的神靈：我們即將要造訪、打擾此地，請守護的神靈不要因我們的進入行為而受到驚嚇。巴代指出這是原住民對土地神靈的一種禮敬而不是對自己的祖靈。在原始的社會中，先民最基本的生活必須仰賴土地及在其上生長的作物，而掌管這些的則是土地神，因此巴代才會在其著作中特別說明卑南族的祝禱對象大多為土地神。

　　不論各族中獻酒祝禱的對象為何，其目的都在藉由部落食物中的最菁華之物——酒，向祖靈進行呼請並告知其活動的目的或祈請祖靈幫助的事項等。

（二）施行巫術時的一種禁忌

巫術施行時都有些規則要遵守，這些規則用原住民的說法就是「禁忌」。如：

> （達悟族巫師夏本麻娜烏）她要開始施法時，一定會全身穿戴傳統雅美族服飾，並且將瑪瑙鍊戴起來；走進病人家中，吩咐家屬將燈火熄掉，告訴在場的族人，當中不准抽煙、喝酒與吃檳榔。（林建成，1996：76）

（三）對施行巫術的巫師的一種謝禮

族人因個人或家族需求而請求巫師施行巫術時，在巫師結束有關巫術儀式後，請求施行巫術者必須給予巫師一些酬謝的禮物，大部分都是由族人依自己的心意來給予巫師謝禮，這些物品都是日常生活中的必需品，如豬肉、布、獸皮等，酒當然也是酬勞的一種。比較不同的地方是族人所準備的禮物是各種物品中品質最佳的或最特殊的，因為這代表著對巫師及祖靈的感謝之意。巫師結束祭儀後，會將族人饋贈的酬庸拿到巫屋或祭臺來祭拜屬於自己的巫術祖靈。巫師的身分對其而言只是一種使命，也是一個兼職的工作，所以巫師對於酬勞並沒有一定的要求，有時巫師只會拿取部分的酬庸，其餘的物品巫師會回贈給當事者。如：

> 和其他的遠古民族不同，鄒族的巫師並未享有至高無上的社會地位，他必須和其他的鄒子民一樣從事下田等生產事業，只是在施行巫術後可獲得酒、米、獸肉的饋贈。（依憂

樹・博伊哲努（浦忠勇），1997：40）

　　　卑南族相關的酬勞，以前的巫師並不主動要求，可能
收族人的一瓶酒或一兩把小米當作謝禮。（林建成，1996：
54）

　　　父母為了對老人家（巫師白浪）表達謝意，選擇豐年
祭之後的某一天，全家人帶著早已準備好的謝禮，其中包括
一串琉璃珠、一把小禮刀、山鹿皮衣以及豬肉和小米酒到老
人家的住處……並說出他內心裡的話：「你們永遠記得，救
人並非是為了換取東西。」他看一看爸媽所帶來的一切，從
其中取山鹿皮衣穿上，小禮刀掛在他的小菸袋，便對我父母
說：「其他的你們帶回去為孫子孫女們將來嫁娶作準備。」
（奧威尼・卡露斯盎，1996：87）

　　各族的巫師除了執行巫術之事外，跟其他族人一樣，必須下
田耕種、織布等，其生活所需之物是要靠巫師自己去田裡工作才能
獲取；但大部分漢人實施巫術者，如乩童、法師等，卻是靠施行巫
術後的酬勞來獲取生活所需。二者的差異是漢人的巫師們可以以
巫術為職業來賺取自己生活所需；但對原住民的巫師而言，執行
巫術只是一種義務性或兼任的工作，而不是一個獲取生活所需的
工作。

（四）區隔陰陽兩界的物質

　　林建成（1996：46）提及卑南族在完成除喪祭後，要準備一
瓶酒，由巫師將酒灑在屋旁，其作用是將陰陽兩界隔開。讓亡者能

到其死後的世界去，不要再留戀在家人的身邊，而避免讓家人造成困擾或致使家族有不好的事發生或是有人生病等。在阿美族的祭儀中，則是使用水來作介質，區隔人與kawas。原英子（2005：74）在研究阿美族的宗教祭儀時，指出水是切斷人與kawas聯繫的物品，所以巫師在進行mirecok（巫師祭）時，是被禁止碰水的，如吃飯前的洗手就必須用酒來代替水進行清洗動作。但在mirecok儀式結束後，巫師回家前要用水來弄濕身體，避免將kawas帶回家中。在葬禮結束後，巫師則必須將水灑在跟亡者有關的家屬身上，其目的是利用水來切斷與kawas的聯絡。區隔陰陽兩界的物質，因族別、風俗不同，而有不同的介質。

（五）讓亡靈能平安到達故鄉的憑藉

當家人要呼請已過世的親人回到家中時，祖靈在途中如遇到惡靈，或是途中有必須涉水的區域，巫師會用酒來驅逐惡靈，或用酒來作為一個防護網，讓亡靈可以涉水而過，平安的回家與家人團聚：

> 靈魂從遠處回到自己故鄉，如要涉水或碰上其他惡靈糾纏，他（卑南族祭師米亞）就會拿起「卡木特」（祭刀）指引方向，然後口含米酒，向前方噴灑，靈魂才可以平安渡過。（林建成，1996：55）

（六）對獵物表示敬意

原住民的食物來源除了採集、耕種，最多的蛋白質來自於狩獵，為了感謝大自然所賜予的獵物，及獵物們的犧牲而供給族人生活所需，在狩獵前的祭典上，為了讓祖靈們能再賜福給予更多的獵

物，並讓祖靈們知道族人是懷著感謝及滿足的心態來面對大自然的一切，會以酒來撒祭，來表達感恩之意：

> （布農族打耳祭）族人們再以「敵首祭」祭祀曾經獵首
> 的行為，目前則以動物骨頭為主。族人以手點酒作撒祭，對
> 獵過的獵物表示敬意。（林建成，1996：88-89）

　　飲酒在巫術中可以是一種呼請祖靈的媒介，也可以是酬謝巫師施行巫術的謝禮。但其在巫術中最特別的是人與祖靈的一道界線，更神奇的是酒也可以幻化成一個防護網，來保護祖靈不受惡靈的干擾。飲酒在原住民祭儀中更是有著無法切割的關係，不論是儀式中的供品、婚禮中的聘禮或是成年禮的祝賀物等。在巫術與祭儀中，飲酒與前二者的關係都是因祖靈信仰而來，為了表達族人對祖靈的恭敬之意及感謝之心，酒是原住民主食中的菁華，其珍貴的涵義更足以展現對祖靈的心意。因此，祖靈信仰、巫術及飲酒的關係可以用下圖來表示：

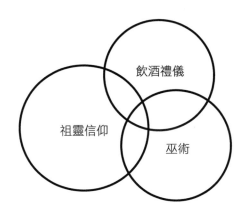

圖5-1-1　祖靈信仰與巫術及飲酒禮儀的關係圖

酒對原住民而言，不是只有飲用這麼簡單，酒是原住民主食的菁華代表，也是一種珍貴的飲品。酒所以得來不易，是因為原住民必須在耕種收成後，留下足夠家人食用的量後，仍有剩餘才可以拿來釀造成酒，所以酒是一種珍饈之物。相較於漢人的耕種講求高產量，往往在耗盡土地所有的養分後，再把土地廢耕，原住民的耕種則是採用輪耕的方式，在每次利用土地的資源後，總會讓土地進行足夠的休息，讓土地的資源藉由大自然的力量進行修復後再行使用，經常同一塊土地可能要三至五年後才會再進行耕種，所以農作的收成對原住民而言更加珍貴及不易。飲酒是一種喜悅快樂的分享，而不是酒量的比賽，也不是一種比賽輸贏的喝酒遊戲，更不是消憂解愁的工具。在原住民的飲酒禮儀中，酒對祖靈而言是一種保護物，讓祖靈能避免惡靈的干擾、對剛往生的靈則是一種提醒——亡靈要先到祖靈的世界去報到，不要再貪戀人的世界。對族人而言，飲酒是一種成年身分的表徵，更是化解糾紛的一種工具。在喪禮中，飲酒是一種哀傷的結束，因為在喪禮完成後，酒可以讓家屬轉換悲傷的情緒；而喝酒也是一種提醒，在今天過後日子必須回復到往常的生活，過世的人也有他的日子要過，不可因傷心難過而不盡自己的責任或義務。這相對其他族群深受西方資本主義影響，而以酒為消費品來說，因愛物惜物且尊重大自然的規律運作，而顯得特別珍貴，足以為世人所效法而重新調整生活的步調。

第二節　飲酒在社交宴樂中的特殊作用

　　酒在原住民心中是一種珍貴的食物，所以在祭儀中酒是一種供品，更是一種呼請祖靈的介質；但在原住民的日常生活中，飲酒代

表的是一種喜悅的分享、心情的抒發,更是部落文化傳遞的一個媒介物。

在傳統時代,原住民的酒是來自族人自釀而成,釀造的方法因著主材料的不同或是居住的區域而有所差異。凌純聲（1979：834、856）提及中國古代的造酒法有咀嚼、蘗造、穢飯及麴造四種,而原住民釀酒方法則有三種,分別是咀嚼法、壞飯法及草麴。蘗是指利用穀芽的方式來作催化劑、酸是利用壞飯細菌、麴則是絲狀菌。凌純聲用民族學的方法來進行推論,在當時四十歲以上的臺灣原住民,多數人都知道酒有三種,分別是口嚼酒、壞飯酒及草麴酒,其中以嚼酒法是最早使用釀酒的方法；簡美玲（1994）提到花蓮馬太安阿美族的傳統釀酒方法：咀嚼法、餿飯釀造法及酒麴利用法三種；范雅鈞（2002：15-16）也提出在清代時,臺南、嘉義一帶的平埔族其釀酒的方法有二種：嚼米製酒及蒸米拌麴。嚼米釀酒法是利用人的唾液來作為醱酵的媒介,先將小米放入口中咀嚼後,再放置一夜讓其醱酵。從各個研究者所提出的釀造法來看,咀嚼法是較為簡便的方法,因為只需將小部分煮熟的穀物放進嘴中嚼食,使它們與唾液混合後再放入其餘的食材中待其醱酵即可。楊士範認為嚼酒法是原住民原始釀酒的方法,如：

> 以釀酒的傳統而言,原住民採取的是一種名為「嚼酒」的原始方法,人類將咀嚼過的小米吐入酒器中讓其醱酵,它的道理是唾液中的ptyalin酵素能使被咀嚼的小米澱粉糖化成酒。這種「嚼酒」文化歷代的相關文獻非常多,尤以清代為最。（楊士範,1998：90）

許功明等（1998：173-174）認為排灣族古樓村的釀造法有三種，分別為kavauan、pinikak a vaua和qinariu。第一種酒kavauan，是一種甜酒也是最原始的酒，也是專門用在五年祭、六年祭（五年祭的第二年收穫祭時送祖靈的儀式）及收穫祭中的獻祭中的專用酒，而且必須在頭目家用祭儀專用的酒甕來釀酒。此種是含有酒糟的酒，未過濾，且味道甜甜的，是一種喝多不醉的酒；第二種為pinikak a vaua，是利用酵母餅來進行醱酵的酒，釀的期間愈久，小米渣愈少且酒精濃度也愈高，是一種喝了會醉的酒；第三種為qinariu，是用茅草葉將小米包裹起來蒸熟後，去除葉子進行醱酵的酒。

　　李亦園（1982：211-214）提及邵族傳統的釀酒原料有粟、糯米和番薯三種，現在多以糯米來釀製，釀酒為婦女的工作；依憂樹‧博伊哲努（浦忠勇）（1997：88-89）也說到鄒族的酒有二種，分別是小米酒及番薯酒，原住民自己釀的酒喝的時候很順口但後勁十足，喝過頭可能會醉上個三天三夜；達西烏拉彎‧畢馬（田哲益）（1995：58）則認為玉米甜酒及小米酒為布農族所釀製的酒類；黃貴潮（1998a：89）則將阿美族的酒分成糟釀酒和蒸餾酒二種，糟釀酒主要原料是小米和糯米，蒸餾酒則是用在來米和甘藷製成。不論原住民各族釀酒的材料為何，可以得知各族中（除達悟族外）都以農作物作為釀酒的原料。因為民以食為天，在生活必須品糧食，足夠族人或家人食用的情況下，原住民才會將多餘的糧食拿來釀酒。譚昌國（2007：110）在說明排灣族收穫祭的過程中提及排灣族人會將新的小米種放進竹筒內，舊的小米種則拿出來釀酒。

　　原住民各族都擁有釀酒的技術，但不表示他們可以隨時隨地進行釀酒，也不是任何人都可以釀酒，釀酒必須遵守部落的規定來進行，而喝酒也有其相關的規範。依憂樹‧博伊哲努（浦忠勇）

（1997：88-90）提到鄒族人與其他原住民一樣，自古就會自己釀酒，要喝酒是一件很方便的事，但是在傳統的原住民生活中卻不是如此。因為傳統原住民部落，每個人都必須依著部落的制度、倫理、生命禮俗等規範來生活，飲酒在部落中也有其規定。傳統的原住民飲酒時必須依各族的規定，否則是觸犯族中的禁忌或促使祖靈生氣，而使部落發生不幸的事。傳統的原住民並不如外界眼中是個喝酒沒有節制的民族，也不是個愛喝酒的族群。其演變成現代人口中的酗酒族，是因為其生活環境及其生活能力被剝奪了。有關原住民飲酒的質變，將會在本章第四節來說明，在此就不再深究。

楊士範（1998）提到原住民的釀酒與其農耕生活和節慶有關，傳統的釀酒都是在特定的時間，如慶典或祭典的前幾天或前幾個月，而飲酒的情境也與節慶活動有關，如祭神、婚喪喜慶、新居落成、接待賓客等；范雅鈞（2002：16-17）也認為釀酒對原住民而言是件大事，因為在每年農作物收成後，要先將來年所需的糧食分量先儲存起來，剩餘的作物才會拿來釀酒。原住民釀酒是為了將食物中最菁華的代表「酒」拿來敬獻給神祖靈或是因節慶所需，假如不是因特殊需求是不能隨便釀酒的。可見原住民製酒的時機與部落祭典或個人的生命禮儀有關，如：

> 收割的小米晒上幾天後，就一把一把的放進穀倉，等部落有祭典、慶典、喪宴時，再把小米拿出來釀成小米酒。（亞榮隆・撒可努，2005：96）

> 過去在釀製小米酒時要請巫師來施法，為的是能釀出好喝的小米酒及防止惡靈在酒中作怪，而經由巫師施咒的小米酒才會是乾淨的。（同上，96）

凌純聲（1979：878）提到在臺灣的記載中，男女老幼都可以進行嚼酒，但大多數為少女，上了年紀的婦女必須是已經停經的人才可以進行嚼酒，而如果是祭祀用的酒則必須由少女進行咀嚼；依憂樹‧博伊哲努（浦忠勇）（1997：89）也提到族人釀酒都要在「祭屋」進行，而且鄒族婦女都要學習釀酒，因為所有的祭祀及生命禮俗都會用到酒；黃貴潮（1998b：51）提到在阿美族人的觀念中，酒是非常珍貴的，因為不論家境貧窮或富裕，家中隨時要存放許多的酒，酒的存在代表著祖靈與家人共處一室，阿美族的女生在結婚前要學會造酒的技術及相關的飲酒禮節；阮昌銳（1996：16）則認為在原住民的釀酒文化中，阿美族的技術較其他族來的精緻，因為阿美族人會將酒糟進行蒸餾，製成的酒是類似「米酒頭」的一種純酒，而其他族的酒則是酒精成分較低的醪酒。凌純聲（1979：845）還提到阿美族人在日常飲用或是接待賓客時，會使用含有酒糟的醪酒，而對於宴請貴賓時則是會將醪酒過濾成清酒來宴客。范雅鈞（2002：20）則說明醪指的濃厚酒漿。

　　在傳統時代，原住民的釀酒有其規範及其限制，是要依循著部落的規定而行，飲酒更是如此，而不是想喝就喝。在日常生活中，原住民飲酒在社交宴樂的功能有多項，分別敘述如下：

一、慶祝及喜悅的分享

（一）婚禮

　　林建成（1996：102-104）提及布農族舉行訂婚時，男方要在女方的部落宴請部落中的女生吃黏糕、獵肉及酒；結婚時的慶祝活動會以跳舞、喝酒的方式進行至少二天二夜，然後在男方送女方的

參加者回去他們自己的部落時，會用竹筒裝酒，以沿路飲酒的方式陪伴送行一段路後，男方才道別離開。在訂婚或結婚儀式完成後的慶祝活動，是一種喜悅分享的社交活動，也藉由這樣的方式來進行族人與親人間的感情聯繫。在泰雅族的婚宴中，酒是喜悅的分享：

> 我和瓦郁結婚的當天，我們請全部落的族人喝酒。一些遠嫁他方的親人，也帶著禮物趕來為我們祝賀。在請客的三天當中，大家都很快樂的唱歌跳舞。而我母親預先釀製的糯米酒，也在歡慶的氣氛當中不斷地供應給族人享用。回到部落娘家的親人最後都滿足帶著我父親特地醃製的t'm'myan（醃肉）返回婆家。（馬紹‧阿紀，1999：39）

（二）狩獵

當族人狩獵有收穫時，與族人一起分享好運及狩獵的美食，酒是一種助興的物質。如：

> 在訪問的過程中，他（試訪那天在雜貨店豪飲的周先生）一邊喝著酒，一邊述說酒的社會意義：「以前族人每當獵到獵物，同族都會聚在一起邊共享，邊下酒助興，傳統的豐年祭也有酒做伴。」（楊士範，1998：88）

對排灣族而言，獵物飛鼠的腸子是一種人間美味，吃著美食、喝著美酒讓原住民們忘情的訴說著以前的豐功偉業。如：

> 的確，在動物圈裡飛鼠算是最乾淨的動物，幾乎全身上下都可以食用、利用，連腸子內未消化的東西都可以擠出

來配米酒喝，老人家常說飛鼠腸子裡的東西最補。在部落裡我也常看到老人家生食飛鼠腸子中未消化完的東西，配著米酒，說著以前的戰功。（亞榮隆‧撒可努，2005：24）

（三）新生兒的誕生

新生兒的出生是家族延續的訊息，也是一種喜事。如：

我的父親在那裡整晚都心神不寧，一直確定了我和母親的狀況都平安了之後，他便很興奮地帶著初釀的糯米酒與親人們分享，並將先倒出來的第一杯酒灑向屋外，除了感謝祖靈的庇佑，也向祖宗們告慰家族後繼有人的喜訊。（馬紹‧阿紀，1999：23）

二、傳遞部落文化

因著原住民文化快速的消失，原住民必須藉由酒精來麻痺自己，使自己暫時忘卻祖訓，並藉由飲酒來回憶傳統原住民的生活文化，將過往的文化狀況敘述給下一代的子孫們了解、知道。如：

酒能使族人的感情愈來愈好，繫得更緊、綁得更密，讓部落失去的歷史再找回來。近幾年為了整理部落「老人口述歷史」，酒變成我與老人共通、傳達情感的語言，假使我兩手空空去找老人家，他們會說：「沒有酒怎麼唱歌？說故事？」在老人家酒的世界裡，我看到了他們的想念……唯一能解釋他們內心世界的語言──酒。（亞榮隆‧撒可努，2005：94）

再者經由酒的催化，讓族中的耆老們伴著歌聲，將傳統的生活藉由口述一一還原，讓族人再次感受傳統文化的美。如：

> 好幾次，在老人家酒的歌聲裡，彷彿讓我感覺到大自然呼吸的聲音，是那麼的接近、熟悉；透過酒後敘述的故事，整個人好像回到了過去那一段原住民的時空裡，清楚地看到了消失、不被記憶的歷史和那遺忘的容顏。在老人家酒的世界裡，我終於了解，為什麼過去酒是神聖、有地位且是受人尊敬的。（亞榮隆・撒可努，2005：94-95）

三、心情的轉換物

> （喪禮結束）燈一亮，屋裡突然生氣勃勃，十分忙碌，男的親族搬來兩大桶的小米酒，非常熱絡地斟滿連杯，分別向在座的長者敬酒。
>
> 我坐在奶奶身旁，她喝完第一口酒，頭轉向我。煞有介事地問：「剛剛有沒有看到死掉的人回來這裡。」
>
> 「沒有。」我說。「你看到什麼嗎？」奶奶正要說的時候，康樂樂叔叔拿著連杯向奶奶敬酒，兩人並肩而坐，持著連杯，仰頭飲盡。
>
> ……奶奶瞪大眼睛說：「我看到我死去的愛人來找我。」一說完就哈哈大笑。身旁聽見的人也都張大了嘴哈哈笑著。
>
> 前一秒還那麼悲慘的哭著呢，燈一亮，好像這世界所有的陰霾都過去了，剩下的是一片光明和希望。（伊苞，2004：138）

排灣族在喪禮儀式告一段落後，酒是讓參加喪禮的人轉換心情的一個憑藉物，讓原住民將悲傷的情緒加以緩和、轉變。伊苞散文中所提及的連杯是排灣族飲酒時所使用的器物之一。亞磊絲・泰吉華坦（2007：44）說明排灣族的連杯是以木材製成，主要在祭典及婚禮時使用，在排灣族的傳統習俗中一起飲用連杯酒，必須是族中地位相當才可以共飲，如族人對族人、頭目對頭目等。而婚禮時，新人共飲連杯酒，其代表的涵義為永結同心；田哲益（2001：129-131）也提到排灣族飲酒時則是使用木造的連杯，這種連杯有二連及三連二種，讓二至三人同時飲用，另外在馘首祭時則是使用髑髏杯。田哲益更進一步的說明原住民平常在家會以竹筒儲酒，作為平時的宴客食材之一，布農族則為了表達親善而會與他人共飲的方式來飲酒，也就是二人共用一個杯子且同時一起喝酒，這樣飲酒方式又稱為「兄弟杯」或「同杯酒」。（達西烏拉彎・畢馬（田哲益）（1995：59）也提及布農族人的飲酒習俗，是以一個葫蘆杯斟滿酒繞著輪流喝，輪到飲用的人一定要一飲而盡）。

　　在喪禮中，酒除了可以讓人轉換心情外，更可以藉由酒讓親友們彼此加油、打氣，並相互安慰，以沖淡哀傷的情緒。如：

　　　　熱鬧的氣氛感染了整個屋室，親族們一一向依奕（亡者的長女）敬酒，拍拍她的肩膀，在她耳畔說話。依奕點點頭，和前來敬酒的人聊了幾句。小米酒的香甜溫暖依奕的悲傷心情，嚴肅的面容此刻也放鬆下來。（伊苞，2004：138）

四、化解糾紛

高進發（2000）在有關泰雅族酒的儀式中提到，酒的祭儀除了用在開墾及親友的互訪上，最特別的是當雙方有糾紛發生時，酒也是排解糾紛的一種方式。儀式的形式為：

> 大人們圍一圈（小孩、婦女在外），由年長者一人代表或立或坐，一手拿著盛滿酒的酒杯，另一手用食指插入酒杯並沾上酒分灑四方數次，口語喃喃後儀式完成，大夥就舉杯一口喝盡杯中的酒。（高進發，2000：182）

上述酒的儀式在泰雅族用於土地的開墾是祈求順利、豐收，希望不要有人受傷。在親朋好友的互訪儀式中，酒則是感謝神祖靈賜予豐收的農作物及狩獵的成功，並讓遠方的親朋能前來一起分享這些喜悅；另一方面也是藉由儀式感謝祖靈的庇佑，讓遠方的親人能一路平安的來到部落一起同享同樂。

高進發進一步說明在糾紛發生時，舉行酒的儀式是在事件發生後及雙方和解時所使用。當雙方進行和解時，二方人馬分邊而坐，由年長者或智者來擔任仲裁並與儀式的主持人並坐在雙方的中間位置。這樣一個酒的儀式，相當於泰雅族人的法律，其公信力比現今的白紙黑字來的更強而有力，因為這樣的一個酒的儀式是神祖靈都參與見證，而且儀式的過程是正式且嚴肅。高進發並以自己的親身經歷為例，來說明酒如何解決族人間的糾紛：

> 當時我開車行經部落道路時，忽然一團黑影鑽進車底，緊接著發出一聲淒慘的狗叫聲，我說：「啊，壓到狗了。」

我馬上停車下來看，見到一隻黑色小狗血流滿地，還在跟死神搏鬥，但一分鐘過後生命劃下死寂。期間我不斷對主人說抱歉，但事實已然形成，我就到商店買一瓶米酒回來，打開瓶蓋先灑在事故現場，並口中喃喃對死狗致歉，安撫亡靈，灑向車子輪胎希望平安無事，並敬神鬼祖靈訴說我們何處來，欲往何處……儀式後和主人喝完剩下的酒，並不斷的致歉才重拾難過的心而去。（高進發，2000：182）

酒在原住民文化中，也是一種另類的語言文化。就如撒可努所說的酒能讓原住民的文化繼續傳承下去，也可以拉近族人的感情：

酒在原住民的社會裡是一種唯一能喝的語言，它代表整個原住民社會的驅動、延續，並且豐富了神聖的祭典，也讓更多的男男女女結合在一起。（亞榮隆・撒可努，2005：94）

小米酒的香醇味道，讓原住民難以忘懷，小米酒的口感更讓原住民視為一種恩賜，所以原住民會用小米酒的味道來比喻生活：

老人家常說：「結婚時釀的酒要最香，才能讓男女在一起時，像小米酒發酵的香味一樣持久。喝完之後，還回味那個味道。」（亞榮隆・撒可努，2005：94）

小米酒也是原住民的另一種文化代表，因為其特別的口感是漢人的酒所無法取代的：

曾有人告訴我：「你們的山地酒很好喝！喝下去之後很舒服，如果在所有的酒中要冠上藝術二字，你們的小米酒最有藝術；酒很藝術，喝法也很藝術，連酒醉都很藝術，臺灣酒最具代表的應該是小米酒，而不是什麼臺灣啤酒、茅台、紹興，這些都不具備臺灣文化。」（亞榮隆‧撒可努，2005：102）

　　酒在原住民文化中不只是酒，也是原住民文化的表現方式之一，更是一種語言的傳達。雖然在原住民散文中對於飲酒社交宴樂的描述不多，但可見傳統原住民的飲酒文化已慢慢在質變、消失。在原住民的觀念中，酒於社交宴樂中是一種人際關係的催化劑，飲酒可以讓族老們傳遞文化、喝酒也可以與族人分享自己的心情與故事、酒更可以讓族人在歡樂的氣氛中沾染自己的喜氣而把好運帶給大家。此外，還也可以讓原住民轉換悲傷的心情，祝福亡者在另一個世界有好的生活。

第三節　飲酒的集體與個別的禁忌

　　萬國光（1998：111）說明在古代飲酒有其嚴格的規定：第一，有一定的時間，如祭祀、婚喪等；第二，飲酒時順序的規定，如天地鬼（祖先）神、長幼尊卑等；第三，有節制的飲酒，就是飲酒的數量最多不可超過三爵。
　　周謹（1997：26）則提出《禮記‧曲禮》中的「侍飲於長者，長者舉未釂，少者不敢飲」為例，來說明古代的喝酒的規矩。在年長者舉杯未將酒喝完前，年少的不敢先飲用；對年長者敬酒

時，為表尊敬舉杯時的高度要低於年長者；為客人斟酒時，以八分滿為最佳，因為如果倒酒時，酒溢出是倒太滿，客人必須用口去啜酒，這樣的動作猶如在磕頭，這樣的倒酒的方式對客人而言是一種不禮貌的行為。

　　漢人對於飲酒有其禮儀規範，原住民在飲酒的時機、對象或方式也有其禮節，但在原住民的書籍中，對於「禮節」、「規定」等詞語並未出現，取而代之的是「禁忌」一語。因為禁忌明白的告訴族人不可為的事是什麼？其主因是為避免引起神祖靈的不悅或是引發族人間的糾紛。換句話說，禁忌其實是原住民進行各項活動的一種規則，而這樣的規則則是有比較嚴謹且強制的涵義存在，提醒著族人這是不可逾矩的地方。禁忌與族群的關係，就如李亦園在〈祖靈的庇蔭〉一文中所論述的：

　　　　泰雅族人的基本儀式行為除去積極地依然固有的程序執行祭儀外，在消極方面則為遵守各種禁忌，這種消極的儀式行為不但更能表現整個信仰系統，而且是維護社會體制存在的重要手段。（李亦園，1982：315）

　　原住民的飲酒時機，只在部落有祭典或生命禮儀等事件才可以喝酒。如：

　　　　（郡族知青說著）「其實我是很不喜歡喝酒的，外面的人都說什麼……山地人愛喝酒，全部都是胡說八道……我們山地人哪，只有在祭典的時候才喝酒；在以前，喝酒是件神聖的事情，平時是不可以喝的，如果你違反祖靈留下的規矩，會波及族人的，但是現在酒到處買得到，又便宜，怎麼

不會上癮？」（利格拉樂・阿䠅，1997：188）

　　「以前我們喝酒是為了慶祝，慶祝耕種獲得的小米除了
夠吃以外，居然還有多餘的可以用來釀酒，所以我們感謝天
上的祖先，讓部落有豐收的一年。但是，那並不表示，族人
就可以因此亂喝酒或是喝醉酒，部落裡有部落喝酒的方法，
只是時代變了，『排灣』的年輕人被外人給教壞了，並不是
『排灣』天性就愛喝酒，你懂嗎？」外祖母用母語一口氣說
完。（利格拉樂・阿䠅，1996：94）

　　酒對原住民而言是珍貴的，因為釀酒必須是在族人的生活飲
食無虞，才能用多餘的小米來製酒。而飲酒習慣也非現今社會中隨
時喝酒或喝個爛醉。這樣的變化，是起因於日據時代「臺灣酒專賣
令」政策的施行。原住民飲酒的質變留待下一節再行探討。
　　在祭儀或是平常的飲酒中，喝酒前的獻酒儀式是必須的，只是
因著不同場合而有不同的執行者，如祭儀中執行獻酒儀式為巫師、
祭師或是頭目，而在日常生活中的一般飲酒或是生命禮儀中的獻酒
者則是在場中的長者。舉行完獻酒儀式後，參與活動的族人便可以
依照部落的規定開始飲酒，如：

　　（排灣族）殺豬獻祭的儀式時必定獻酒，其中分配祭肉
和分配祭酒的禮儀不可或缺，至為隆重肅敬，直到正式由女
巫或男巫執祭的部分結束後，才依照親屬關係、長幼尊卑、
事件性質分配酒肉（一起進行）。被點到名的人往往可拿一
塊禮肉回家，唱名拿肉的同時，需當場將屬於他的敬酒一飲
而盡，或者用連杯與他人對喝，絲毫不得馬虎。儀式時的分

酒與敬酒次序，充分顯示出群體中個人或家族的身分地位，
亦增進其在群體中的角色地位，以及整個社會階層觀念的認
知。（許功明等，1998：175）

　　飲酒時必須遵守有些規定，否則就會遭到族人的責罵或處
罰，而這些規矩就是原住民口中的「禁忌」。劉其偉（1995：
57）認為原住民傳統的禁忌其效用相當於文明世界的法律，因此
在日常生活及行為舉止，原住民都會提到「禁忌」；另外余錦虎等
（2002：28）說到布農語的masamu就是「禁忌」（但曾問過布
農族的同學，同學表示masamu其實是動詞，其意義為"觸犯禁忌
之意；而samu是名詞即禁忌之義），它代表一種規範，但是更進
一步的意義是天神的律法，告訴族人禁忌是不能做的事。如果不遵
守部落的禁忌，會讓自己遭遇到不幸，嚴重的話會連累家族的成
員。原住民的飲酒禁忌可從個人及集體二個層面來探究。

一、個人禁忌

（一）飲酒的身分

1.成年

　　原住民各族可以飲酒的人都是指已成年的人，未成年不可
喝酒，如被族中的長老發現會被處罰。如黃貴潮（1998a：90）
說明阿美族的成人，男生大約是十八歲，女生則是十六歲；巴
蘇亞・博伊哲努（浦忠成）（1993：69）指出在傳統鄒族的習
俗中，只有上了年紀的老人才可以參與正式的飲酒場合，青壯年

人只能在祭儀中或是長老的許可下，才可稍微喝一點酒；林嘉鴻（2000）也說在阿美族中，未成年的人嚴格禁止喝酒。

雖然原住民各族飲酒的年齡有些許的差異，但各族的標準都是通過成年禮的族人即可飲酒；各族傳統的喝酒禁忌也因各族的要求而有些許的不同，但其共通處是即使是成人在部落的飲酒場合，仍要徵求族中長老的同意才可以飲用酒類飲料。

2.女人

原住民飲酒的對象通常只要是成年都可以喝酒，但雅姬喜六（2000）提到在泰雅族中，年輕的女人喝酒會遭到族人的非議，而兒童則是不能喝酒；而黃貴潮（1998b：53）提及阿美族婦女能喝酒是因為釀酒的工作由婦女負責，但正式允許婦女喝酒是指已結過婚的女子，其年齡大約為十五或十六歲；布農族女生的飲酒規定，除了必須具備已婚的條件外，必須還具備對貞操的堅持、有照顧家庭的能力等：

> 老人深而穩重的眼眸凝視著遠方，拉長嘆息：「過去祖先的酒是相當珍貴且難得的，只在小米收割時，儲存整年要吃的以外，若有剩餘就拿來做酒。男人要在一定年齡且要擅長打獵、遵守samu（布農先人生活的智慧，一種約定俗成的自然律法），並且有能力保護部落族群，才有資格喝酒，否則盛滿小米酒的杯，越過男人的手，將是非常地羞恥；而女人必須結過婚、堅守貞操、疼愛自己的男人、有能力照顧家庭，才能飲酒下肚……」（乜寇・索克魯曼，2003：172）

在原住民中成年的年輕人就可以喝酒，但能喝酒更是一種能力的表徵，也是一種承擔。

（二）酒杯的拿法

據林嘉鴻（2000）的考察，可知敬酒的人其手拿酒杯的高度不可以高於長者的頭部，而倒酒時則要彎腰。

二、集體禁忌

（一）在場中年紀最小的要負責斟酒

在阿美族的社會中，在場男子中年齡最年輕的族群或個人，則要主動且義務的服務族人飲酒的一切事宜。如：

> 喝酒的形式，如以接待舅公喝酒為例：請舅公就坐之後，家長（女主人）將已裝好的酒甕放在大家圍坐的中間，由現場最年輕的男女斟給舅公或最年長的男子喝第一杯酒。但，喝這一杯之前得先作獻酒儀式……唸完把手中的酒一口喝光即禮畢。（黃貴潮，1998b：53）

（二）飲酒是一定要二人以上且無勸酒的習俗

周謹（1997：159）將飲酒視為一種藝術，將酒的飲法分成七類，分別為對飲、獨酌、共飲、豪飲、壯飲、放飲及艷飲等，從文中點出中國人大部分都將酒視為一種情緒發洩的工具：

（一）對飲：肯與鄰翁相對飲，隔籬呼取盡餘杯，兩人喝酒頗有甘苦與同、相知相惜的韻味。

（二）獨酌：舉杯邀明月，心事不堪說，心痛事如著酒，一仰而盡，悲涼蒼茫。

（三）共飲：開瓊筵以生花，飛羽觴而醉月，多人共飲，熱鬧繁盛，高談闊論，酒興倍增不覺而醉。

（四）豪飲：醉臥沙場君莫笑，胸中豪情，待酒而燃。

（五）壯飲：醉裡挑燈看劍，七尺男子軀，痛飲烈酒，大展鴻圖。

（六）放飲：任酒花白，眼花亂，燭花紅，何如作一回酒中仙，煩惱憂懷一併拋。

（七）艷飲：胸前瑞雪燈斜照，眼底桃花酒半醺，美人在懷，盈盈秋波，飲酒一杯，三分醉。（周瑾，1997：159-160）

傳統原住民飲酒的就有如周瑾所論述的「共飲」，如：

> 阿美族喝酒限制個人獨飲的行為，要喝酒至少得兩三個人在一起才可。無論多少人喝酒，習慣上由一或二人負責斟酒，也不用配任何小菜，更不互相勉強喝酒，可自由取捨，因此少見酒醉鬧事之現象。（黃貴潮，1998b：54）

阮昌銳（1996：16）也提出原住民的酒主要用於敬獻神明和祖先的尊貴之禮，以及在喜慶時用來宴請親朋好友。原住民很少獨自飲酒，與親友同聚時是用傳遞一碗酒的方式來輪流飲用，藉由合飲表達分享及情誼。而現今的原住民喝酒則再增加了一項「放

飲」。一般人用較狹隘的眼光論斷原住民的飲酒，卻看不見自己的豪酒、艷飲等行為表現。只因原住民的飲酒都出現在住家的戶外或是在族人團聚的戶外祭典或生命禮儀中，而讓人有了愛喝酒的印象；反觀臺灣的非原住民則是多數於室內飲酒，而減少了讓其他人看見的機會。

萬國光（1998：132-133）提到古人在酒宴中會以一些遊戲方式來助長酒興，如投壺，是將裝酒的酒壺放在距離賓客一定的距離處，將矢投入壺口中，以投入的數量多寡來決定輸贏，輸者就會被罰以喝酒。隨著時代的演進，飲酒助樂的遊戲而與時俱進，如周禮規定天子王候飲宴時，要有歌詠及音樂伴奏；兩漢至隋唐的酒令等。而在現代臺灣一般人的飲酒文化中，喝酒時用來助興的方法如划拳，拳法有傳統的酒拳——有固定的口訣及口勢，而現代年輕人的拳法如五、十、十五或海帶拳、棒打老虎雞吃蟲等拳法。不論是古代或是現代人提高飲酒的方法為何，其遊戲的規則都是輸的一方必須要被懲罰喝酒。雖然划拳增加了喝酒的興緻，但是遊戲的輸贏已成為主角，而酒卻淪為配角，最早發明這些遊戲是為了避免讓人喝太多酒而誤事，但現今酒只是人們的一個工具，飲酒已不再有其原始的意義或功能存在了，如分享喜悅、祭典後團聚等。再者一般人的飲酒中，不論任何場合總是會有勸酒的舉動，如在我父親與好友的聚會中，總是會聽到我父親幽默的說詞——乾杯，喝沒乾會衰（臺語發音），熟知家父個性的友人總是會隨興的啜飲幾口或是乾杯，並不會因我父親這樣的勸酒而喝完整杯酒，但與我父親交情不深的親友總是會不知所措的而乾了整杯了酒。勸酒雖然可以促進其歡樂的氣氛，但卻少了飲酒原始的意義，有時甚至讓喜愛品酒或是酒量不佳的人為這樣的聚會而卻步，喪失了與親朋好友同樂的機會。但原住民卻是用舞蹈來增加飲酒的樂趣，不但可以將氣氛

引燃到最高點，也不會因而讓酒量不好或是不想喝酒的人無法同樂。巴蘇亞・博伊哲努（浦忠成）（1993：71）提到鄒族飲酒時並沒有強邀對方喝完杯酒的習慣，鄒族講究的是大家盡興的隨意喝酒。

（三）飲酒順序按分酒或輩分地位而行

輩分及族中的地位是原住民社會中所講究的，也是依循的規範之一，因為這是維繫一個部落的秩序。李亦園在有關泰雅族人的飲食禁忌中提到食物要先給客人食用，並按照族中的地位及輩分來進行，否則就會引來不幸的事。如：

> 客人來訪不得在戶外飲食，一切食物應先敬客人，並按尊卑順序，否則觸神之怒。（李亦園，1982：316）

又如許功明等將排灣族古樓村的飲酒原則歸納成三個層級，每個層級仍是以輩分、族中的地位為其依循的準則來進行分酒或敬酒，特殊情況則排除在此原則外：

1. 全村公開性質的祭儀場合（如五年祭、收穫祭等重要歲時祭儀），當中有若干活動結合著儀式化的飲酒行為來進行，分酒或敬酒的程序依社會階層位置之高低原則……
2. 個人生命禮儀及男子獵獲之慶功祭儀（如獵到禿鷹、山豬、山羊）時，首先需要敬頭目（若其在場時），然後，再按照親戚關係輩分之高低來敬酒。
3. 特殊情況，需以酒為酬報、致謝或賠禮時，除了輩分的因素外，另依事件關連之輕重來考量應先分酒、敬酒的前後

次序。例如，請人來幫忙墾地、築屋等勞力工作時，按幫
忙者年齡之高低依次敬酒……另外若是作為賠罪或贈禮用
的酒，那麼敬酒的次序便以要賠罪、受禮的對象為優先。
（許功明等，1998：185）

（四）其他

雅姬喜六（2000）認為在泰雅族一般的情形下，年長者會向
年輕的人進行敬酒murny-aor，也就是敬酒的人會先倒滿一杯酒，
與被敬酒的人同時一起飲用這杯酒，這樣的方式是宴客時一種親善
與尊敬的表示。

原住民的飲酒有其特定的規則，但其規則往往以「禁忌」一詞
來代替，因為原住民的泛靈信仰，為了避免族人冒犯祖靈或是破壞
部落的秩序，而使用了「禁忌」的說法來告知族人行事的規範，以
維持部落的安定及族人安全的生活。在原住民的飲酒文化中，喝酒
是神聖的、喝酒更是一種肯定，如：

> 過去原住民的酒文化是美麗、漂亮的，而今原住民酒的
> 文化因環境的改變，已失去原有的生命及約束力。事實上，
> 過去原住民的酒文化，代表著整個族群的文化、經驗、智慧
> 的累積；酒也是一種媒介，有傳達的功能。（亞榮隆‧撒可
> 努，2005：101）

飲酒可以讓原住民有這樣的榮耀，就是因為禁忌的存在，只有
成年的人才有資格喝酒；飲酒是集體的行動，因為是有目的的
飲酒，而不是喝悶酒，更不是抒發心情的工具；飲酒的順序更
是身分的表徵、也是族中地位的代表。但在原住民散文中所提

及有關飲酒的禁忌，是少之又少，所以引用了許多研究者的資料，如許功明、李亦園、黃貴潮、阮昌銳等，原住民的巫術及飲酒文化都逐漸在消失中，該如何保留僅存的文化是現今最重要的課題。

第四節　飲酒遭遇外來文化衝擊後的質變

釀酒與飲酒在原住民部落中是有其規範及禁忌存在的，而不是如現今社會大家所見的刻板印象。原住民的飲酒會發生如此大的轉變，是因各階段的統治者只用自己族群的觀點，來進行自以為對原住民生活有益的措施，或是為了維護自我族群的利益而犧牲了原住民的傳統的生活文化、習俗。

原住民的飲酒文化所以發生質變，起源於日據時期。陳義方（2005：16、22-23）指出在日據時代，臺灣總督府為了增加財政的收入，而實行臺灣酒類專賣制度，而後逐漸增加專賣項目；到了1922年（大正11年）將酒的製造販賣權收回改由官方經營，就是所謂的「臺灣酒專賣令」的政策。一開始是採取安撫教化的手段來對待原住民，但讓原住民釀酒文化畫上一道休止符則是在昭和11年（1936年），在花東地區專賣令實行的前夕，臺東某些部落的頭目則是將釀酒器具繳交給日本政府的代表，並當場將這些器具加以焚燒或砸毀，至此原住民的釀酒文化也因而走入歷史：

> 日據時代末期政府下令禁止造私酒，改由購買公賣局出產的酒。因此酒的來源方便，人們對喝酒的觀念受到大轉變。不再受保守的約束，視喝酒為平常的飲食，且為一種

嗜好。也就產生了現代化新面貌的飲酒場合。（黃貴潮，
1998b：55）

　　范雅鈞（2002：104-106）則將此一過程解說得更加詳細：當
時後山的警務局為酒類專賣制度的執行者，考量當時花東的原住民
對於飲酒的習慣是自製自用，只有在婚喪喜慶時才會多釀造一些酒
以備不時之需；再加上當地的警察人力不足，且對於製酒的專業知
識不足，執行上會有所困難，如對違反專賣制度者會施以懲處，但
交換共飲是原住民的飲酒習慣，在處罰的認定下其標準無法拿捏，
因為誰是贈予者難以釐清，因而無法加以懲戒，因此建議改由專賣
局派專人來執行。在種種施行上的困難，花東的警務局及臺東廳長
於是建議專賣局暫緩施行或是考量當地原住民的習俗來微調，但專
賣局仍堅持花東地區也必須施行酒類專賣制度。因此，原住民的釀
酒文化走入歷史，也因而改變了原住民的飲酒習慣。
　　因著釀酒的活動被禁止，間接的也瓦解了原住民的飲酒禁忌，
而原住民的飲酒習慣也隨之改變。原住民的生活是以自給自足為
主，並沒有交易的行為存在，更沒有使用貨幣這類代幣的觀念。只
有部落中的食物分享，如獵獲、婚禮的分肉等，但這樣的行為都必
須依照著與親友的親疏關係而行，否則會破壞部落的秩序。但酒從
日據時代成為政府的「專賣」物後，原住民祭典上要獻貢的酒、生
命禮俗要用的酒、慶祝獵得獸物同歡活動所需要的酒等，都需要透
過貨幣來取得。因此，酒變成是一種商品，而不再是原住民最珍貴
的物品了：

　　　臺灣的原住民族群，在國家政府統治和資本主義侵蝕
　　後，酒，變成了商品，可以輕易取得，方便使用，讓原住

民遺忘了過去的飲酒文化，男女老幼成了酒的奴隸，個人健康、家庭和部落社會，被酒打亂了秩序，原住民也被貼上了酒醉的汙名標籤。（巴蘇亞‧博伊哲努等，2004：82）

原住民因喪失土地所有權、祖靈信仰與巫術被禁止，再加上酒成為專賣的物品後，原住民的生活失去了依靠，而使得酒成為原住民的工具，酒不再是珍貴或是如巫術祭儀中的象徵物了。

一、酒成為族人澆愁的工具

原住民生活中都以與大自然和諧共處的方式生活著，但統治者的施政，讓他們失去賴以為生的土地、森林，也喪失了傳統的生活技能：

> 到處存在的規範，限制了父親山地人的本能。原住民是靠山吃山的民族，從過去到現在，老祖先告訴我們，對自然的尊敬就是生存、延續族群生命的法則，必須以人性去對待，就如好朋友、親人之間的那種關係。（亞榮隆‧撒可努，2005：51-52）

在沒有獵場可打獵、巫術被視為邪術、傳統的祭典也因無法釀造小米酒而失去了其存在的意義……讓原住民的生活頓時失去了依歸，原住民的無奈不知該向什麼人來控訴、也不知道該何去何從？所以酒成為了原住民的好朋友：

　　　　長久以來環境的改變，時間的壓迫，使族人無一倖
　　免，沒能躲過此災害；族人空虛、害怕和得不到精神上的寄
　　託，因此，酒，成為他們終日的伴友。（亞榮隆‧撒可努，
　　2005：100）

　　原住民以山為家，泛靈信仰的祖靈在這裡、親朋好友也在這
裡、能發揮所長的場所也在這裡，但英雄卻無用武之地，因為不知
道如何讓一家大小衣食無缺？受挫的心、無力的感覺、鬱悶的情
緒，再加上有錢就可以買到的公賣局的酒，讓原住民也學起平地人
的借酒澆愁。如：

　　　　自從民國40年（1951年）初，國府進駐臺灣以來，對原
　　住民推動「山地開發」、「山地平民化」……大批觀光客流
　　入日月潭的結果，使得一向平靜無波的邵族人，面臨到前所
　　未有的震撼，而此種劇變卻是求助於偉大的祖靈也無法改變
　　的事實……必須面對漢化後再一次的適應問題，在無法融入
　　平地社會的狀況下，淪至社會的邊陲地帶；酒，成為唯一的
　　發洩佳品；而部落，成為療傷的洞穴。（利格拉樂‧阿𡠄，
　　1997：189-190）

（一）藉由酒讓自己暫時忘記世俗的無奈

　　喝酒能讓原住民忘卻世俗的無奈，也讓原住民可以回到那懷念
的傳統時代，豪邁不拘的個性在飲酒後自然地展現出來，統治者所
實行的政策，如改姓漢人的姓、禁止釀酒等，在酒的世界中這些是
不存在的：

過去曾是酒鬼的父親，我這樣子問過他：「爸，為什麼你以前那麼愛喝酒？」我得到的答案卻是：「我喝醉後，可以說出很多對事物環境不公平的看法，酒醉的過程很舒服，沒有任何煩惱，所有的煩惱都忘記了，沒有所謂的在意，喝酒可以滿足內心的空虛和矛盾。」（亞榮隆・撒可努，2005：100）

（二）藉由飲酒回憶部落的傳統文化

　　飲酒的世界，原住民彷彿有著哆拉A夢的任意門，可以來去自如，豐收的喜悅、族人同心同力準備祭典、家人們一起為生活而分工合作等，因為在現實的生活已無法實現傳統的生活，只有在被酒麻痺後，彷若回到了以前那種被祖靈所庇佑，且以祖靈信仰為依歸的生活：

　　　　直到我真的長大，面對的壓力愈來愈大，我知道父親喝酒的無奈。在酒的世界裡找到了自己的尊嚴，產生的冥想，讓他回到了過去，看到從前跟他說故事的老人，他很快樂，只有透過酒精麻痺短暫的現實，讓現實站在遙遠的地方看著他醉倒了，跟大地那麼密切那麼近。（亞榮隆・撒可努，2011b：195）

　　原住民因著土地權的喪失而無法恢復傳統的工作，如狩獵、耕種等，為了生活必須外出打工的原住民，靠著勞力做著粗重的工作，這些都不是原住民自願的，只因執政者的政策不盡完善，或是為著自己的利益而選擇犧牲原住民。為了生活，原住民只能忍氣吞聲，酒成為他們懷念傳統部落生活的一種麻醉藥：

礦工都是輪班的，所以每天二十四小時都有人在裡面挖礦，尤其是趕工的時候，平地人的礦工都不想加班，就剩我們這些要錢的山地人……有的時候很奇怪，愈累就愈睡不著覺，於是就幾個好朋友，大家抽抽煙、喝喝酒，回想以前在部落的事，愈聊愈傷心，酒也愈喝愈多、愈喝愈兇，實在不是我們愛酒啊！誰叫酒都不讓我們醉呢？！（利格拉樂‧阿𡢃，1997：134）

（三）利用酒來麻痺自己以逃避祖靈的斥責

　　有心的非原住民因為自己的利益，而利用了原住民直率的個性，讓原住民喪失了屬於自己的獵場或耕地，因而無法使自己或家人再像其他的族人一樣，可以上山狩獵或耕種以養活自己或家人。因為擔心祖靈的責罵，也更憂心自己及後代子孫遺忘了原住民應具備打獵、織布等的能力，也害怕子孫們遺忘了自己是源自於原住民的身分等，而選擇了用酒來逃避一切的責任：

　　　　「要不是他們（指漢人）將那套欺騙、壞心腸帶到我的部落，我的族人也不會將祖先留下來的土地、語言這些無價之寶弄『髒』了……你說我能不喝嗎？清醒的時候腦袋裡裝的全是漢人的那套壞東西，只有在喝醉的時候，才知道來自己的身上還有山地人的血液在流動；才不必面對祖先我的指責啊！」語畢，又是一杯米酒下肚。（利格拉樂‧阿𡢃，1997：188-189）

酒成為原住民用來逃避現實生活的無奈、懷念傳統部落生活的點滴與迴避祖靈的斥責等消極行為的藉口，只因無力改變也無法可行，而只能藉喝酒來暫時忘卻現實生活的一切，將自己變成是酒世界中的鴕鳥。

二、酒成為族人被漢人擺布的武器

> 一大塊地、一整座山，迷迷糊糊地在酒誘惑下侵蝕了族人的意志，蓋了章，簽了約……百朗（壞人）用酒得到他們想要的，而我們原住民卻從百朗那裡失去我們的文化。（亞榮隆‧撒可努，2005：99）

酒是原住民用來招待客人的美食之一，但在有心人的利用下，酒成為摧毀原住民生活的一項利器。在來者是客的想法下，酒酣耳熱後，原住民不疑有他，蓋了手印、畫了押；酒醒後，發現土地、林場變為百朗的，原住民喪失了獵場、耕地。原來酒只是平地的百朗用來獲取土地的一種武器、工具。

三、酒讓原住民改變了生活的方式

（一）小米的耕種已成往事

傳統的原住民生活，祭典、婚喪喜慶都要用到酒，酒要自己釀造才有，而釀酒的材料則要自己生產及到大自然中去採集。酒是自然存在原住民生活中，有需求時只需從生活中去取得材料加以製造就可以了；但酒成為專賣後，要有貨幣才能進行買酒，貨幣的取得

則要用漢人喜愛的物品來換取，如土地、獸皮等。原住民自給自足的生活習慣受到衝擊，再加上公賣局的酒是如此容易取得，且沒有數量及時間的限制，而使得原住民的生活因而改變了：

> 一杯小米酒的產生結合了多少人流的汗？多少人出的力？醱酵的味道是智慧和歷史、文化的結合。現在再也沒有人追尋小米酒的文化腳步，就這樣，公賣局來的那天，族人開始忘了小米酒的味道，全被公賣局的酒麻痺了，更沒有再想費時的釀小米酒，只有出賣勞力把賺來的血汗錢全給了公賣局。（亞榮隆・撒可努，2005：98）

（二）酒破壞原住民家庭的和諧

> 在時間、環境的壓迫下，原住民真空的世界裡，長期受到公賣局的出賣，換來的是族人的酒精中毒、腦充血、中風、家庭的破碎、婚姻的失和；我想，為什麼在過去小米酒的文化裡，沒有所謂的酒精中毒？腦中風？家庭、婚姻的離異？我真搞不懂，會讓家庭、身體、靈魂侵蝕的酒，公賣局竟然還要販賣它們。（亞榮隆・撒可努，2005：96）

原住民的家庭生活因酒而變調，酗酒而發生意外、沒了工作等事時有所聞；更因著沒有節制的飲酒而發酒瘋罵人、打人等事件，在原住民部落或住家時常上演著：

> 「志強去找爸爸，如果他在喝酒，叫他回來。告訴爸爸說，媽媽在罵了。如果酒醉了，把他給我抬回來，快點去！」

小時候，父親常因為喝酒脾氣變得很不好，所以我跟百勝最討厭喝酒的父親。有一次，父親喝醉了，三更半夜回來，我跟百勝都在睡覺，父親叫我跟百勝起來，我跟百勝睡死了，因為睡意還很濃的我們動作緩緩的爬像停止似的，於是父親就發酒瘋的把棉被掀起來，對我們很大聲很大聲的嚷嚷：「你們死掉了啊？叫你們叫不起來。」

　　……母親聽到父親在對孩子發酒瘋。

　　「你幹什麼？喝醉就罵小孩，沒出息、沒有用。志強、百勝，去睡覺。」

　　……但父親每次喝醉都是這樣子，我們總是害怕的期待父親能不能不要再喝酒，因為我們不喜歡他喝酒的樣子。

（亞榮隆・撒可努，2011b：192-193）

　　傳統的原住民在祭典、儀式或慶典中飲酒，不論有無喝醉，隔天仍然還是要照日常的生活作息工作，不會有人以喝醉酒為藉口來拖延工作或休息。但現今的飲酒行為已成為一種常態性的酒醉，這樣的酒醉影響著家庭生活及工作。

　　飲酒所造成最嚴重的家庭變故，莫過於家庭的破碎，或因離婚或另一半受不了而離家出走等，這樣的狀況對原住民的家庭而言無異是雪上加霜：

　　透過母親傳來的訊息，才知道原來是一向安靜的小外公有個奇怪的習慣，那就是他每次喝醉酒之後，總喜歡拉著人嘀嘀咕咕地說個不停，非得要等到他酒意漸醒，才會慢慢地回復到原先沉默的個性；不過，被強拉著聽他講話的人早已經累得不支倒地了。……原來，外婆剛剛說的是：「不

是我想離婚，是我的耳朵想離婚，我的耳朵告訴我，它已經受不了他（指小外公）的囉唆了！」（利格拉樂・阿𡠄，1996：56-58）

（三）酒成為原住民形影不離的好朋友

Vu Vu（祖母的姐姐）說她很老了，快走不動了，八十四次小米收割的的歲月讓她的頭髮都白了，臉上的皺紋好多、好深。但身體還是一樣的硬朗健康。愛喝酒的她，跟我說，她不再跟公賣局做朋友了。（亞榮隆・撒可努，2005：84）

價錢便宜、購買方便，再加上祖靈信仰的消失、部落禁忌已被族人遺忘而未加以遵守等因素，而使得原住民更肆無忌憚的飲酒。久而久之，酒已成為原住民生活中的一分子，天天與酒如影隨形。一天沒有酒，生活便不自在、度日如年：

「Vu Vu你來臺北做什麼？」
「我來找我的兒子、他好久沒有寄錢回山上，我好久沒有喝酒了。」（亞榮隆・撒可努，2005：201）

現今公賣局（今臺灣煙酒的前身）已成為原住民的大酒倉，只要有錢就可以有酒；沒有錢也可以用賒欠的方法買酒，酒已經成了原住民的好朋友。

（四）酒變成原住民消除壓力的工具

> 寶奧解釋，本身也不是那麼愛喝酒，只是白天體力操
> 勞，需要解放輕鬆一下，除了看球賽，最簡單的方法就是喝
> 酒。特別是與一起下山的原住民朋友。兩杯下肚，很快就唱
> 歌跳舞。（啟明・拉瓦，2005：110）

在傳統原住民社會中，男狩獵女織布是一種基本能力的展現，
但現今的原住民找不到屬於自己的舞臺表現才能，因為工作只是一
種出賣勞力的方式，不像以往的部落飲酒有著歌舞為伴，喝酒、唱
歌跳舞都是以開心快樂的心情來進行；如今飲酒卻是充滿著無奈，
現代化的名詞——壓力，就這樣產生在原住民的身上。

（五）飲酒造成意外

原住民因飲酒沒有約束，生活空間不再局限於山林，再加上交
通工具的改變而使得原住民因酒而造成的死亡與日俱增：

> 吼拉・貼木是天生的大力士，可以徒手將學校裡那一架
> 鐵製的籃球架扳倒，再「哈——」一下，把它扶正。
>
> 當然，他沒機會被訓練成舉重選手，因為國小畢業
> 後，他便留在山上拉竹子賺錢。前幾年，因為喝酒騎車，摔
> 落山谷，結束了他年輕的生命。（里慕伊・阿紀，2001：
> 42）

四、打破原住民傳統飲酒禁忌

（一）一個人也可以飲酒

> 我喜歡看父親在家一個人喝酒的樣子，一邊編織一邊哼歌。討厭他在外面酩酊大醉的樣子。我寧可老爸醉得不醒人事，睡到隔天像什麼事都沒發生過似的，最怕就是有點醉又有點不醉，會打我們、又會鬼吼大叫的那種。（亞榮隆・撒可努，2011b：194）

傳統的原住民喝酒必須是二人以上，但現今的原住民卻有獨自一人飲酒的現象存在，原住民的飲酒文化已崩解。

（二）拚酒已成為祭典的一種模式

傳統原住民的飲酒是依輩分地位來輪流喝酒，但現今的原住民喝酒卻是以拚酒為目的：

> 每回部落辦活動，總會看到一群又一群的族人拚酒。甚至部落舉行傳統祭典，儼然就是年度的部落喝酒大會，儀式活動的神聖性蕩然無存。（巴蘇亞・博伊哲努等，2004：82）

原住民傳統的飲酒禁忌中，酒是要在有祭典、生命禮儀或是狩獵成功等時機才有飲酒的活動出現，且飲酒必須要二人以上才可進行。飲酒是一種喜悅、快樂的分享，而不是一種輸贏的遊戲。

飲酒的氾濫沒有節制，已是原住民各族的一個問題，也是一大隱憂。原住民的飲酒問題雖肇因於被禁止釀酒，再加上巫術與祖靈信仰的被否定而產生質變，但酒也是可以有智慧有尊嚴的飲用。即使部落中祖靈信仰已衰微、禁忌已無族人在遵循，族人也是可以自我約束，讓飲酒有如傳統部落中的那樣有紀律、禮節；否則原住民的生活只能在與酒為伍的日子中度過：

> 酒要喝的有文化、有智慧，它所代表的是個人、族群、
> 部落，而不是喝得爛醉，躺在地上、水溝旁邊睡覺，沒有尊
> 嚴、沒有文化。（亞榮隆‧撒可努，2005：101）

酒的濫用已讓原住民的生活產生很大的變化，如家庭的破碎、每日與酒為伍、因酒而喪失寶貴的生命等；再加上原住民因憧憬傳統的部落生活，但礙於政策而無法回到過去狩獵、耕種的生活，而藉由酒精的作用讓自己沉醉在過去或想像的生活中。這些因酒而產生的無奈生活或是緬懷過去的心情，都因酒而讓原住民離祖靈更加遙遠、傳統的生活也變得更遙不可及了。唯有讓飲酒先恢復傳統部落的禮儀，再慢慢的回復祖靈的信仰，才能讓部落有機會重回那個與自然和諧相處的秩序中：

> 酒精濫用，是惡質的殖民文化。失神的酒，讓原住民淪
> 落在惡性循環的被宰制漩渦中。
> 不知道要等到什麼時候，臺灣原住民可以學習尼斯加的
> 印第安民族，很自信地擺脫酒精的牽絆？現在談自治，很多
> 族人可以海闊天空、放言暢論，但要解決喝酒的秩序，讓飲
> 酒文化成為藝術，成為美感，成為神聖，我們卻始終看不到

族人的意志和行動。談論自治，很容易；實踐自治，卻寸步
難行。自治，真是知易行難的解殖課題。（巴蘇亞‧博伊哲
努等，2004：82）

　　原住民飲酒是源自於對祖靈信仰的感謝及祈願，所以祖靈信
仰是飲酒禮儀的「終極信仰」；因著感恩祖靈的庇佑而讓原住民藉
由珍貴的小米酒來向祖靈表達最誠摯的謝意，無論在部落祭儀、社
交宴樂上都必須先作獻酒的儀式，飲酒禮儀因而產生，所以經由祖
靈信仰而產生飲酒禮儀這個「觀念系統」。至於「規範系統」，則
從飲酒禮儀而發展出各部落的飲酒儀式，部落的飲酒禮儀可以在祭
典、巫術及社交宴樂上看到，如酒成為祭典中的貢品、巫術中生者
與亡者的一種分界物、飲酒更是一種身分的象徵等；飲酒時更有規
定、規矩，在原住民語為禁忌，飲酒的禁忌則有酒杯的拿法、年紀
較輕則要為年老者服務斟酒一事等。因此，飲酒禮儀中的「行動系
統」及「表現系統」，就是飲酒的禁忌與飲酒在祭儀、巫術及社交
宴樂的作用。以上所提及的原住民文化中的飲酒禮儀在氣化觀型文
化（泛氣化觀型文化）所歸屬的地位，則可用下圖來呈現其關係及
脈絡：

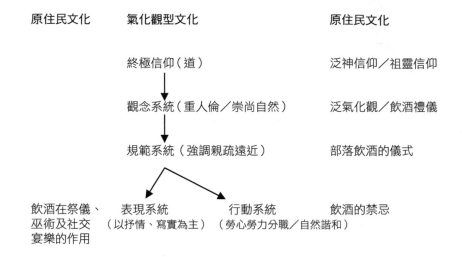

原住民文化　　　氣化觀型文化　　　　　　　　　原住民文化

終極信仰（道）　　　　　　泛神信仰／祖靈信仰

觀念系統（重人倫／崇尚自然）　泛氣化觀／飲酒禮儀

規範系統（強調親疏遠近）　　部落飲酒的儀式

飲酒在祭儀、　　表現系統　　　　　行動系統　　　　飲酒的禁忌
巫術及社交　　（以抒情、寫實為主）（勞心勞力分職／自然諧和）
宴樂的作用

圖5-4-1　原住民飲酒禮儀與氣化觀型文化的關係圖

第六章

原住民散文中的狩獵

第一節　獵人的條件與養成

　　（憤怒的太魯閣老人回憶著和平村遷移的歷史說著）
「我們來自山上一個叫做Balar的部落，所穿的衣服是用自
己的雙手做出來的，沒有現代衣服的領子或袖子，是用一塊
布把身體全部包圍起來；我們吃的是自己種的地瓜、玉米、
小米，以這些來維持生命；而我們的爸爸都必須要到山裡去
打獵，才能有肉可以吃。」（利格拉樂・阿𡠄，1997：163-
164）

　　原住民的生活方式是自給自足的，生活中的主食以五穀根莖類
為主，而動物性蛋白質來源則是到森林中狩獵或是到河邊、海裡去
捕撈魚類。原住民進行狩獵或捕魚，則是與其居住的地理環境有很
大的關連。居住環境位於山林間，則是盛行狩獵活動，如泰雅、排
灣等族；地理環境靠近河海，則是就近到臨近的海邊或河邊進行捕
撈魚類的活動，如達悟族、阿美族等。原住民的生活空間包含了山
與海，大多數的原住民都生活在山林間（除了生活在蘭嶼的達悟族
以外），所以本章的狩獵將是以在森林裡捕捉動物為主，因為在原

住民的文化中，狩獵是指捕捉林中的鳥獸，以致達悟及阿美等族魚類捕撈的部分則不在此討論範圍。

浦忠勇等（2008）指出狩獵是原住民生活的文化，也是傳統的生產方式，更是部落的一種象徵符號。在原住民的文化中，男生要學會狩獵、女生則要學會織布。這除了是一種技能外，更是一種肯定。如魯凱族中的百合花：

> 在魯凱族，男女佩戴百合花有很大的意義。男性必須獵取六隻以上的大山豬，才能插於頭上……魯凱族男女性社會道德規範，和價值判斷象徵意義上，全看頭上的百合花冠。因此，魯凱的男性一生只想做獵人和英雄，而女性則一生只想做一個賢慧的女人。一生中能插上百合花，那就是生命的價值，也是無上的榮耀。（奧威尼・卡露斯盎，1996：113-115）

所以狩獵是原住民男子必須學習的一種生活技能，它除了可以讓原住民獲取肉類食物外，還可以獲取族人對身為原住民男子的一種肯定，更是奠定其在部落地位的一種表現方式。狩獵也是原住民男子學習戰鬥的入門基礎課程，所以狩獵是原住民文化中的一環，也是原住民男子的一種技能表現、地位的表徵，更是學習戰鬥的基礎。如：

> 鄒男子的兩大天職為狩獵及征戰，征戰的許多技巧可以透過狩獵教育完成學習，如果連野獸都無法搞定，那麼征戰之事就不用說了，族人觀念如此認定。（依憂樹・博伊哲努（浦忠勇），1997：159）

王嵩山（2010：59）指出狩獵活動對泰雅族而言，除了是一種經濟活動的表現外，狩獵也融合了泰雅族部落的信仰與儀式，因為藉由與祖靈有關的觀念和行為，而使得狩獵具有宗教意義。

狩獵在表面上是原住民獲取生活所需的一種方式，但其所涵蓋的文化內涵除了部落男子地位的表徵，最深的涵義則為原住民祖靈信仰的一種實踐與表現。狩獵的方式可以分為團體與個人二種方式進行，團體的狩獵模式對部落而言是一件大事，所以在進行團體狩獵前會進行與狩獵有關的祭儀，以求得族人的平安及豐收的獵物等，是部落的重要祭儀之一。以祖靈信仰為中心而發展出的狩獵文化，其與巫術、飲酒禮儀都有其相關性，狩獵時祈求祖靈的庇佑，則必須透過巫師來與祖靈溝通，以期有豐富的收穫；而儀式與狩獵活動結束後，族人的宴樂活動等都藉由酒來作為一個媒介來進行。因此，在狩獵文化中，祖靈信仰為其發展的一個起點，而巫術和飲酒禮儀則是將原住民的狩獵文化豐富化，更將原住民部落中族人的共識與凝聚力建立了起來。圖6-1-1則是呈現出狩獵與祖靈信仰、飲酒禮儀與巫術的關係。其中「祖靈信仰」的圈圈是最大的，因為祖靈信仰是原住民所有文化起源的根本，所以以最大的圈圈來代表；而飲酒禮儀、巫術與狩獵則是因著祖靈信仰而產生，但其彼此之間的關連是環環相扣，如狩獵與巫術的關係：

> （排灣族）kazelu（過年）之後有兩天的出獵祭，和播種結束祭相同。男人們會出發去打獵，此時出獵若獵得山豬，就要做包著獵肉的小米糕，請女巫師執行祭儀，表示今年獵事一定特別豐盛。（譚昌國，2007：112）

又如狩獵與飲酒禮儀的關係：

> （鄒族戰）眾人到會所廣場舞蹈、歌唱，完畢後頭目帶
> 頭，按順序到各大家族之禁忌之屋前舉行儀式……到各家族
> 之禁忌之屋門前的竹筒中，以手指沾酒、口中作嘖聲，沾酒
> 之指往前彈數下。（王嵩山，2001：149）

為避免圖形呈現的的複雜性而採用平面方式來呈現，並加以文字的說明來呈現其關係：

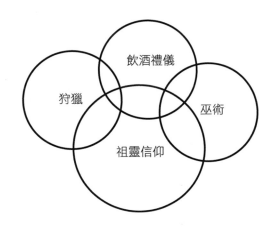

圖6-1-1　祖靈信仰與巫術、飲酒禮儀及狩獵的關係圖

在原住民的部落裡，狩獵是男子的工作，男子要成為一名稱職的獵人必須先具備與大自然和平相處的觀念，這也是成為一個獵人必備的條件；獵人除了要擁有生態平衡的觀念外，更要有獵捕鳥獸的技能，這些技能是做為一個獵人所必須學習的部分。因此，本節將對獵人的條件及其養成來進行探討。

一、獵人的條件

王嵩山（2010：61）認為原住民傳統的生產是以農耕為主要
的方式，並以畜養、狩獵、捕魚和採集為副來供給生活所需。狩獵
採集生產的社會行為，則具有與部落族人分享及與生態維持平衡的
特質：

> 父親繼續說著：「過去老人都會說，男人結婚後，要有
> 自己的獵場和耕地。老人家也說，當有一天自己有小孩，獵
> 場和耕地就是教養他們的場所，也是人格發展、智慧傳遞的
> 地方。獵場能讓他們知道文化和自然相互串連的關係，耕地
> 能啟發男人對土地的情感，並延伸出對家和部落的維繫。」
> （亞榮隆・撒可努，2011a：259）

獵場是讓原住民知道大自然生態運行的方式與狩獵文化的關
係，因此身為一個獵人，就必須要從獵場中去得知維持大自然生態
平衡的方法與觀念。獵人所須具備的生態觀念有：

（一）能與大自然和平相處

> 學習過程中，父親讓他（撒可努）深刻體會到一位真正
> 的排灣族獵人，並非只是懂得捕捉獵物而已，更重要的是要與
> 大自然和平相處。了解人與土地之間關係的撒可努，進而立志
> 負起守護部落和森林大地的責任。（張道藩，2009：46-47）

獵人最重要的是要能知道如何與大自然相處，因為他所要捕
捉的鳥獸來自於大自然。倘若不知道如何與大自然相處，獵人所能

獵取的獵物只能是自然界中的少數、所能狩獵的時間只是短暫的片刻而已。所以如何與大自然相處，是成為獵人所必須具備的條件之一，也是最重要的關鍵。

（二）懂得節制

> 獵人回答著：「道德和對自然的平衡，永遠是獵人的規範，就算失去了原有對的比例原則和相當利益，獵人就必須透過原有的狩獵哲學去平衡自然的一切，夠了就好，不得貪獵，這樣子我們才會有打不完的獵物。」（亞榮隆・撒可努，2011a：290）

原住民不論在農耕、狩獵或是從大自然汲取日常生活所需的物品，都是拿取自己所需的分量，不會過多的取用而儲存起來。這與非原住民族的觀念有很大的不同，因為原住民了解大自然生生不息的運作方式，自然的資源倘若被耗盡，則會使得資源越來越少或是無法順利的繁衍下去。所以唯有有節制的去運用大自然給予的資源，才能讓原住民與大自然和諧相處下去，這也是原住民相較於漢人、客家人，而能與大自然相處如此長久的原因之一。亞榮隆・撒可努也從狩獵的學習中了解真正的獵人哲學是去欣賞大自然的運行之道，從中體會節制的重要。如：

> 撒可努說：「父親讓我了解獵人絕不是時時刻刻在殺戮，能欣賞動植在世界的運行，才是最大享受；懂得節制，才是真正獵人哲學。」（張道藩，2009：62）

（三）與大自然溝通的方式——心

　　大自然雖然沒有如人類有專門的語言來進行溝通，如英語、國語等，但大自然會藉由各種的聲音、外在的變化、顏色的改變等來告知人們訊息，而這樣的訊息人類要如何去了解大自然所要表達的內容？原住民在遠古時代就已經知道解秘的方法，那就是「心」：

> 但是我們早已遺忘與大地互動溝通的能力，那是一個感覺，如說穿了就是用心與大地交會。（亞榮隆‧撒可努，2011a：242）

　　「心」要怎麼用？如何用「心」與大自然溝通？用「心」去觀察、去體會大自然的一切。心是人類最原始的一種傳達表現方式，有時言語不同無法進行溝通時，心中的念頭就會呈現在表情或行為上，只要對方稍作觀察就能發現彼此要表達的意思，因為用心去體會，就能知道大自然的言語表現方式，更能從中學習大自然的智慧及運行方式、對待生命的態度等。而用心學習的第一步，則是要去接納它、感受它的存在，如此才能慢慢地建立彼此的默契，知道並學習大自然的表達方式。如：

> 祖父還說：「學習是一個開始，接納是她（自然）接受你的第一步，對她有情感就是一種可能，就像你跟你的親密戀人談戀愛一樣……為什麼你會和妻子在一起，我相信你跟她第一次見面時沒有說過我愛你，但為什麼在一起？那是一種感覺，是有味道的，是你喜歡能接受的，就如我們面對自

然，我們試著跟她談戀愛，跟她擁抱，有一天她會對你說出我愛你。」（亞榮隆・撒可努，2011a：243）

　　大自然存在著許多的智慧等待我們去學習，如果能用心去體會、觀察就能獲得許多待人處世的知識與道理。當稻子結穗時，總是呈現向下彎腰的姿態，不為別的，只因結實纍纍而使得身體重量增加了；為了讓支撐身體的稻莖能在稻穗成熟前負苛各種可能的狀況，如風的吹襲，而選擇讓身體往下。這樣的生態智慧猶如俗語的「滿招損，謙受益」，讓稻莖往下生長，一則可以保護自己的安全，再者可以讓自己能多生長些稻穗。人的學習也是如此，用謙虛的態度來學習會讓對方感受到自己的學習意願，也能讓自己知道不足的地方。所以謙虛是用心學習的態度表現，更是學習的第二步。如：

　　　　（父親說）撒可努多細心的觀察，你會看到智慧和聞到經驗，累積後那就是你對待大自然和大地的生命觀，但謙虛和尊重是一切學習的開端。如果你要擁有自然的智慧，就要把他們當成自己的好友、投入感情、交流、互通，這是老人家常說的，智慧就必須經驗和試煉，要有豐收的獵物就必須更加熟悉與了解獵場及大自然。（亞榮隆・撒可努，2011a：274）

　　用接納的心、謙虛的心去學習觀察、體會大自然的奧秘，久而久之就會讓自己找回自己與生俱來的感覺，跟大自然的交通管道便自然的打開，便可以藉由身體的各種感官來大自然進行溝通、了解。如：

（父親說）多聽自己內在的聲音，你會聽到另一個指引自己的「你」，有時候常問自己，我能給別人的是什麼？因為那是能與別人共同分享的一種崇高美德和思維。相信自然的存在和真實感，有一天你會了解，聽得到、聞得到，懂得與自然和土地的交談，你便能找回那失去的能力，讓更多人相信。（亞榮隆・撒可努，2011a：274）

　　土地是大地之母，祂孕育了萬物，所以獵人必須與土地保持聯繫，其聯繫的方法是獵人用最原始、最真誠的方式來與自然、土地溝通，那就是用心去感覺、去體會、去觀察土地所散發出來的各類訊息。

　　獵人與大自然相處的最終目標是為了維持生態的平衡，而生態的平衡與否則是要靠獵人對大自然所散發訊息的了解。而如何藉由非語言的方式來與大自然進行溝通，最原始的方式則是由「心」出發，用「心」來接納自然並真實的感受它的存在，再用謙虛的態度來學習大自然的一切，並學會讓自己懂得狩獵時的「節制」。如此便能讓獵人自己與大自然和平相處，也能讓大自然生態維持平衡。

　　現代的生態失衡，主因是人們將與大自然的聯繫給切斷了，自己的心被蒙蔽了，不再聽取大自然給予的一切訊息，所以山川變了調、動植物絕種絕跡的危機頻傳、土石流的天災不斷等，都是大自然在傳遞土地怒吼的訊息：

　　　　對自然土地疏遠，對人事物追求反常，許多族人不再有與土地連結和自然呼應的能力，傳統能力盡失，文明取代一切，他們不再是能聽懂土地與自然語言的獵人。（張道藩，2009：63）

二、獵人的養成

依憂樹‧博伊哲努（浦忠勇）（1997：157-158）提到在鄒族中，狩獵的教育是由男子童年時開始，以實作的教育方式來進行。小孩要跟從父親或兄長到距離部落較近的山野去參與狩獵活動，小孩子可以從中學習到背負獵具上山、取火、夜宿山林等簡單的技能，待年紀稍長後就要學習獨自狩獵。在具備獵人的條件後，則必須去鍛鍊、學習有關狩獵的技能。獵人所必須擁有的技能則是做中學，而且從男子小時候就開始進行有關獵人條件的訓練，待成年後則是開始從狩獵中去學習相關的技能。獵人所要學習有關的狩獵內容，可以分成技能、獵物與態度三方面來探討。

（一）獵人的技能

1.學習分辨siliek（占卜鳥）的叫聲

在泰雅、鄒等族，進行狩獵時，會以某一種鳥的叫聲來判定吉凶，以決定狩獵的方向或狩獵是否繼續進行。如泰雅族的狩獵：

> 我大約在十四歲的時候與父親第一次正式上山打獵。在出發之前，我的父親很慎重地帶我到屋後的樹林裡聽siliek（占卜鳥）的叫聲。等待了片刻，我看見了一隻siliek啾地一聲從山徑的下方飛往山坡上的箭竹林裡，父親說這是好的預兆。（馬紹‧阿紀，1999：31）

2.了解夢境的涵義

獵人狩獵前及狩獵時所做的夢，代表著狩獵的吉凶與收成的多寡。設獵陷時，夢境如：

> 早上出發前，父親說：「今天一定會有獵物的，因為我夢見有人躺在草堆裡，那是一種暗示和夢占。」（亞榮隆‧撒可努，2011a：309）

3.提升環境的適應力

環境的變化與變遷是成為獵人所必須具備的能力之一，因為在山林裡進行狩獵，是必須能適應環境的任何改變，如光線的變化、多變的地形及彎曲的道路等，獵物不會因你看不見或無法跨越地形、迷路等因素而停下來等你。當一個獵人必須隨時訓練並提高自己的環境適應力，以應對任何突發的狀況。訓練環境適應力的方法，如：

> （亞榮隆‧撒可努說）「我們將白天走過的情景記憶在腦海裡，當黑夜來臨時，去熟悉黑夜，黑夜就成為我們的保護色，我可以清楚地從存檔的記憶中，找出走過的情景。這時你就能體會『善用記憶的能耐』，有時遠比紙張來得美麗和實際。」（張道藩，2009：54-55）

對於環境適應力的培養是一個獵人必須去自我鍛鍊的，但在訓練的同時獵人也必須知道處在任何不利的情況下，自我的應變方法：

（撒可努）他說：「黑夜雖然使我們視覺能力有限，但其他感官會變得很特別靈敏。一個森林警察要像獵人，隨時適應環境而改變。」（張道藩，2009：54-55）

獵人要提升自我環境的適應力，必須先從觀察、記憶環境開始，並用手的觸感加以輔助解讀大自然給予的訊息，讓自己能在最短的時間內熟悉的陌生環境，並進一步去與它溝通，順利的獵捕到獵物。如：

（父親說）觀察、洞悉、了解是獵人最基本的學習過程，善用這些特性去記憶每個時節，和季節在改變的景象，熟識後並且記憶，那是永遠確認不忘的標誌。而雙手的觸感可讓你感覺自然和大地的脈動。（亞榮隆・撒可努，2011a：273-274）

4.敏銳的觀察力

觀察力是一個獵人對環境與獵物的感知力，當獵人對環境或獵物能正確、快速的決定下一個步驟時，將使得獵人能洞燭先機且掌控整個場面，以避免讓自己陷入危難中。而敏銳觀察力的培養方法則與提升環境適應力一樣，必須從觀察、記憶環境開始，環境的適應力及觀察力並沒有先後順序的差別，但此二種能力對身為一個獵人而言卻是必須擁有的技能之一。觀察力的訓練方式，如：

（父親說）撒可努，善用你的記憶，去強迫記憶這裡一切的不同，樹木顏色的不一樣和氣味的感受，那都是判斷大

自然，且能將自己隱藏、定位在大自然裡的一門學問，轉換
記憶的習慣可養成敏銳的觀察力，敏銳的觀察力卻是判斷準
確與否的一種可能。（亞榮隆·撒可努，2011a：331）

　　觀察力除了運用於狩獵的環境及獵物外，對於環境中其他非狩
獵對象動物的出現也要特別留意去觀察，因為牠們可以告訴獵人許
多獵場裡的訊息。如：

　　　　以前的老獵人都知道，虎頭蜂窩在自己獵場出現的意
義。老人們常說：虎頭蜂多了，昆蟲的數量也跟著增加，昆
蟲多了，飛禽也一樣增加；虎頭蜂的出現，代表著附近會有
野蜂蜜的蜂巢，這表示這個獵場的樹果一定很多，也一樣會
引來很多的獵物。所以老人家說，虎頭蜂也會認人，牠們是
最好的守護員和獵場生態警訊的象徵。（亞榮隆·撒可努，
2011a：272）

　　虎頭蜂蜂巢所在的區域因著虎頭蜂的習性讓這個區域多出一條
食物鏈，而食物鏈的產生也讓這個獵場的生態有了不一樣的變化。
觀察敏銳的獵人如果知道這個食物鏈的關係，就可從虎頭蜂巢去得
知這個獵場中獵物的變化。而蜜蜂所採集的蜂蜜，也有透露著大自
然的訊息。如：

　　　　（父親說）蜜蜂依著季節的變化，四季所產的蜜都不
一樣，我們可以由蜜蜂採回的蜜去了解、判斷，現在什麼樣
的樹和植物在開花，進而了解樹什麼時候結果。當我們知道
樹開始結果成熟，獵物也會跟著來，野蜜蜂帶回的蜜可以更

清楚的讓我們知道，如何去掌握獵物的行蹤，但如果你不知
道蜂蜜裡的玄機，只知道好吃，就不會知道這微妙的關係。
（亞榮隆・撒可努，2011a：278）

大自然隨時隨地都在透露著許多的訊息，獵人必須用心去觀
察、體會大自然傳遞的消息，才能讓自己在每次的打獵中學到許多
的經驗、知識，也讓自己與大自然的溝通管道更加的多元化、溝通
能更順暢。這樣的道理，排灣族的老獵人該洋（撒可努的父親）已
體會出來並告訴撒可努說：

獵人不是只有用本來的智慧和聰明去獵取獵物，有時
候他們（大自然的動植物）是讓我們了解大自然重要的轉接
手，我們只是沒有相同的語言溝通而已，我們會欣賞和觀察
對方的行為模式，就是了解對方最好的方法。（亞榮隆・撒
可努，2011a：73）

5.設獵陷及捕捉動物的技術

巴蘇亞・博伊哲努（浦忠成）（1993：62-63）提到鄒族的狩
獵方法可以分成三類，分別為武器獵、陷獵及焚獵。狩獵所須用的
工具都必須由獵人自己來製造，如武器獵中會使用弓箭、刺槍或刀
等器具來獵捕大型的獵物，如山豬；陷獵則是製造陷阱、絞環或弓
陷機來捕捉獵物。因著不同類型的野獸而採用不同的陷阱，如絞環
使用的對象為行動輕捷的動物，如山羊、鹿等。如：

按照父親的經驗，那些沿著山坡通往遍生草莓、野果
的小徑，往往就是竹雞最愛走的路。他用樹枝擋住分岔的支

徑，留下通往設有活結圈套的小路。「陷阱」是利用竹枝彎垂的反彈力，先將一圈掛在竹片上的活結平衡地卡在小路中間，一切就等待過路的鳥獸陷進繩圈當中並推動卡楣……（馬紹‧阿紀，1999：73）

至於焚獵，則是一種團獵，在冬天時以放火燒山的方式逼出藏身於其中的動物，再由守候於各通道兩側的獵人以弓箭來射殺。

獵人在農閒的時刻是隨時都在做狩獵前的準備工作，如獵器的製作與修補，而不是在準備進行打獵前才開始。如：

早在那些陰雨不斷的冷天氣裡，我便常常見到父親蹲坐在火堆旁搓揉著一根又一根的細索；也因為這樣，常常讓我體認到狩獵的「開始」並不是在離開家門的那一刻，而是常常在生活的細節當中便能感受到的「準備」……當我看見父親那種不同於教書時的氣質，突然轉換成獵人的氣勢，總會讓我對他產生一股遙不可及的崇拜之意。（馬紹‧阿紀，1999：72）

設陷阱的方法及武器的製造都是獵人必須學習的技術之一，因為獵人無法空手與野獸搏鬥或捕捉獵物，必須藉助工具才能完成打獵的活動，因此獵人必須學會製作陷阱來捕獲獵物，更要有製作獵具的好手藝才能有事半功倍的效果。

獵人的技能從對大自然的適應力與觀察力、祖靈所給予有關狩獵的訊息，如鳥占、夢占等，到捕捉獵物的技能等，都一一的考驗著獵人對整個大自然事物的反應及覺知，唯有已具備一切基礎的獵人，才能有機會去捕獲獵獸。

（二）了解獵物

獵人想要捕捉獵物，就必須對獵物有一個概略性的認識，如此才能順利地獵到動物，否則只能以守株待兔的方式或憑藉著好運氣來獵取動物。而對獵物的了解則必須知道獵物的習性、足跡、排泄物與心態等，才能在對的時間、對的地點捕捉到正確的獵物。要認識獵物則可以從下列幾個方向來進行：

1.熟悉獵物的習性

習性是動物在山林間的生活方式，包括住的偏好、喜愛的食物、出沒的地點及食物的取得方式等。了解了獵物的習性，將有助於獵人在山林裡進行狩獵時能更加準確地獵取到所需的獵物。撒可努的父親對飛鼠的了解超越了其他的獵人，對飛鼠習性的描敘更有著原住民特有的幽默感：

> 父親曾在一次捕捉飛鼠時，向我表示：「兒子，你知道嗎？飛鼠也有分山地人和平地人。一般我們所看見全身灰棕色的飛鼠是住在地形比較低的地方；而身上帶灰黑色，身上和頭部都有白色斑點的飛鼠則住在較高的地方，冬天高山較缺乏食用的食物，在靠近山的稜線以下都會看得到牠們。住在高山的飛鼠又比灰棕色的飛鼠更笨，因為灰棕色的飛鼠早已學習到如何躲過獵人的追捕及與人的利害關係，因此才得以繁衍生存。」（亞榮隆・撒可努，2005：24）

又：

父親又說：「飛鼠是夜行動物，牠們常聚在一起研究
生存的法則，而逃生和躲過獵人的追捕是必修的學分，與獵
人鬥智則是更上一層的課程。」（亞榮隆‧撒可努，2005：
26-27）

　　撒可努的父親進一步的說明要了解獵物的習性很簡單，只要把
牠們視為人一樣來看待就可以了。因為當你將獵物等同為人時，就
會去分析牠的行為模式，也就更能掌握住牠的習慣；更進一步的把
自己想像成動物，去猜測獵物的想法、用意，就能知道獵物的生活
方式。如：

　　父親「獵人哲學」必修的課程：「把動物當成人看待，
把自己也想成是動物，你就會了解他們的習性，聽得懂他們
說的話。」（亞榮隆‧撒可努，2005：29）

2.學會分辨各種野獸的足跡及排泄物

　　我們在山上過了一夜，我父親只是教我設置陷阱，辨識
各種野獸的足跡，以及如何從林地上殘留的排泄物判斷野獸
的種類。（馬紹‧阿紀，1999：32）

　　分辨各種野獸的足跡及排泄物是了解獵物的一種直接觀察的方
式，藉由這樣的方法可以知道獵物出沒的地點、身體狀況等實際情
形，如此才能再進一步觀察獵物出沒的區域而進行設陷或獵捕等活
動。而這也是作為學習成為獵人最基本的技能之一。如：

「昨天山豬來過喔！」父親指著地上山豬留下的痕跡，「這隻山豬很大隻喔！」

「卡瑪你怎麼知道？」

「假使這隻是小山豬，他走過的草叢會留下像種地瓜的小小濠溝。我們要知道這隻山豬有多大，可以看地上留下的腳印，和他走過草叢後往西側斜倒的雜草有多寬，就知道這隻山豬是不是很大隻，是不是長得很肥。」

……

如果是母的，看看周圍有沒有小山豬的小蹄印跟著，有時候懷孕的母山豬在地上留下的痕跡，乳頭會特別清楚。有沒有懷孕的母山豬看地上留下的痕跡就知道，尤其是快要生產的時候，地上的腳印踩得特別深，躺下來休息的地方會重重留下痕跡，不管是從草叢還是泥濘的土地，都可以判斷得知。（亞榮隆‧撒可努，2011a：64-65）

3.了解動物的心態

動物在面對獵人的追捕時，總是會想辦法用盡最後一絲力氣來加以躲避，尤其是在面對生死關頭時，會以憐憫的方式來博取獵人的同情心，讓獵人鬆懈了警戒線再伺機逃走。如：

父親用他的解釋說道：「聰明的獵物總是會裝得很可憐，而讓你同情。當他看穿了你的心後，會讓你在沒有防備下，突然襲擊你，讓你受傷。（亞榮隆‧撒可努，2011a：301）

獵人在獵捕的過程中，必須隨時保有高度的警戒，以避免讓自己陷入危險的狀況中。因為獵物可能隨時隨地會利用各種可能來扭轉

劣勢，而反擊成功，這將使得獵人身陷危難中。所以在狩獵時，獵人必須果決、堅定的將所有的程序完成，也就是確認獵物已到手，再卸下高度的警戒心，猶如虎豹在追捕獵物時那種謹慎的態度。如：

> 老獵人有一句話是這樣子說的：「在獵人的刀還未插進獵物的身體時，牠的靈魂是決不會離開牠的身體。」在未離獵場，所有的獵物都會用牠最後的力量和智慧來抵抗，拿到牠失去的自由，要回牠能活動的空間。就如雲豹將牠的獵物撲倒時，很快的咬住對方的脖子到斷氣為止，之後才會將他的獵物叼起，這樣的過程，就是怕獵物會有任何的機會。
> （亞榮隆·撒可努，2011a：313）

對獵物的全盤的了解與認識，如習性、足跡、心態等，將有助於讓獵人更加容易的發現野獸的行蹤，進而成功的獵獲，以獲取好的經驗與享受族人讚美等。

（三）獵人狩獵時應有的態度

1.培養耐心並學會與寂寞、孤獨相處

獵物何時會出現，獵人並無法準確的得知，唯有靠著獵人熟悉動物的習性或發現獵物的踪蹤才能開始設陷或追捕。在狩獵的過程中，必須隨時要提高注意力及警覺性，時間可長可短。在這個等待過程中，獵人必須屏息以待，並讓自己隱身於自然中，與大自然合為一體，讓獵物們無法發現獵人的存在。在這樣的一個等待過程中，獵人必須學會等待，並享受過程中的寂寞與孤獨，否則身為獵人的壽命可能很短暫。因為在未享受狩獵成功的榮耀前，已被孤寂

的心情給打敗了。如：

> 父親說過一段很棒的獵人哲學，他說：「獵人的孤獨
> 和寂寞，是精神和力量最大的來源之處；兒子，你要學做一
> 個好的獵人，就要學會『等待』的耐性。」（亞榮隆・撒可
> 努，2005：34）

2.學會感恩與謙虛

獵人能捕獲獵物，是由於祖靈的協助及自己虛心學習的結果，
所以必須對祖靈及大自然表達感謝之意，以祈求下次的好運及獵
物。如：

> 父親告訴我：「這頭大山豬是牠們的勇士，如果不是先
> 踩到陷阱，傷了牠一隻腳，要我面對面跟牠格鬥，我未必是
> 牠的對手。」（亞榮隆・撒可努，2005：37）

再者，祖靈們不喜歡驕傲、自滿的獵人，因為獵人成功的狩獵
除了自身的準備與努力外，所依靠的是祖靈與大自然的賜予。所以
要想獲取獵物必須學會謙虛，而謙虛的心則會讓祖靈們願意來照顧
這樣的獵人，也會讓他從中學會更多大自然的智慧，否則驕傲自滿
必會慘遭失敗。如：

> （父親說）自然的土地和獵場有你學不完的智慧；謙卑
> 是獵人受祖先眷顧和自然授予的唯一方法。兒子要切記，祖
> 先會看的，他們會替你打成績、算分數的。（亞榮隆・撒可
> 努，2011a：260）

3.學會轉好念

每一次的狩獵，獵人們總是期待有好的收穫，但不是每次都能心想事成。失敗的打獵經驗，是每個獵人都必須經歷過的經驗，因為唯有嘗過苦澀、痛苦的失利後，才能珍惜與享受成功的美好。而在擁有成功前，獵人必須轉換自己悲傷、難過的心情並振奮鬥志、將心態調整成正向的、良好的階段，重新準備再出發並相信祖靈與大自然的安排；而不是被失望打敗而一蹶不振，更不是每天唉聲歎氣的等待下次的打獵。祖靈們希望原住民學習大自然動植物永不放棄的精神，因為瞬息萬變的自然界並不是人們所能掌控的，唯有用樂觀、正向的態度去面對大自然及祖靈的考驗，才能有勇氣及智慧去突破每道關卡：

> 失望是自然給耐心的考驗，如能將失望的心轉換成期待，就是獵人在得失間須學習的過程。（亞榮隆・撒可努，2011a：315）

獵人的養成可以從獵人的技能、對獵物的了解與認識及狩獵時應有的態度三方面來析論，一個獵人的養成不是只有打獵技能就可以擁有成功的狩獵經驗。因為獵人對於狩獵的態度，大自然、祖靈們及獵物們都能從獵人身上得知，所以獵人都必須有良好的態度去面對狩獵這件事，也才能獲得祖靈的庇佑而獲取獵物。

獵人對原住民而言並不是獲得動物性蛋白質這樣的一個簡單而表面的意義，它是一個男子學習與大自然交通的一個手段，更是找回人類最初、最重要的「心」的一個過程。唯有找出大自然賦予人類最原始的溝通方式，人類才能與大自然和平相處，並維持生態的

平衡。所以原住民的獵人是大自然的守護者更是一個平衡者，它與專業化、企業化的獵人是有所差別的。王嵩山（2010：67）認為專門化的獵人，是為著自己的利益來進行狩獵，這樣的獵人文化會引起群體間的的競爭，有時可能會引發戰爭，而促使自然資源的耗盡，因為同一區域的人類會相互奪取有限的同類資源。如石油，現今的世界各國無所不用其極去獲取石油，因為掌握大多數的石油，將使世界各國都必須看其臉色才能讓國家的經濟或生活所需正常運作。這樣的結果只會加速自然資源的耗損，而使得地球早日面臨無自然資源使用的窘境：

> （父親說）我為什麼一直不願放棄祖先留下來的那個狩獵文化，是因為我的信仰可以被改變，但是與自然連接的那個臍帶不能被剪掉。兒子你知道嗎？獵人由自然裡取得豐富的智慧，也傳達了自然和土地想轉達的符號和圖騰。獵人扮演的角色不是獵人字義上的解釋，而是超脫了獵人本身原有的價值和思維，他可以是自然的解讀者，也是外面世界進入自然的詮釋者和溝通者。這才是獵人必備的智慧和修養。兒子，如果你能體會而感受，你就能了解過去獵人是如何面對狩獵過程裡，豐富的經驗和智慧。獵人把狩獵過程，當作是一種修行和生命裡的哲學。（亞榮隆・撒可努，2011a：259）

原住民獵人的條件與養成，最終目的是為了與大自然進行溝通，維持生態平衡及自然資源的不匱乏。所以原住民的獵人文化對世界而言是一種很珍貴的資產，更是與大自然和諧相處的守則。原住民獵人的意義如：

「獵人」在排灣族語言裡指的是：「能聽懂得土地和自然語言的人，沒有自私和利益，最知道分享的人，是能力、武力、智慧、豐厚的象徵。所以，獵人真正的意義，不在狩獵，而是一個自然、土地的溝通者。」（張道藩，2009：61）

第二節　狩獵的規矩及其禁忌

原住民狩獵文化與祖靈信仰息息相關，為了與大自然和諧相處，及讓自然資源不斷滋養，於是原住民依照著歷代祖先的規定而有了狩獵的規矩；而為了避免觸犯祖靈或是破壞大自然的生態而有打獵的禁忌。規矩是積極性的規範，而禁忌則是一種消極性限制。本小節將從狩獵的規矩與禁忌來探討原住民的狩獵文化。

一、狩獵的規矩

（一）打獵的時機

1.入山的通知

撒可努小時候和父親進山打獵，到了獵場父親都會先對空鳴槍，告訴森林和動物他們來了，父親說：「我們是獵人，不是小偷，這是對動物和山的一種尊重。」（張道藩，2009：61）

原住民的獵人都有屬於自己的獵區，在自己的獵場裡打獵是一種正式且正當的活動，猶如在自己的田地上耕種一樣；而在進入獵場打獵時會先對空鳴槍告知林間的祖靈及獵物們，獵人將進行狩獵活動，這是對大自然萬物一種打招呼的方式。但獵槍的使用，據鈴木質（1992：178）的說法，原住民在清朝才會使用槍械，所以使用獵槍來告知獵人入山的通知，應該是在清朝乾隆末年才有的一種儀式。但在還沒有槍械前，是否有類似的入山通知儀式，目前則未有相關書籍中的資訊。

2.狩獵依著部落四季的作息而定

> 　　父親說：「我們山地人，從失去自己山林的那一刻開始，所有的一切也隨之改變。過去我們打獵是照著部落一年四季的作息，而不是天天打獵。」（亞榮隆・撒可努，2005：52-53）

　　原住民主要的生活方式為農耕，狩獵是附屬於農耕下的一種獲取生活所需的活動之一，所以原住民的生活仍以農耕為主，打獵為副。狩獵是依著日常生活所需，或是祭儀需要而上山去獵捕獵物，而不是每天上山打獵，更不是以狩獵為主要的生活方式，所以原住民不是專職的獵人而是大自然生態的守護者，因為原住民是在有需求時才會上山獵取動物，而不是像其他非原住民族的族人，如漢人等，以打獵維生將所獵獲的動物出售以換取貨幣。因著需求的不同、欲望的滿足與否，而使得職業獵人破壞了大自然的生態或是加速某些動物的滅絕等：

（父親說）如果我們每天打、每天獵，沒有節制的話，山羊會被打完的，就是因為山羊的地域性很強，他們不會亂跑，所以我們排灣都說山羊是「我們在養的」，如果我們把養的都吃完了，而沒有繼續繁殖，我們還能繼續吃到山羊的肉嗎？（亞榮隆・撒可努，2011a：94）

3.動物繁殖季不打獵

　　原住民的生活強調的是與大自然和諧相處，狩獵是為了生活所需，但必須在維持生態的平衡下進行。因著這樣的理念，原住民在動物的繁殖季節是不進行打獵的。如果在這樣的季節進行狩獵的活動，將使得大自然的孳息中斷，大自然的資源也會消失，而使生態發生失衡：

　　　　祖父也這樣說過：「如果每天都上山打獵，公的動物和母的動物不是就沒有時間談情做愛生小孩了嗎？」（亞榮隆・撒可努，2005：53）

（二）對待獵物的態度及方法

　　　　（父親說）兒子，我告訴你這些，是因為獵人對獵物的愛，也像我們對家人一樣，也應該享有同樣的尊重。（亞榮隆・撒可努，2011a：304）

1.為獵物祈福

　　人在面對死亡時會產生恐懼與不安，獵物因著獵人的捉捕，而想盡辦法擺脫死亡的追緝，獵物的心情也與人一樣有著害怕、緊

張。人在死亡前的彌留狀況，包含著許多的不捨與無奈，但在親人的安慰、承諾及陪伴下，卻能安心的嚥下最後一口氣，走完人生的最後一程。獵物在面對死亡時，也是有著這樣不安的心情，獵人因著自己的需求而必須去捕獲這些動物，在面對動物死亡時，倘若能用話語感謝獵物們的犧牲與成全，讓獵物們知道自己已完成此生的課題，並帶著獵人們的祝福，安心的前往下一個階段的處所：

> 最後，大公豬累了，父親亮起番刀，刀尖刺入他的心臟，大公豬用剩餘的力量作最後的反抗，父親雙手撫摸著大公豬，口中唸著：「謝謝你賜給我的家族，你身上的肉和那壯碩的後腿。我們會為你唱歌，希望下次你能夠跑得更快、更遠，增長你的智慧，躲過我的陷阱，去教導你的子孫和小孩。」（亞榮隆・撒可努，2005：36-37）

　　以人道的方式來對待獵物，可以讓人學會感恩與祝福，以科學的觀點來看，讓獵物走得安心沒有恐懼與憤怒，其所產生的毒素也會減少，讓食用的人們也能吃得較健康。以原住民的祖靈信仰觀念而言，對獵物死前的祝福與感恩也可以減少獵物怨氣的產生，讓族人們減少意外的發生，也能避免動物靈挾怨報復的事件發生：

> （父親說）打獵不是打好玩的，如果我們不能心懷尊重的去對待獵物，我相信自然會看穿我們，而那些未能被我們撫慰的獵物生命，將會創造任何的自然現象，帶給我們危險和報復。當個獵人，在結束獵物的生命時，必須代替獵物說出他對土地的不捨和眷戀。（亞榮隆・撒可努，2011a：318）

2.陪伴獵物走生命最後的一程

獵物因獵人的陪伴，在面對死亡時能將不安、害怕的心放下，安心且寧靜的走完生命的最後一程。獵人陪伴獵物的過程，其實是獵人在學習如何面對死亡及死亡時會有的感覺等，這些都是大自然在教導獵人該有的生活態度：

> 我看著父親手握起地上的泥土，揉搓在手上，輕輕的將泥土由手中吹出，細小如泥灰般的散落在山羊身上，之後，山羊睜大眼睛，短暫的抽搐幾下……父親將手按在山羊受傷的地方，輕輕的對著山羊說著話，至今我沒忘記，父親所說的那一些話：「我的兒子選中你，將你打下，我也讓他承擔你那死亡的恐懼和害怕，離開吧！不再依戀，沒有不捨，我將地下的泥土灑在你身上，如同你老死後將身體歸還大地，我祈求大地的允許，讓我們能享用你的身體，大地聽到你那停止的心跳，看到你最後抽搐的不願，我們將你的身體帶走，你的生命歸留大地，我們的感恩是高貴而榮耀。」（亞榮隆‧撒可努，2011a：318-319）

獵人將從獵物身上的學習成果運用在自己或親友身上，如何安撫亡者的心；面對獵物的死亡，獵人心靈上的衝突如何自我調適，這樣的學習過程及結果，將使得獵人在面對部落親友喪失親人時，該如何安慰、陪伴亡者的親屬走過悲傷與不捨，都能運用著其自身的類似經驗，來協助族人來面對死亡：

走進矮灌木叢裡，看著負傷倒下正抽搐的山羊，父親說：「看著山羊的眼神，盯著他，將你的手按在他的胸口，直到他心跳停止。」

我無奈的看著父親：「為什麼要我一同承擔山羊的死亡？」

之後父親說：「那是你的獵物，你有義務讓他在生命離開他的身體時，一同承擔他的痛苦，那是你對獵物生命的尊敬，和對他身體的感恩。」（亞榮隆・撒可努，2011a：317-318）

3.感謝祖靈的幫忙

在原住民的祖靈信仰觀念中，農作物能豐收、獵人能捕獲獵物，都是由於祖靈的協助及自己虛心學習、努力的結果，所以必須對祖靈及大自然表達感謝之意，以祈求下次的好運：

「我對著山豬說我們獵人家族對大自然循環感謝的話。兒子，」父親說著：「有一天你也會成一名好獵人，有一天當你要結束你獲取的獵物生命時，請讓他聽到你說的話，要感謝大自然和祖先，給你智慧和一雙很會跑的雙腳；讓你所獵獲的動物走得安心。」（亞榮隆・撒可努，2005：37）

4.處理獵物的方法

獵人能捕獲獵物除了自己的努力外，更重要的是祖靈的保佑，但對獵物已開始腐化時，獵人更必須小心謹慎的處理，因為這是祖靈所賜予的。獵物因著腐敗的狀況而有不同的處理方式，所以首先要確認其腐壞的狀況，其方法為：

（父親說）如果獵到的獵物已開始有腐味，這時候全憑獵人的經驗，決定是否還能再食用。第一個步驟要看獵物身上的毛，是不是已經開始脫落，假使獵物身上的毛用手拔不下來，那獵物就還是新鮮的；如果用手就能將皮毛拔開，那就是獵物死了一陣子。此外，也可以憑下刀剖肚時沖出的體味，來決定是否可以食物。最後決定是否可以食用的最後步驟，就是切開心臟看看獵物的新鮮度。（亞榮隆‧撒可努，2011a：269-270）

獵物新鮮與否可由其皮毛及其內臟來判定，可以食用的部分獵人必須加快腳步將獵物作適當的處理，以防止其再腐敗下去；如果已無法食用或做成獸衣，則必須對祖靈及獵物們表達自己的感謝及祝福：

（父親說）所有獵物，由新鮮到腐敗或是化為泥土，獵人都必須要心存感恩。因為那是土地和自然給的恩典，上帝在看，祖先也在看，你會怎樣去對待牠所賜予的獵物。獵物化為泥土時，我們不能棄之不理，必須對牠死去的靈有所交代。以前我跟老獵人上山時，印象深刻的是，老獵人會在獵物腐化的地上劃一個圈，口中念念有詞的說：「大地、自然泥土要走了你的身體，地上劃圈的範圍是你的全身，這裡已是你安眠的地方，我未能帶走你身上的肉體是我的遺憾，當你在此結束最後的生命時，我彷彿也聆聽到你的不捨，走吧、走吧，離開吧，雨季來臨後，化為泥土的身體，將永遠的被大地所榮耀而接納。」（亞榮隆‧撒可努，2011a：269）

原住民狩獵時對待獵物的方法與態度與一般的職業獵人有所不同，如陪伴獵物走向生命的最後一程、為獵物祈福等，原住民是用人道的方式來對待獵物，將獵物等同於人，並感謝獵物的犧牲及祖靈的協助等，在在都對大自然充滿了感恩的心。所以原住民在進行打獵時，只取自己所需的量而不會貪心，也因著原住民能隨時懷著感恩的心來對待大自然的一切，所以不會讓物質的享受操控著自己的慾望，而是讓自己豐富的心靈降低對物質的欲望，因此原住民一如往常到哪都表現出其樂天知命的態度。

　　以尊敬生命的態度來對待獵物，讓大自然及祖靈知道獵人對狩獵活動的重視與尊重，才能讓祖靈賜予更多的獵物到獵人的獵場：

> 　　父親說：「我們是獵人家族，有獵人的規範，對生命尊重，祖先才會給你更多的獵物；如果你對大自然不敬，不依循著獵人對自然的法則，動物就不會再到你的獵場奔跑、跳躍、追逐。」（亞榮隆・撒可努，2005：37）

（三）獵人的默契

1.為下一個到來的獵人準備所需

　　工寮是獵人上山打獵時所能棲身休息的一個臨時處所；柴火是獵人一年四季上山狩獵時保持體溫的一種工具。不論是工寮或是柴火都是獵人們保持體溫或恢復體力最基本的方法：

> 　　（父親說）尤其是一個人獨自在獵場，到了一定點，休息柴火的準備是獵人永遠最基本的觀念，這是絕對能讓人保

持體溫的最好方法，也是所有獵人共有的智慧和經驗。（亞榮隆・撒可努，2011a：255）

獵人在山上必須要靠著自己的經驗及智慧來面對大自然的各種考驗，最重要的是要能了解自己的體力，而維持體力的方法是要將體溫維持在一個水平的溫度。同時，獵人也必須克服自己心理上的一些難題，如孤獨感、害怕等，這些都要靠著獵人的信仰來建立自信：

> （父親說）當我一個人在山上的時候，我心裡想的是你們和你們的母親。我一個人在這裡，發生了什麼事，沒有人能幫解困，能救我的就只有自己……對自然現象有所敬畏和尊重，都是我跟自然學習而得知的生命價值觀。這麼久了，你們也都長大了，我要說的是，讓自己孤獨的害怕和對家人的擔心，能透過對祖先和上帝的祈求和禱告，而得到期盼和等待的平衡。（亞榮隆・撒可努，2011a：78）

休息和柴火對上山打獵的獵人而言是維持體力的重要方法，因此獵人在山上時，除了要能照顧自己外，在離開時也要能為下一個到來的獵人準備所需的柴火，這是原住民獵人一種互助的默契：

> 記起撒可努的父親說過：「當個獵人講究的就是信用和默契，在山上工寮如果我們使用了別人準備的乾柴，也要懂得為下一個人準備，因為在山上時沒有人能幫你。對彼此的照應，是獵人延續生命及家人希望的準則，和所有獵人的共知規章。」（張道藩，2009：83-84）

2.為上山的獵人帶訊息

獵人在獵場相遇時，回程的獵人要詢問上山的獵人到何處狩獵，因為原住民的男子要出門狩獵時，不可告訴家人或是家人也不可以詢問有關打獵的一些事項，如要到山林裡的哪一個地方打獵、上山想要去獲取什麼樣的獵物等，這些都是狩獵的禁忌。如果觸犯這類的禁忌，將會使得獵人遭遇不幸。因此，只能靠著相遇的獵人來傳遞彼此有關打獵的消息：

> 父親才向我解釋說：「過去如果回程的獵人碰到正要上山的獵人，都會問他們要到那裡去，能不能讓他們知道？這是排灣族獵人在獵場碰到同伴的禮貌，也是藉此請回程的獵人帶回訊息給家人，讓家人不用擔心的方法。如果山上的獵人發生事情，在預定的時間內沒有下山，回程的獵人就會帶著我們的家人，到先前我們對他說過的地方找我們。在山上，如果你自己一個人，沒有人會幫你，但如果在中途遇見其他獵人，你一定要讓他知道你會在那裡活動，如果真的發生事情，他們會是山上引路的人，讓我們的家人能放心。」
> （亞榮隆‧撒可努，2011a：286-287）

3.分享

獵人狩獵有收穫時，會將獵物用火烘乾成肉乾，放一些在工寮內，跟其他到來的獵人一起分享自己的好運；如在回程中遇到其他的獵人，則必須分享一些獵物贈予偶遇的獵人：

「在我們那個時候，也是有男人不會打獵的，只是那樣就會被人說——像女人一樣。現在的年輕人即使上山打獵，也不像我們當時那樣遵守『習俗』（泰雅語稱作gaga）。以前的人，獵到的山肉都是要和族人分享的，甚至遇見的路人都要讓他分享。現在的年輕人都把獵物藏起來了。」（老獵人回答）（馬紹‧阿紀，1999：56）

獵人的默契，是獵人彼此相互運用同理心的態度，去為下一個到來的獵人設想，因此在離開時會幫忙準備獵人所需的木材、為偶遇的獵人捎消息給他的家人、與獵人分享獵物等，是一種自發性的設想，久而久之就形成了這樣的默契。

（四）鳥占

獵人不論在狩獵前或是打獵的進行中，如果出現了占卜鳥的叫聲及飛行的方向，獵人要能聽懂、看懂占卜鳥所呈現的吉凶，以決定是否繼續進行獵捕的活動：

在獵團出發狩獵之前，siliek（占卜鳥）的叫聲可以決定整個狩獵行動的凶或吉，因此不論是在出發前，或是在山林裡狩獵的過程必須留意siliek的叫聲所表示的訊息。若是聽見siliek了急促的叫聲，則表示有凶險；若是聽見長聲，則為吉象，表示狩獵將會順利。（馬紹‧阿紀，1999：43-44）

（五）升火迎接獵人的歸來

獵人完成狩獵活動要進入部落前，會用部落的方式來告知獵人或獵團即將返回，其中布農族使用鳴槍的方式，因著槍響次數而有

不同的意義，如一聲表示捕獲山豬、二聲代表捕捉到山鹿：

> 返回部落之前，我興奮地在部落外圍，帶領其他獵人對
> 空鳴槍兩次，除了告知家人，獵團平安歸來之外，更提前發
> 布獵隊捕獲獵物數量的信息。響徹雲霄的槍聲，不但消除了
> 家人提心吊膽的盼望之外，也宣告著我們必將戰勝今年的寒
> 冬。（霍斯陸曼・伐伐，2003：157）

當部落的族人接收到獵人所發出的回家訊息時，族人必須要升
火準備迎接獵人，並與獵人一起慶祝豐收：

> 從小，我經常看見大人們在秋天帶著獵槍和獵犬進入山
> 林裡狩獵。隔些時日，便會聽見他們從不遠的山林裡發出歸
> 來的訊息，以藉此通知族人們預先升火，準備迎接他們平安
> 帶回來的豐盛的獵物。（馬紹・阿紀，1999：27）

（六）獵人轉變好運的方法

> 祖父說：「當個獵人如果到了一個年紀，一直沒有再
> 打到獵物，就要知道自己的機會和運氣已經快要用完了。機
> 會和運氣的多少，在於你與大自然相互尊敬後的被給予。貪
> 心沒有節制、不知道分享的獵人，雖然每次都有滿滿的獵物
> 回來，但年老時就會發生很多不好的意外，甚至沒有孩子傳
> 承。」（亞榮隆・撒可努，2011a：339-340）

當獵人的好運及機會用光而獵不到獵物時，就必須想辦法讓
好運再度回到自己的身上。排灣族的獵人則是借用自己VuVu（孫

子）的好運來改變自己的運氣：

> （祖父說）所以，很多老獵人為什麼喜歡帶著照顧他的
> VuVu（孫子）去打獵，這是因為他相信，他可以借到VuVu
> 的機會和運氣，尤其在抱小孩時，若有吐奶和尿尿的情況發
> 生，老獵人們認為，明天到獵場會打到母獵物和公獵物；如
> 果小VuVu的阿里起（生殖器）尿完後，一直翹翹的，便會
> 打到公獵物；若是三更半夜一直哭一直叫，就表示夾到了獵
> 物快要跑掉了，要獵人快點去看一看；如果沒有吵鬧一直
> 睡覺，又一直吃奶，就是沒有獵物象徵。如果我的VuVu生
> 病，感冒一直打噴嚏，那是危險和禁忌的警告。所以有很多
> 老人家很喜歡挑逗小VuVu的阿里起，原因就是要跟他的小
> VuVu借運氣，看明天會不會有獵物。這是我們排灣人一直
> 相信的習俗。（亞榮隆・撒可努，2011a：340）

　　狩獵的規矩不論是打獵的時機、對獵物的方法與態度、獵人默
契的建立、迎接獵人歸來的方式等規定，都是為了讓狩獵能順利的
進行、獵人能平安的歸來及能有豐收的獵物等，然而一切規則都是
以能和大自然和諧相處而形成的。

二、狩獵的禁忌

（一）不可有打噴嚏、放屁或詢問有關狩獵的事項發生

> 　　母親淡然帶著笑意回應我的問題，說道：「喔，不要
> 誤會你父親，你父親顧慮你們還小，怕跟你們說之後，剛好

你們在他面前放屁、打噴嚏或是問你爸爸說你要打什麼動物？要打幾隻回來？或是你們父親要出門哭哭啼啼捨不得他離開，這些行為對獵人來說都是Samu（禁忌），所以，為了求得自身安全跟bahi（好運），你父親乾脆都不要跟你們說。」（伊書兒‧法林基楠，2010：173）

在進行狩獵活動前，在獵人面前打噴嚏、放屁或是詢問有關狩獵活動的地點或是獵物的種類等，對獵人而言是不吉利的，所以獵人出發進行打獵活動前，這些動作被禁止發生，以免影響狩獵活動的進行或是獵獲的成果。霍斯路曼‧伐伐（2003）提到因為屁的味道對原住民而言代表不衛生，放屁會引起長老不高興，這樣是不孝順的行為，所以放屁對原住民的狩獵或是重大祭典的舉行是一種禁忌。在活動進行中，打噴嚏或放屁都不可以發生，如果有就表示這次的狩獵活動是不被祖靈所允許，所以必須停止這個活動。如果在途中有看見蛇或是老鼠這些代表不吉利的動物，也必須立刻取消這個活動，因為蛇的皮滑溜溜的，暗示如果進行打獵會讓獵物溜走。

（二）禁止接觸女性專屬的器物、工作或是區域

原住民對於狩獵一事很謹慎小心，猶如原住民女生對於織布一事，狩獵與織布是原住民男女表現其才能的活動，也是其長大成人的一種關鍵，因此在狩獵與織布上都有著不讓異性接觸彼此工具或活動的禁忌。如織布：

獵人永不可以接觸正在織布的女人、織布以及織布的工具。（奧威尼‧卡露斯盎，2006：112）

又如織布所需的材料苧麻，從整地、耕種到收成，都必須由女生來進行；倘若有男生幫忙或是進入種植苧麻的田地，則男子在進行狩獵時有危險發生，而女生所種的苧麻則會長不大，或所織的布會不漂亮等不好的事發生：

> 瓦郁要求能夠開墾一部分的斜坡，作為她種植苧麻的田地。因為種麻是屬於婦女的工作，我是不能參與的，不然她種下的苧麻會不容易長大；而且我若是因此觸犯了禁忌，也會在打獵的時候發生危險。（馬紹・阿紀，1999：42）

（三）切勿驕傲自大

獵人因捕獲獵物而欣喜或是自滿，是祖靈所不喜歡看到的態度。倘若因此而覺得自己很會打獵，會遭到祖靈的懲罰而無法捕捉到獵物：

> 在部落裡，狩獵經驗豐富的老人們都認為，若是第一次打獵就能獵獲大型的動物，反而比捕獲小型動物的心情更要謹慎。通常，遇到這樣的情形，同行的長輩便會說：「第一次就打到大型的獵物，以後一定不會打到更多野獸。」這樣說的用意是要防範山林裡的野獸知道又出現了一位優秀的獵手，而逃逸至遠方，影響其他人的獵獲量，當然主要的用意是不希望新進的獵人因為獵獲大型的動物而驕傲自大，因這樣很容易受utux（祖靈）的忌妒，使他不再受到保護而無法再捕獲獵物。（馬紹・阿紀，1999：32）

（四）不能對獵物表現同情

在獵捕動物的過程中，獵人必須收起對獵物的同情心，除了懷孕或是年紀尚小的動物外，因為這是獵人所須學習對大自然生態平衡的一種態度及方式，或許過程中會有些殘忍，但這是大自然及祖靈對獵人一種的磨練，是一種勇氣的訓練、更是一種忍耐度的培養：

> 記得父親曾經告誡我：「獵人不能對陷阱裡的獵物表示同情之意，否則將很難再捕獲獵物。」（馬紹·阿紀，1999：77）

（五）禁忌抱怨

獵人在一般人的眼裡是對動物進行獵捕活動的人，但獵人對原住民的意義卻是有其更深的意涵，因為大自然及祖靈希望原住民從打獵的過程中學習分享、服務的精神，所以狩獵活動是獵人替族人或家人服務的一種犧牲奉獻的活動，並從中去鍛鍊自我的勇氣、體力及耐力的一種方式：

> （父親說）傳統裡的獵人，排灣族人說是「ㄷㄛ那ㄷㄛ那差」，意思就是說，替部落族人付出，用生命去交換，到獵場背負獵物回來的人。（亞榮隆·撒可努，2011a：82）

因為打獵是一種服務與分享的訓練，所以在狩獵活動的進行及獵物的分享上，必須用正向的思考去為族人或家人進行服務，所以過程中禁止有自私的想法或抱怨的行為出現。如果有這些不恰當的想法或行為出現時，祖靈會對這樣的獵人進行懲罰，如獵不到獵物等：

父親告訴我說：「老人家曾說過，獵到獵物的獵人不能
自私和埋怨。如果獵人有『獵到獵物是我一個人背回來的，
我又為什麼要把獵物讓別人共享』的想法，我們的祖先就不
會讓他再獵到獵物，因為他很自私只想獨享，獵人獵獲獵物
那是祖先給他的，要獵人把獵物帶回去給其他人共享，因為
獵人只能擁有別人給你的榮耀。因為部落有你這樣的獵人，
我們才能彼此分享，我們的心才能連結一起。」（亞榮隆‧
撒可努，2011a：81-82）

（六）不可進入他人的獵場

在原住民各族中，每個獵人都有屬於他自己的獵場，每個獵人
只能在自己的獵場中進行打獵活動，尤其是嚴格禁止到他人的獵場
狩獵。如果獵物不小心跑進別人的獵場，那麼獵人也就必須放棄這
個獵物，因為已經超越了自己的獵場。倘若獵人闖入別人的獵場，
是會受到嚴重的懲罰，因為這樣的行為有如現今法令中的竊盜罪，
在泰雅族中最重的懲罰是斬首：

事實上，在遼遠的山林裡，的確蘊藏著許多的飛禽走
獸，但是在各個族群與聚落之間，彼此都清楚地劃分了屬於
各自的獵區。所有泰雅的獵人都要遵循這樣的獵場法則，否
則一旦誤闖入了不屬於自己的獵區裡，便有可能會因為觸犯
竊盜的禁忌而遭受他族的獵人攻擊或斬首的處分。因此，即
使是行將到手的獵物，一旦逃進了別人的獵場，也就只能眼
睜睜地看著牠越逃越遠了。（馬紹‧阿紀，1999：28）

（七）被獵物挖出或拉出的獵陷

獵陷的擺放除了考量獵物的生活方式及其特殊的癖好外，最重要的是不能讓獵物藉由氣味來發現獵陷的所在。如果有這樣的事情發生，表示獵人對於狩獵的態度不夠謹慎，對於打獵一事更是抱持著簡單、隨便的心態。被獵物挖出來的獵具不能繼續使用，必須先請巫師對該獵陷進行除咒儀式，否則使用這個獵具的獵人是沒有辦法捕獲獵物的：

> （父親說）過去如果我們聽到老人說，我們的獵陷被山豬、山羊挖出來、拉出來後，就不能繼續再使用那個獵陷。必須在休獵時拿回獵寮掛在火塘上燻，去味。等其他的獵陷打到大型的獵物時，再一起帶回部落，請不零傲（巫士）把利洗（除咒），讓獵物踩到獵陷，獵陷埋在地底時，讓獵物聞不到獵陷的味道，最後巫士在獵陷上賦予不再被詛咒的儀詞，我們才能再把獵陷帶回獵場。如果沒有這個過程，你會一輩子都獵不到獵物。（亞榮隆・撒可努，2010a：112）

（八）其他

因各族區域性的不同、祖先的訓示或散文中的所描述等因素，因此原住民各族於狩獵的禁忌上有些許的差異。如泰雅族：

> 烏敏話題一起，欲罷不能。獵人除了基本的知識及多樣的技能外，還必須遵守族群傳統打獵的規範及倫理，才會有好的收穫，也才是好的獵人。什麼規範？不可擅闖別人的獵場，不可影響他人的陷阱及器具，不要任意砍樹、砍草與

燒火，以免影響野生動物活動，不打未成年的小動物，動物
生殖期不出獵。聽他這麼說，我們的祖先打獵還是很有原則
的，用現在流行的話來講就是：很環保，很有生態智慧哩！
（啟明‧拉瓦，2005：44）

布農族的禁忌，如掃地、織布、耕種、吃大蒜、洗衣、借火種
等，觸犯這些禁忌都可能使得家中的獵人發生不幸：

> 狩獵行為是族人向天神祈求食物的祭典儀式，因此狩獵
> 的結果不能光靠獵團成員的能力，家人的行為亦與獵人的安
> 全、高獵獲量有著重要的關係。
> 居家的族人必須從決定出獵之日起，謹慎地遵守「狩
> 獵禁忌」，直到獵人平安歸來為止。期間，家人不能掃地，
> 否則獵物會像垃圾般地棄於屋外；不能織布，因為織布器的
> 「咚！咚！」聲會嚇跑獵物；不能到耕地工作，因為用鋤挖
> 地時，泥中腐爛的雜草會發出惡臭，代表著捕獵的獵物容易
> 腐爛而不能食用；不能吃大蒜、不能洗衣服、不能借火種給
> 別人，觸犯這些禁忌，都會讓山中的獵人射不中獵物，空手
> 而返。獵人入山之後，若家中有人不幸死亡，必須立即派人
> 叫他返家，否則獵人會在狩獵期間發生意外，暴斃山林。
> （霍斯陸曼‧伐伐，2003：156）

在魯凱族的狩獵活動中，倘若有親人過世，獵人不可中止活動
而回部落參加喪禮：

獵人的家族，去打獵期間，部落中若有死亡，即使是親戚，永不可以參加喪禮……這種嚴禁的忌諱，本人倒是還沒有問出所以然來，只知道如果一個男人違背這個禁忌，不僅永遠見不到動物，還有可能要受到天譴而生命不保。由此可見，祖先對獵人祭和獵人所設定的意義之重要性和神聖性。

（奧威尼‧卡露斯盎，2006：112）

原住民狩獵的規矩及禁忌都是為了讓獵人與大自然和平共處，基於這樣的原則而發展出獵人對待自然及獵物應有的態度，如入山打獵的通知、陪伴獵物走人生的最後一程、不在繁殖季狩獵等；為了讓獵人打獵活動能順利進行而有了禁忌的產生，如打噴嚏、放屁、不觸摸女人專屬的器物等。

原住民為了部落祭儀所需的祭物及補充生活中身體所需的動物性蛋白質而進行狩獵，但是在打獵的過程中充滿了許多的不確性及危險。也為了能讓獵物能源源不絕，因此必須尋求祖靈的庇佑，以致祖靈信仰是狩獵文化的「終極信仰」。狩獵文化的「觀念系統」因著祖靈及大自然的生態規則而產生；而狩獵文化的「規範系統」則是從狩獵的規矩中來呈現，因為生態保持平衡才能讓原住民世代的子孫都能進行狩獵活動，而且能讓狩獵活動順利並獵捕到獵物，如進行狩獵前或狩獵進行中的鳥占活動、狩獵的時節等；而狩獵文化中的「行動系統」就是獵人的條件與養成、狩獵的禁忌；至於狩獵文化在「表現系統」中的呈現則是無，因為表現系統是指用一種感性的方式來呈現其文化，如藝術品、文學，原住民是沒有文字的族群，所以沒有狩獵相關的記載；狩獵的藝術表現則是將獵物的牙齒、羽毛作為飾物來代表獵人的成就，這個部分將在第七章來探討，所以狩獵文化在「表現系統」這個部分是空白的。以上所提及

的原住民文化中的狩獵文化在氣化觀型文化（泛氣化觀型文化）所歸屬的地位，則可用下圖來呈現其關係及脈絡：

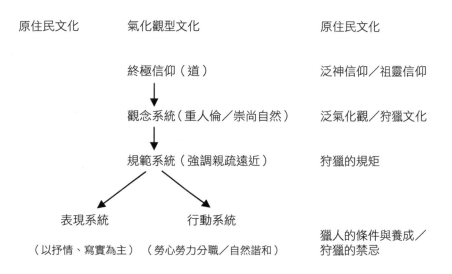

原住民文化　　　氣化觀型文化　　　　　　　原住民文化

終極信仰（道）　　　　　泛神信仰／祖靈信仰

觀念系統（重人倫／崇尚自然）　泛氣化觀／狩獵文化

規範系統（強調親疏遠近）　　狩獵的規矩

表現系統　　　　　　行動系統

（以抒情、寫實為主）　（勞心勞力分職／自然諧和）　獵人的條件與養成／
　　　　　　　　　　　　　　　　　　　　狩獵的禁忌

圖6-2-1　原住民狩獵文化與氣化觀型文化的關係圖

第三節　獵人學校的期待

　　小男孩要離開父母開始學習成為一個真正社會化的大男人，就必須經過一項儀式，所以祖先設定每年收完小米之後的下一個月圓，也就是八月中旬設定為獵人祭，就像我們現代人入學時的開學典禮，每一個身為男性，生命禮俗獵人祭是重要的一環，因為即將要一輩子以狩獵的精神尋求人生

的目標和生命價值。（奧威尼‧卡露斯盎，2006：112）

　　狩獵對原住民男子象徵的意義遠大於捕獲獵物，因為狩獵對於原住民男子而言是一個成年的儀式，從今天起要學會一個成年人要做的事，如打獵、飲酒的禮儀等，更重要的是要負擔起家庭的重擔、學習為部落服務。但在歷經各個階段政府的統治下，山林不再是原住民自主的生活空間。在西方國家及漢人未來到臺灣前，山林歸屬原住民所有，原住民以祖靈為終極信仰的對象，在山林間生活並與大自然和諧相處；雖然現在的原住民仍生活在山林間，卻無法依著傳統的生活方式來過活，而必須遠走他鄉去做出賣勞力的工作，因此導致原住民文化慢慢的消失中。

　　環境是一個族群的生活空間，也是文化的創造地，原住民失去了賴依生存的山林，文化也因而慢慢的凋零：

　　　老莫觀察後體會出，空間、環境是一個民族文化得以形成的條件，原住民因空間、環境變遷，而失去文化。（張道藩，2009：68）

　　因著空間擁有權的喪失，原住民文化也在消失中。原住民文化的獨特性在於它對地球的永續經營的理念，及其對環境保護的觀點；在西方資本主義將大自然的資源耗用殆盡的今日，在許多動植物瀕臨絕種的時代裡，原住民的狩獵文化能有助於現代失衡的大自然生態。而獵人文化的再現，則必須仰賴原住民恢復祖先流傳下來的狩獵活動，讓原住民能從大自然中學習正確的生活態度、人生道理或是智慧，並將其與大自然和平相處的觀念分享給居住在臺灣的各類族群，更進一步的發揚到全世界：

獵人學校正是文化接軌延續的地方，有了獵人學校，文化傳統的根才能延伸，更進而了解文化差異，尊重自己的文化，也吸取別人的文化。重新學習老祖先留下的智慧，更接近大自然最前哨。（張道藩，2009：68）

撒可努從父親身上看到並學到祖先們傳承下來有關狩獵的智慧與經驗，他發現這些原住民的文化並未在課本中出現，其他族群也沒有類似的文化。因此，撒可努想用原住民的傳統教學方式——做中學，保存、發揚自己的文化：

　　童年時，撒可努父親有感而發對他說，為什麼他們不能有自己的學校，來教育自己的孩子？多年後，他去思索那段話的意涵，平地學校教育，真的沒有把他們教得更愛自己的文化和傳統。（張道藩，2009：62-63）

張道藩（2009：68）提到撒可努的獵人學校雖然目前還沒有實體的校舍，但撒可努卻已開始舉辦各種相關的教學活動，讓原住民及與他有相同理念的人一起為現今的生態努力，更為了保存原住民的文化，如到部落做生活體驗。撒可努獵人學校的教育理念為：

　　（撒可努）他一直希望用自己的方式和思維行為去教授、傳達屬於族人的價值，他認為原住民原本的價值是美麗的、漂亮的，卻在失衡年代中被顛覆，被取代。他要找回部落流失的價值，傳統、自然、文明的美。他透過恢復祭儀，找回儀式，重新復原傳統文化背後的意義。（張道藩，2009：66）

傳統的獵人是從大自然中去觀察、思考大自然的一切現況，也就是用心思去找出脈絡來與大自然萬物和平相處；並從狩獵中學習感恩、謙虛及轉念的態度，也從獵物身上獲得許多的人生道理。這些都是大自然所給予的，雖然大自然不會說話，但卻用了各種方式來告訴我們人類這些道理。然而，在國家法令下將林場的土地收歸國本，再加上資本主義及貨幣政策前進原住民部落後，原住民的生活變了調：

　　　　當小小的雜貨店持續收回族人的健康與財富，部落卻愈來愈衰弱與貧困。當貨幣物質的慾望陸續膨脹族人的眼睛，部落的心靈卻一寸寸萎縮。（柳翱，1990：24）

　　原住民的生活沒有了依歸、部落的約束力不再，而使得原住民優良的傳統文化也逐漸的瓦解了。要將原住民的文化再找回來，第一件要做的事是改變原住民人的態度，也就是讓原住民找回屬於自己的生命價值：

　　　　撒可努一直認為，光找回原住民語言、服飾、文化圖騰是不夠的。必須要改變部落裡面「人」的生活態度，必須重新找回排灣族人的價值，去理解文化內在涵養和精神，部落才有可能改變。（張道藩，2009：66）

　　找回了原住民的生命價值，也等同找回了原住民的自尊，讓原住民不再因自己的身分是原住民而自卑，有了自信的原住民也就能開始思考自己的文化。讓原住民知道自己傳統的文化是現今世界的一道曙光，尤其是獵人文化對大自然生態的平衡：

當政府在提倡環保及注重生態資源時，卻忘了原住民在老祖先流傳下來的觀念裡，所有的事物都有生命，應該以平等及人性化的對待，尊重生態老早就是我們生活的一部分。（亞榮隆・撒可努，2005：52）

　　世界在資本主義的盛行下，人們對自我約束的力量已愈來愈薄弱，連帶也使得道德觀退化、生活態度變消極；原住民的獵人文化可以讓人們從大自然中去學習該有的生活態度及人生道理，獵人文化更可以讓現今的自然生態以自己的力量來進行修復，讓大自然能永續經營下去：

　　　　（父親說）山跟人一樣，也要休息、睡覺，累的時候還會打瞌睡。我們不能吵它、打擾它，人生病的時候，大自然的一切就會幫它復原。（亞榮隆・撒可努，2005：54）

　　對獵人學校的期待可以從生態平衡及大自然的道理二方面來述說，讓大自然藉由自己的力量來為失衡的生態進行修復；讓大自然的道理匡正社會中因資本主義而失落的包容與謙虛的態度，更為人們找尋一個心靈上的依歸：

（一）大自然的道理

1.包容、謙虛的個性

　　　　山林是延續獵人生命的源頭，唯有了解動物的生息，才能掌握自然的生存法則。（亞榮隆・撒可努，2005：29）

大自然的萬物存在著許多的道理，唯有用心去觀察、體會，才能了解大自然所要教授給我們的道理，並從中學習與大自然及族人和平共處。資本主義的盛行，讓人們追逐物欲的享受，以致形成現今冷漠的社會現象，再加上道德感的式微，因著人們對他人的包容性不夠大及其驕傲、自掃門前雪的心態，而讓社會中人們的互動愈來愈冷漠。因此，期待獵人文化能在全臺各地開花結果，讓人們從大自然中去學習人生的基本態度——包容與謙虛。

　　大自然無時無刻都在教導著我們一些道理，在泰雅人的觀念中，大自然中蘊含著許多的生存之道：

　　　　在老泰雅的觀念認為，人與大自然是並存的，從大自然可以學到生存之道，也可以學到大自然的深奧、包容、謙虛的個性。（柳翔，1990：62）

　　大自然供給人類所需，但卻不居功、也不求回報的謙虛態度，是大自然給予萬物的一種模範；人們對大自然的需求是那麼繁瑣，有時更因為貪婪而過度要求，但大自然卻一再的包容著我們。董恕明（2003：177）也認為在這個時代，生活的態度是要從自然中學習，並謙遜的面對自我的生活，這樣的態度是秉持著「人要與自然為善」的原則，這樣的生活方式或許不是主流，但對原住民而言卻是與生俱來的一種生活方式與態度。

　　從大自然的付出中，包容與謙虛是我們必須要學習且了解的，更重要的是這樣的態度更可以讓我們在瞬息萬變世界中，找到生存之道，或許當中會有許多的掙扎。但在道德淪喪與人情日益冷淡的現代，卻是一帖可以讓人化解紛爭、融化冷漠的處方。大自然的好，原住民的祖先早已知曉，所以原住民從小便在自然中學習：

童年時代，一如所有的部落少年，各自擁有一片森林，在森林中俯察日升月落，在大自然的遞變裡，學習廣袤的包容與同情。（柳翱，1990：25）

因為傳統的原住民身處在大自然的環境，不僅從大自然中獲取生活所需，也從大自然中獲得許多寶貴的經驗、道理及智慧，而這些從大自然手中得到的無價之寶也就成為原住民的內涵、氣質。這是原住民與眾不同處，也是歷代原住民能與大自然相處之道，更是原住民能有紀律、有規範的生活著、部落能持續運作的根本。因為大自然的道理已成為原住民的生活規範及個人的倫理、道德觀：

童年時期的部落生活是他們進入一個社會（或是所謂的主流社會）前的中介，他們往往在這其中體會到自己與他人不只是外表：五官、膚色、體態……更有一種內在：道德準則、審美趣味、氣質性格……的區別。（董恕明，2003：133）

2.讓大自然成為族人心靈的寄託

追求物質的生活會讓人類的心靈變得空虛，因為當人們把社會中最好、最珍貴的物品拿到手時，人們沒有下一個目標可追尋，因而失去了生活的目標、生命也失去了光彩。心靈有著一個依靠，可以陪伴人們在歷經各種困難、遭遇後，能有著一個依靠的力量來進行自我修護。大自然就擁有著這樣的一個力量，因為在廣闊的自然界，有著人類探索不完的道理。

大自然不僅是原住民溫飽肚子的地方，也是其用心靈與大自然溝通、學習的地方，更是人們療傷止痛的場所：

那時候，啊！是60年代，部落自成一座匱乏又極其豐
盈的城堡，匱乏的是屬於物質的生活需索，但泰雅的小孩往
往可以在森林的磨練裡解決胸部以下的飢餓問題，豐盈的是
屬於心靈的恬適安寧，族人彼此碰觸著心。（柳翱，1990：
24）

泰雅族人認為一個獵人擁有最好的財產是：

　　　（老獵人說）勇敢、智慧與愛就是一個好獵人的全部財
產。（柳翱，1990：174）

　　　勇敢讓人們可以無懼的面對各種挑戰與困難；智慧讓族人思
考最佳的解決之道；愛讓部落更和諧、也讓原住民與大自然和平相
處。所以大自然給予人類最需要的心靈處方：勇敢、智慧及愛，人
們也可以從大自然中獲取源源不斷的能量，以致大自然是人類的好
朋友，更是人們心靈寄託的所在。

（二）生態平衡

　　　食物鏈是維持自然界生態平衡的一種方式，它使用大自然的力
量來控制各種動植物繁衍的狀況，是一種真正的生態平衡；而現今
的世界，當人們得知某種動植物瀕臨絕種時，是用一種人為的方式
來保護，如人工飼養、人類立法加以保護，以致形成一種過度繁殖
的情形發生。如臺灣的獼猴，原本已面臨滅種的危機，但在人類為
其設立一個保護網──列入保育類動物，再加上人們的餵養，已讓
臺灣獼猴成為人類的安全上的一個隱憂。在原住民的山林中，也有
類似的情況發生：

（父親說）雲豹的消失和石虎、黑熊數量的減少，倒讓失去天敵的猴子數量暴增，自以為聰明的人類竟在猴子的身上貼上免死牌，說牠們是保育類動物能免除死刑，讓猴子更為囂張，大膽的跑到我們的果園幫忙採收橘子和釋迦。（亞榮隆‧撒可努，2011a：299）

原住民的保育觀點是以大自然的觀點為出發，各種動植物的種類及數量是以大自然所能容納、接受的程度為主，過多或過少時大自然會用自己的方式來加以控制，讓大自然的生態保持平衡。如獵人的狩獵行為：

父親聽了之後，以斥責的口吻跟我說：「什麼動物要保育我自己知道，保育不是保護牠們數量愈來愈多一直生育，而讓生態失去平衡，所謂的保育是大自然和土地所能接受、維持的生態和比例。當生態失衡時，獵人所扮演的就是讓生命平衡的角色。不要把山下那一套保育的觀念告訴我，或是帶到我的獵場裡，一隻聰明的雲豹絕不會讓牠土地上的獵物消失，因為牠知道，當土地上的獵物消失後，自己的生命也會受到威脅。所以獵物的存在就是牠們生態平衡的觀念，而當獵人的也是一樣，我們只拿我們該拿的。」（亞榮隆‧撒可努，2011a：298）

董恕明（2003：99、102）也提出或許原住民的獵人對於野生動物的保育不是那麼的專精，但他們卻是在第一線與那些野生動物打交道的人，他們必須了解那些獵物的習性、特性差異才能捕捉到

牠們。獵人在森林中是站在一個控管樞紐的位置，非原住民的族群不應只看到獵人在獵捕動物時殺伐的場面，而應看看獵人們在山林間所扮演著生態平衡的角色。

讓自然的力量為生態來進行平衡，可以讓大自然長久存在，人類也才能從大自然的各種現象中學習到人生的道理及生存法則。原住民的獵人文化包含著生態的自然平衡法則、大自然的道理及大自然的生存法則等，所以原住民的狩獵文化是現今的社會的一道曙光。它可以挽救因資本主義而造成的物欲心靈，更可以讓遭受破壞的生態慢慢的復原。

> 在我們的部落曾擁有許多森林。兒時的記憶往往輕易地被森林的形象所佔領，而且我也深信每一個原住民的子民都有一座森林的童年，假使要消滅原住民的文化源流，只要不給他一座森林，相信就能達成目標的。（柳翱，1990：39）

森林是原住民文化的發源地，因為祖靈存在於山林間，原住民也生活在這裡，所以森林是原住民發展狩獵文化的所在，更因原住民的堅持與不放棄讓我們看到了大自然的力量及其珍貴處。原住民的狩獵是遵循著大自然的運行及其道理而形成的一個獨特的文化，不僅符合環境保護的觀念，更經禁起時代考驗。

第七章

原住民散文中蘊涵的藝術表現

　　　　　每一個進入藝術活動領域的人（包括創造者、表演者、
　　　參加者、旁觀者），都在共同使用人類獨具的象徵符號的意
　　　義，去創造、闡明精神世界和物質世界。（王嵩山，2010：
　　　164）

　　原住民生活是以祖靈為其中心，日常生活中會使用到的房
屋、器具、衣飾等，除了是維持生活的必需品外，祖靈信仰的文
化也融入其中，如服飾、拼板舟上的菱形圖紋代表著祖靈的眼
睛，也意味著祖靈的庇佑，所以原住民的藝術表現與祖靈有相關
連。而藝術表現與飲酒禮儀的關係，如在雕刻排灣族家屋中的主
柱時，在確定雕刻的主題後要舉行告祭活動，儀式完成後則會與親
友們的一起同樂、慶賀，從告祭儀式到慶祝都離不開原住民的飲酒
禮儀。以祖靈信仰為中心而發展出來的狩獵文化，原住民各族的
男子因狩獵的成果而會有不同的佩戴飾物，如在魯凱族中獵人佩
戴百合花，表示該獵人狩獵的過程中已累積獵獲了六隻以上的大
山豬；而巫師使用的巫師箱，則有用藤所編織而成的，另一種是
木造的巫師箱，在盒上會雕刻著與巫術有關圖紋等（詳見第四章
第三節）。原住民的藝術表現是以祖靈信仰為一個出發點，與巫
術、飲酒禮儀及狩獵等存在著切不斷的連結。圖7-1-1則是呈現出
原住民的藝術表現與其祖靈信仰、飲酒禮儀及巫術的關係。其中

「祖靈信仰」的圈圈是最大的，因為祖靈信仰是原住民所有文化起源的根本，所以用最大的圈圈來代表；而飲酒禮儀、巫術、狩獵和藝術表現與祖靈信仰息息相關，但其彼此之間的關連是環環相扣：

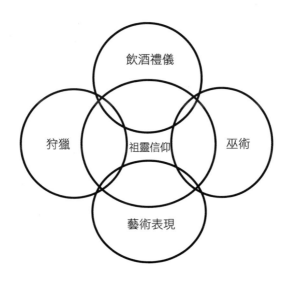

圖7-1-1　祖靈信仰與巫術、飲酒禮儀、狩獵及藝術表現的關係圖

　　原住民散文中的藝術表現，則從「建築與雕刻」、「編織與文面及圖騰飾物」、「樂器製作與歌曲創作」及「其他生活器具」四個面向來探究原住民生活中的藝術文化。

第一節　建築與雕刻

一、建築

　　在原住民傳統生活中，最基本的生活需求為食衣住，食物的來源為採集及耕種、狩獵與漁類的捕撈；而有關原住民服飾的論述將在下一節中進行探討；原住民的居住則因各族棲身的環境而使得其建築有些許上的差異。

　　王嵩山（2010：197）認為原住民家屋內部空間的呈現與規畫，是一個族群對宇宙觀的表現；而家屋的空間使用取向則是家族成員間關係的呈現，如權力、輩分等。在原住民散文中，有關家屋的敘述如下：

（一）達悟族

　　余光弘（2004：27）認為達悟族的傳統家屋是一種有著獨特文化特色的建築。而一個完整的家屋，包含主屋、工作房及涼臺三個部分：

> 　　轉半個頭往左看，達悟主屋、工作房、涼屋依地形而建，房舍的線條好似與海浪起伏共舞。每次停下來觀賞達悟真正的房屋，口裡總是驚讚達悟人創造美的智慧。（拓拔斯‧塔瑪匹瑪，1998：108）

涼臺是以一種干欄式的建築法建造而成。主屋建造於地穴中：

> 進到蘭嶼傳統地穴屋裡，直接跟病人交談，追踪他的病
> 情。（拓拔斯‧塔瑪匹瑪，1998：50）

　　陳淑華（2001：116、124）則說明達悟族的主屋都是以背山面海的方式來建蓋，建築物在搭建時的方向是以與海岸線平行為一個基準點，主屋的屋脊要與海岸線平行，而屋頂與海岸線平行的則是工作房及涼臺。而空間的安排對達悟族而言有其特殊意涵。如主屋的空間安排，西方代表著超凡、出世，所以西邊的空間規畫則是用來收藏儀式中所穿著的衣服及漁具；而東邊則有世俗用意，因而將靠近東邊的房舍劃分為女人的使用空間，如睡覺、煮食等。

　　余光弘（2004：27）進一步說明一個家庭的主屋會隨著家中的男家長的年紀而增長，也就是主屋的正面屋壁會愈來愈長，門也因此會愈來愈多，從最早的二門到三門、四門，其中四門的主屋在達悟族的部落中代表著高社會成就。陳淑華（2001：117）指出建造家屋是達悟族男子一生的一個生命流程，因此在男女結婚後便開始籌畫建築家屋的工作。三門以上的家屋要舉行落成典禮，並用芋頭及豬肉來與前來祝賀的客人一起分享。當家屋的男性家長過世後，這個家屋將由其兒子們拆除，並由他們平分這個家屋的建材，其中長子則是繼承原家屋的土地及宗柱。

　　達悟族建造一棟家屋必須耗費好幾年的時間，材料的取得都不假手於他人，親人可以從旁協助，但男主人一定要親力親為，包括選擇樹種、砍樹、整地等。建構家屋的材料都是取自於蘭嶼島上的樹木，不同的樹木因其硬度、功能等而被放置在家屋的各處。傳統達悟族的家屋，有關涼臺的功用、建造於地下的原因、排水

溝設置的方法等。夏曼‧藍波安其作品《海浪的記憶》中有明確的敘述：

> 島上部落原有的傳統住屋，從歷史的角度來看，已扮演完成其過去所賦予部落住屋文化的社會意義。原來茅草屋頂取之於荒涼的草地，看來是再適合不過了，而四周無壁的涼臺作為休息望海之用，挖地建屋為了逃避颱風肆虐，地下排水順著斜面地勢自然排放，屋院也作為招待賓客之用，一切傳統住屋的功能，無一不在延續達悟民族與海洋之間的親密關係。彼時，沒有任何一家有權力阻擋後方家屋望海的視野權。（夏曼‧藍波安，2007：170）

劉其偉（1995：254）解釋涼臺的建造是因主屋的通風狀況不佳及光線不足，所以涼臺採用干欄式的建築法所搭建而成，其位置在主屋與工作屋的前面：

> 這棵樹比你堂姐大一、兩年，原來培育他是將來拿來作為高腳屋的宗柱，現在我們已不再建造高腳屋。（夏曼‧藍波安，2007：40）

主屋的主要作用是為了讓家人躲避颱風，所以無法建在地面上及有太多的窗戶，因此才會不通風、潮濕陰暗：

> 小祖父的家是達悟人傳統的地下屋，小祖母燃燒乾柴，讓柴光溫熱家屋，象徵驅趕前來探聽消息的惡靈。（夏曼‧藍波安，2007：23）

蘭嶼島因漢人及西方文化的傳入，傳統建築雖然沒落了，但卻讓我們看見達悟族因其特殊的自然環境而展現其智慧，如避免淹水而有地下排水的設備、為了避免強風的吹襲而將房子建造在地下室、涼臺建造的高度及方向，提供了家人一個休閒的好處所。

（二）排灣族與魯凱族

譚昌國（2007：13）認為排灣族對家有很深的情感，這個「家」包含著家屋、家名及家人三個要素。家屋對排灣族人而言，存在著安身立命的精神與價值；家名則是住在同一個家屋中大家所共同擁有的一個符號；家人則是一起經歷過悲歡離合的親人：

> 在派出所的正對面，有幾間沿著山坡興建的家屋，這幾間家屋擁有一個共同的家族名，叫做——Liglav（利格拉樂，排灣族的家族名），在排灣族的社會裡，表示這幾家是同一個家族，具有親戚的血緣關係。（利格拉樂・阿𡠄，1997：89）

排灣族的建材是石板，譚昌國（2007：14-22）提到家屋的繼承是由家族中的長嗣，就是家族中第一個出生長大的孩子，不論男女；而家名的命名則是由該家屋主人的雙方父母輩及祖父母輩來討論，並從父方及母方的祖先家名中來挑選。家屋的空間規畫中，最特別的是有關墓穴的設計，在家屋開始建造的時候，會在起居室的下面挖一個墓穴，每一個家屋只會有一個墓穴，例外的狀況才會另建一個，如第一次使用後，前次的親人屍體未腐爛，所以不方便打開這個舊墓；另一種是墓穴的空間不夠使用時：

> 以前的排灣族人沒有墳墓，也沒有棺材。若說是墳墓，
> 那麼排灣族人的墳墓就在自家屋內。（伊苞，2004：126）

墓穴的最下方不鋪任何的東西包括石板，因為排灣族人認為讓屍體與土壤直接接觸可以庇佑子孫：

> 人們相信埋在屋室內的家人，他們身上佩戴的鷹羽、
> 雙腳所踩著的土地，如陽光的祝福照耀著家人，過去排灣族
> 人有句話說：「我們的墳墓在那裡，我們的家就在那裡。」
> （伊苞，2004：128）

與排灣族同樣使用石板來搭建家屋的原住民族群還有魯凱族：

> 因這種心念而決心重返老故鄉重建家園──石板屋，而
> 將自己的生命和靈魂帶回家，重建一個活生生的典藏於歷史
> 的所謂石板屋文化。（奧威尼·卡露斯盎，2006：9）

奧威尼·卡露斯盎（2006：146）在探尋鹿鳴安古道時發現殘留的家屋，在石板屋入口的左邊角落有穴槽存在的遺跡。從穴槽的設施來判定，穴槽應該是在建造石板屋時就已設定好了，穴槽中放置了五顆石頭，據族中老人的猜測應該是「喇笆」，也就是作為一個特殊神聖空間的記號。猶如在舊好茶習俗中，只有在大頭目或特殊的家族中，才能放置陶壺。

原住民在建造房子時，是整個部落的事，大家都會抽空或安排人力來協助屋主建蓋新屋，但這樣的傳統因各族傳統建築的消失已不存在了：

正因為一個人的能力有限，重建的進度特別緩慢，因此你上來的時候，連小石板屋都沒有蓋好屋頂。（奧威尼‧卡露斯盎，2006：55）

在原住民散文中有關建築的部分，除了家屋外，尚有關於鄒族的男子會所的描述：

為了迎接Mayasvi（瑪雅士比）的到來，部落裡瀰漫著一股辦祭典的氣息，Ekvbi（庫巴，男子集會所）裡正聚集著老人，在為重建後Ekvbi（庫巴）的屋頂，專心鋪著白茅，這些白茅是部落中的長老們三天前辛辛苦苦自山上摘回來的。（利格拉樂‧阿鴆，1997：67）

王嵩山（2010：151）說明「庫巴」是鄒族語的發音，其意思為「男子會所」，是屬於干欄式且沒有牆壁、屋頂用茅草所鋪蓋而成的建築，座落於主要聚落的中央。「庫巴」的功能是舉行有關部落宗教儀式的場所，只有男人可以進入，女人禁止觸摸及登踏。巴蘇亞‧博伊哲努（浦忠成）（1993：51）也說明「庫巴」是一個離地面約二公尺高的架空式干欄式建築，四周豎立了十四根柱子、再搭起木架，然後用厚厚的茅草加以覆蓋，而形成一個橢圓形的傘狀建築。在屋脊及入口木梯的兩側會種上木槲草，在廣場的旁邊會有一棵雀榕。雀榕對鄒族而言是一種聖樹，因為在舉行戰祭時，是天神來到人間的一個工具。

建築物不只是一個居住的空間而已，它同時也呈現出居民的生活方式及思考模式，更是居民們展現智慧及其文化結果，所以建築物不只是一個空間的存在結果，更是時間與經驗累積的展演：

住屋的文化是展現與實踐住民的生活與思維，及人觀的
　場域。（夏曼・藍波安，2007：171）

二、雕刻

　　莊伯和等（2002：203-223）認為雕刻的內容蘊含了族群的信
仰及社會等文化，如排灣族的人頭紋、太陽紋；排灣、魯凱的百步
蛇等，雕刻的蹤影可以見於各項生活的器物上，如禮刀、刀叉、木
梳、木匙、單口杯等。雕刻的主題可分為人像、人頭、蛇紋、動物
紋等，又可以將各種主題加以組合變化或是由一個主題來單純的變
化等方式。其中以百步蛇所變化的紋案是最多的，如百步蛇可以變
化成曲折紋、三角紋、竹節紋等。

　　莊伯和等（2002：225）提到達悟族的雕刻圖樣為抽象幾何
形，是以直線、曲線所構成的。其中人像紋、同心圓紋、羊角紋等
會浮雕在主屋、工作房或船舷等；而象形羊角浮刻在四門主屋內的
船帆形的中柱上面；人像紋則多雕刻於主屋的腳踏板、工作房的木
牆上及船舷上：

　　　　下午，走進病患的主屋前院，快速瀏覽屋板和房柱上
　雕畫，每一根木板都活著似的，看得我心神愉快起來。脫掉
　拖鞋後，提起右大腿跨上前廊，兩眼不忘再多看壁上雕畫。
　（拓拔斯・塔瑪匹瑪，1998：230-231）

　　雖然在拓拔斯・塔瑪匹瑪的作品《蘭嶼行醫記》中，對於達悟族
的雕刻內容沒有更詳細的描述，但會吸引拓拔斯・塔瑪匹瑪的注目，
應該是有特別處，否則他不會一直在書中提到有關家屋中的雕刻：

路過家家戶戶各有特色的房屋，兩眼不禁想多看房屋的木板，欣賞木板上的雕刻。（拓拔斯‧塔瑪匹瑪，1998：108）

劉其偉（1995：161-167）提到原住民族中，因排灣與魯凱二族是以貴族為中心的族群，因此在家屋的裝飾上是最發達的。在家屋的雕刻裝飾上，可以分成立柱、簷桁、橫樑、檻楣、門板、獨石等部分來探討。立柱上的雕刻是頭目權勢大小的象徵，而排灣族立柱上的雕刻主題都是祖靈的像，內容大致是雙手放置在前、兩腳站立、腰部有束帶，束帶上的紋路或作三角紋或作圓紋。如：

聳立在大前庭中央的大石柱——人頭蛇形的寶座，給人的直覺是一種陽剛中的威嚴裡有陰柔融合之美，尖頭指向穹蒼無限的空靈，給人的感覺是神秘得叫人疑惑。（奧威尼‧卡露斯盎，2006：168）

譚昌國（2007：128-129）提到在雕刻家屋的主柱時，雕刻師必須先說明其要雕刻祖先形象的特徵並詢問家屋中年老長輩的意見，待主題確定後，則用祭盤裝著數塊的豬骨及少許的豬肉，並用酒向要雕刻的祖先進行告祭儀式，獻祭完成後則與家人親友進行飲酒活動；而完成雕刻活動後，也要進行儀式，先由雕刻師用酒對雕刻的人像進行祭儀及祝禱，接著由大家一起將主柱豎立在家屋中，完成儀式後，參與者便可進行飲酒慶祝活動。而在雕刻簷楣時也會有類似的儀式。另外，在雕刻活動進行期間，是禁止家中或外來的孕婦靠近。

劉其偉（1995：161-167）考察到詹桁是所有雕刻項目中數量最多的，主要以黑白或紅黑二種組合來上顏色，圖案有人頭紋、蛇紋、豬紋等，是以單行排列來呈現圖紋：

> 尤其是大頭目瑪巴琉家，一直是當地族人的精神領袖，因此家屋的詹桁極為精緻特殊，那是一代偉大的雕刻家累積的精神細心地雕琢描寫大頭目的生命歷史。（奧威尼·卡露斯盎，2006：168）

莊伯和等（2002：225）也提到原住民的雕刻工藝以排灣、魯凱、卑南及達悟等四族最為發達，但在原住民散文中，有關這個部分的著墨卻是較缺乏的。從原住民的建築及雕刻，可以看見原住民的生活智慧及文化的根源。如達悟族涼臺的設置是為了彌補主屋功能的不足，讓家人在蘭嶼炎熱、潮溼的氣候下，有個通風且乘涼的地方，因而在家屋中有了涼臺這個部分；而蛇的圖紋，則是代表著魯凱族的祖先（有關原住民圖騰的論述，詳見第七章第二節中的圖騰飾物等）。

第二節　編織與文面及圖騰飾物

傳統的原住民是以自給自足的方式來生活，日常生活所需都是從大自然而來，利用大自然的植物來編織成布、蓆子、竹筐等器物，讓食衣住等更加便利。在原住民各族中，編織最常被使用於織布，而織成的布可以製成衣服，以供族人生活所需。因此，原住民的女人都必須學會織布一事，猶如狩獵是原住民男子所需具備的才能：

民國五十二年（1963年），母親嫁到臺中，唯一帶在身邊的東西，就是泰雅傳統織布機。至今仍清晰記得，幾乎每個夜晚，她都陪著一輩子不離身的織布機分享生命。咚、咚、咚、咚，打緯木刀須將緯線與經線之交接打實，布匹才會結實美麗；咚、咚、咚、咚，未曾忘懷身為泰雅女性，必須編織自己的榮耀衣裳。（啟明・拉瓦，2005：187）

　　原住民的衣物上會有許多的裝飾物或圖案，這些衣服上的圖騰其作用有二種：一種是保護族人避免惡靈的干擾，如菱形代表祖靈的眼睛；另一種是身分的表徵，在有階級劃分的族群，如排灣族、魯凱族等，衣飾上會有百合花的圖紋或佩戴琉璃珠等來表示身分地位。本小節將針對原住民中的編織品、文面及相關的圖騰飾物來加以探討。

一、編織

　　傳統原住民編織的材料都是從大自然所採集而來，如香蕉絲、月桃、苧麻等，將材料進行加工後便可以進行編織活動，可以依個人的需求而編成各種不同的器具，如布料、捕魚用具、竹簍等。

（一）織布

　　李莎莉（1999：77）指出原住民各族的紡織的過程都相同，首先要採集苧麻及其幹莖、剝粗皮分離、上皮剝離、去膠、曬乾等步驟；接著再進行紡紗、絡紗、煮線、漂染、曬、乾繞線球及整經；最後進行織布。尤瑪・達陸（2003：49-52）說明在傳統的泰

雅族種植苧麻是婦女的工作，有些部落嚴格禁止男子參與，原因為怕男子狩獵時發生意外或因男子的參與而影響苧麻的生長等。

尤瑪‧達陸（2003：53）進一步說明織布前的前置作業，首先將苧麻的莖割下，並打下苧麻葉就可以進行剝麻活動。從底端折開麻的莖幹並將麻皮取下，接著再用刮麻的工具將纖維以外的雜質刮除，將取下的纖維綁成一小束；將一小束一小束的纖維拿到溪河中搓洗，將黏在纖維上雜質洗掉，再用布包裹纖維將它擰乾並在地上摔打，摔打的動作是可以鬆解糾纏在一起的纖維；麻線的製作是將纖維紡成線：搓線、析麻、捻麻、上線架、漂白、舂線等。

尤瑪‧達陸（2003：72）解釋整經是指織布的人須依所需要的布長、布料種類在整經柱或臺上加以安排織布的順序。

李莎莉（1999：16）指出臺灣原住民各族的服飾都有其獨特的風格及色彩，其材料不外樹皮、獸皮、麻、棉、毛及絨布等；但許功明（2004：129）卻指出棉、布及毛等材料，則是在清朝時與外界接觸時所輸入的。不論是何種材料所製成的布，都是原住民用其傳統的編法，發揮其對色彩的美感及巧思所織成一塊如畫的布：

> 我偶爾會翻看一些母親放置在屋裡的布匹，有些是她用苧麻編織而成的，也有一些像是毛線之類的材質拼縫而成的毯子……因為她在文面之前，就已經從我的外婆那裡學會了許多織布的技術，她甚至於還相當擅長在布面的編織上創作出各式變化的圖案。部落裡的一些親人們，至今都還一直記得我母親嫁給我父親的時候，帶來許多她自己織的布料，當時幾乎每一戶親人都收到了她贈送的布匹。（馬紹‧阿紀，1999：30）

李莎莉（1999：16-17）更進一步的說明有關原住民服飾上的紋飾，則是來自於各族的傳說或與狩獵及宗教的祖靈信仰有關的圖像；而與衣服搭配的裝飾品，則有頭飾、耳飾、手飾、足飾胸飾等，其材料的運用則有貝珠、琉璃珠、豬牙、羽毛、銀等。各族的服飾顏色或配件雖不盡相同，但衣服的形成基本上都使用移動式水平背帶織布機織出約一尺寬的長方形麻布，再經簡單剪裁、縫製而形成方形的衣服，就是所謂的方衣系統。尤瑪·達陸（2003：32）舉例說明所謂的「方形衣」，上衣是以兩片相同款式的長方形織花布或平織布所縫合的，並預留前襟及袖口的空間；片裙和披巾則是用二或三塊相同款式的織物用縫及綁帶的方式製做而成的。羅麥瑞主編（2011：49）說明泰雅族的傳統織布機因在運作時織布機的經面必須與地面保持平行，織布人身上繫上織布機的背帶於腰部，並將腰帶綁緊及腳支撐著經卷箱來支持著布的張力。因此，才稱為「水平式背帶腰織機」。

　　李莎莉（1999：26-28）說明泰雅族女子學習織布的過程：泰雅族的女子約七、八歲時就要開始學習剝麻、搓織的工作，至十三、十四歲就可以織出一塊完整的布。在桃園復興鄉的泰雅族能織出帶有象形文字的圖案，這樣的圖飾大多出現在部落頭目的衣服上，記錄著部落的生活。而泰雅族的衣服中多以紅色為主，是因為在泰雅族的gaga中，有著惡靈怕紅色的的說法，因此泰雅人才會將線染成紅色來織成布。尤瑪·達陸（2003：35）則解釋泰雅族衣服上的圖紋與族中的神話或傳說有關，泰雅族人過世了必須經過彩虹橋到達祖靈居住的所在地與祖先們團聚，但彩虹橋上有守護神看管，守護神會依據是否遵守gaga、對部落是否有貢獻等而決定其是否能過彩虹橋，因此祖先將gaga的禁忌及規則記錄在衣服上，多種顏色的橫線代表通往祖靈福地的彩虹橋：

下山前，阿姨拿出準備好的禮物送給拉娃，是一件以泰雅傳統織布機織成的無袖短衣……

短衣以灰白為底色，正面織有傳統的文飾：數條紅裡滾黑邊的直紋線條：線條間夾有數個鮮紅色串接的菱形文，每個菱形文中又有實心的菱形。（啟明・拉瓦，2005：20）

排灣族在衣服上的圖案織法，依李莎莉（1992：78-85）的分法有四種，分別為夾織、刺繡、綴珠及貼飾。第一種夾織是在紡織的過程中夾入不同顏色的緯線而形成花紋，是一種傳統的織布法；第二種刺繡是月竹針或金屬針穿線用於布上，較常見的有十字繡：

排灣部落中的女性是不屑使用這種十字繡的，只有能夠將微小的珠子縝密地排列出各種家族圖騰，才有可能獲得族人眼中發射而出的讚美眼光啊！「那是小孩子們練習用的玩意兒呢！」我曾經不只一次地聽到這樣的戲謔語。（利格拉樂・阿𡠄，1996：98-99）

第三種綴珠則是先用線將不同顏色的玻璃珠串起來形成不同的圖案，用來裝飾。如：

我將眼光以與雨水反向的角度一路往上爬升，剛到小腿處，浮現眼簾的是一個接一個的小人兒牽著手跳舞，那是排灣族刺繡中常見的圖案，也是部落中最典型的舞蹈表現方式，一顆顆直徑不過一釐米的各色珠子，竟然能夠排列出活

潑生動的圖形，可見這件衣裳的主人功力不凡，仔細端詳，那些在黑絨布上狂歡的小人兒似乎正對著我笑呢！（利格拉樂・阿𡠄，1996：97）

第四種為貼飾，將紅布貼縫在黑布上或是將黑布貼縫在紅布上。刺繡、綴珠及貼飾是貴族才可以運用於衣服上的裝飾點綴法，一般平民是不可以使用入花紋來裝點衣服的。

衣服不僅是原住民用來保護身體或取暖的一種生活必須品，更是原住民用來記錄族群文化及歷史的一種工藝品，也是往生時的隨身物：

我們排灣族是沒有文字的民族，當我還是小女孩的時候，我就擁有了母親親手為我刺繡的傳統服，兩隻蝴蝶，記錄著我輕盈、健康的小腿。隨著一個人的生長、成年，生平事蹟、甚至是家族威望，全織繡在傳統服和頭冠上。當生命的呼吸不再時，家人會為你穿上，穿上這身美麗的圖紋與太陽日日隨行。（伊苞，2004：130）

（二）生活上其他的編織器具

莊伯和等（2002：164-180）指出編器在原住民的生活中主要是用來當盛裝的容器，如巫師箱、漁具、藤帽、藤甲、編袋等。材料有竹子、藤或月桃等，其中以藤編的器物最多，主要是因為藤的性質柔軟堅韌、彈性佳、耐用不易腐壞。雖然藤的功能多，但藤生長在深山，採集不易，且其加工的手續較繁瑣，所以要完成一個藤製品是要耗費許多勞力及工夫。羅清文（2000）提到藤的種類很多，原住民主要是以黃藤作為編織的材料。

編織法則有螺旋編、繞編、紋織法及交織編法等四種，其中交織法又可分成方格編、斜紋編、六角編等不同編織方式。而編造的步驟則為起底、身編和修緣三個。其中因編器的用途及使用的特性不同而會有不同的起底法；而修緣是收尾的動作，不同的修緣法可以使器物的邊緣整齊或是強化器具邊緣的堅固性等。

原住民散文中提到的傳統生活中所用到的編織器具，如：

1.月桃蓆

第一天早上，母親起來東看西望，便拿起鐮刀來，然後四周的相思樹間穿梭採取月桃，一綑一綑地搬回來，然後在陽光底下編織著月桃蓆。之後，當我下班回來，一張張的月桃在眼前呈現開來。（奧威尼·卡露斯盎，2006：6）

2.簍子或籃子

在傳統原住民生活中，常可見到編織類的盛裝器具，這些器具的產生都是為了讓工作更方便，也因此有不同類型的器具。

(1)魯凱族的竹簍

母親在石板屋內一面忙碌著編製竹簍，一面照顧躺在搖籃的妹妹。（奧威尼·卡露斯盎，2006：77-78）

(2)排灣族的斜背背籃

「去水源頭那邊。」外婆帶著鐮刀和背了裝著幾粒水煮地瓜的斜背背籃，我跟在外婆的後頭。（亞勞隆·撒可努：2011b：112）

(3)泰雅族的背簍（籃）

泰雅族的背簍（籃）因男女的工作性質不同而有不同的稱呼，也因生活習慣的改變，背簍（籃）的裝載物也隨時代而不同：

> 她就類似臺灣山區任何一位原住民婦女一般，運氣好的話，她們身上會出現傳統的背簍，我們稱作Kisi；男人揹的叫做Tokan，恆常裝載著農耕用具、乾燥的樹枝、殘存的水果，現在也許還要增加孫子的尿布幾片。（瓦歷斯‧諾幹，2003：190）

羅清文（2000）說明泰雅族的背簍（籃）男女的背法是不相同的，男生以肩帶來背負，女生則是使用頭帶。

(4)鄒族的器具

> 以剖細的竹條編成口大尾窄封底的簍子，在入口的內層，再編比較短也是口大尾小但不封底的一層，漁獲可以進但不能出。（白茲‧牟固那那，2003：41）

汪麗花（2000）提到在阿美族中，有個傳統的衣飾配件「情人袋」，它是族中青少年男女交往時的定情信物，也是一個日常生活的必需品。情人袋是用黃麻、毛線、紅布等材料編織而成的，是屬於肩背的一種袋子，平常用來裝檳榔、石灰及小刀等物品，所以也叫檳榔袋。但隨著時代的變遷，情人袋已成為阿美族的一個觀光紀念品，用來贈送來訪的官員或朋友。

編織而成的各種形狀的籃子、簍筐，在傳統原住民的生活中隨處可見，可見編織是每個原住民家庭必備的技能之一，不論男女，

只要生活中有任何需求的盛裝器具，都可以自己製造出來。

（三）網具

莊伯和等（2002：182-183）將原住民的網具分成網袋和漁網二種，網具是用麻的纖維所編織而成的，在原住民生活中常用來盛裝器物和道具的搬運。

網袋會因性別、盛裝物和社會階層的不同而有所區分，一般將網袋分成工作袋及外出袋二種。工作袋通常是用額頭或是肩膀來作為背負的設計：

> 外婆忙閒時，我常陪著她去看曾祖母，她說的話我聽不懂。曾祖母走了後，留下很多背袋，外婆把曾祖母留給她的背袋全部送給我，還囑咐我要好好保管，背袋是她曾祖母留下來的，以後有孩子要告訴他們。（亞勞隆‧撒可努，2011b：45）

另外，有種男用的工作袋，是指用於狩獵或捕撈漁獲的網袋，網線的粗細和網目的大小都較一般的網袋來得結實。最大的可以裝下一頭山豬或其他大物：

> 我們將西瓜裝進父親用的網袋，但西瓜還是很大，有五分之二還露在外面。我將西瓜吃力的背起來。（亞勞隆‧撒可努：2011b：211）

網袋中以泰雅族的最為特殊，網袋不使用時不具備有網袋的形狀，看起來像是個半成品的網袋，只有一個四方的網底，中央有著

十字交錯的支撐軸，其延長線是用來將綁緊裝載的物品。另外，在
網子的四個邊的延長線其功用是作為繫背帶：

> 獵人背上自己編織的Dogan（泰雅語：獵袋），拎一件
> 雨衣便坐上我們的車。（馬紹・阿紀，1999：51）

（四）藤球

在排灣族的五年祭中的刺球儀式中，必須用到的藤球也是用編
織的方式製作而成。譚昌國（2007：117）認為儀式中所需用的藤
球要由部落中的男子來製作，但在原住民散文中則提到是由女性所
編造：

> 在五年祭裡，Vu Vu A-gan也分配到工作，她坐在家屋前
> 廣大的庭院中，正細心地將一個月前上山採集的藤條按照粗
> 細的類別排好，以便待會兒使用……VuVu才用她顫抖的雙
> 手，像變魔術般地搓出一粒渾圓的藤球（利格拉樂・阿𡠈，
> 1997：91-92）

傳統原住民運用編織方式將生活中的各種用具製造出來，雖然
現代化的社會中因著塑膠物品的普遍化，而不用再費時費力的自製
這些器具，但原住民仍將這樣的技術運用於生活中，如用塑膠繩或
是月桃編織成現代流行的手提包，在現代的生活中注入了另一個流
行元素。

二、文面（兼及文身）

卜義・卜勇（2007：153）認為傳統泰雅人的文面與漢人的裹小腳都是一種美的象徵，對泰雅族人而言更是一種成年的記號：

> 記得小時候，我常會用手指輕輕地描劃著母親臉上的紋路……我總是會問她還痛不痛？她對我回答總是：「會害怕疼痛的人，就不能夠成為一個好的Tayal（泰雅）。」（馬紹・阿紀，1999：30）

因為必須通過考驗後才有資格文面。如男人必須獨立獵捕到山豬，而女子則必須學會織布，才舉行文面儀式：

> 對每一個泰雅人來說，這是一段決定一個人一生最重要的過程。一個擅長於狩獵的泰雅男子在部落裡受到的肯定，亦相對於一個精於編織技術的泰雅女孩。除了能夠向族人證明自己的能力，也在成長的過程中，從青年跨越到了成人的階段。而成年男女在平常的工作表現，若是能受到部落長老們的認同，才可以由部落裡的文面師為他們文面（matas）。（馬紹・阿紀，1999：30）

傳統泰雅族女生文面時將圖紋文在前額及兩頰，男子則在前額及下顎：

> 我是在這一年的冬季matas（文面），因為我已經有過獵獲山豬的記錄。後來也是因為部落裡的長老認為我的工作

態度很勤奮，對於老人也相當的尊敬，因此常對我的父親說可以讓我matas……當文面師在我的前額以及下額完成文面的程序之後，我便開始有一種真正的tayal男人的感覺。後來我也聽說瓦郁·哈勇已經住進了她在山上的tata（臨時搭蓋的小屋），等待文面師去為她matas……由於她在前額、兩頰、上唇與下唇matas。（馬紹·阿紀，1999：36-37）

文面在泰雅族代表著一種通行證，在死後要前往祖靈地時，通過彩虹橋的一個證明：

　　文面是要經過痛苦的過程，經過可能生病、發炎的冒險。但文面卻是泰雅族人光榮的記錄，它也是泰雅人追求的最高人生價值。透過文面來肯定自己是真正的人。因為祖靈橋的旁邊有一隻大螃蟹站崗，凡是要過橋的人都要接受它的審驗：男人的臉必須要有文面，因為文面代表他是一個男士，曾經獵過人頭；而女子也必須有文面，因為文面代表了她是一個勤於織布技藝真正的女人。（啟明·拉瓦，2005：161）

黑帶·巴彥（2000）提到文面會成為泰雅族的一種獨特的標誌，是因為在泰雅部落中，如果沒有文面的人，會被族人看不起並視為一種恥辱，所以每個人都想辦法擁有這樣的資格去得到這種殊榮。

劉其偉（1995：74）指出原住民中，泰雅及賽夏二族有文面的傳統；而文身的族群則有排灣、魯凱及卑南三族。在排灣及魯凱二族中，文身的習俗只出現在貴族：

（巫師）她說過，在她第一次月事來的時候文身的，文身代表的是階級象徵，也是一種身體的美觀和成年的標誌。巫師說，在她完成文身後，她的家人設宴慶祝她成年。她的雙手腫得連吃東西都要有人餵食才行。（伊苞，2004：71）

　　當我撫摸巫師的手背、手指上的人形文身時，她說：「這不單是一種階級的象徵，它也是一個記號。有一天當我要離開人世的時候，手背上的人形文會浮現出鮮明美麗的色澤。這是我回家的記號，我會準備好離開這個世界，回到大武山與祖靈相見。」（伊苞，2004：130-131）

　文面及文身對原住民而言是一種能力的肯定，便是一個通往祖靈路上的一個令牌：

　　日後在訪問族老的口傳中，我慢慢能夠理解「文面」帶給族人的意義，它是一個宣告、一個責任的印記、一個尊嚴的證據、更是一個通往祖靈之路的接點。女子懂得織布、懂得孝敬長輩、懂得持家，才獲有文面的資格，被視為「成人」象徵。（瓦歷斯‧諾幹，2003：42）

三、圖騰飾物

（一）圖騰

　原住民因著各族的神話與傳說，而形成所謂族群的代表物，如排灣族及魯凱族的百步蛇，另一種則是因著祖靈信仰而以圖紋來表示

的，如以菱形來代表祖靈的眼睛。這些都可以泛稱原住民的圖騰。

1.菱形

在原住民的衣服、雕刻品上常可見到菱形的圖形。李莎莉（1999：28）認為菱形的花紋象徵泰雅族人祖靈的眼睛，用來保護族人的安全；而衣服的背面通常會織上複雜的圖案用來嚇阻惡靈：

> 紅白黑三色是我們福骨群服飾的特色，菱形文則是泰雅人的最愛與最怕：愛的是菱形文象徵祖靈的眼睛，穿著繡有菱形文的衣服，一隻隻祖靈的眼睛，看護保衛著他們的子孫；怕的是菱形文不就是祖靈們睜大了眼睛，隨時監視著他們的子孫是否遵守祖先的規範，是不是一個勇敢正直的泰雅人。（啟明・拉瓦，2005：21）

王蜀桂（2004：61、75）說明布農族、排灣族及魯凱族對菱形文的認知是百步蛇的背面紋路；而在泰雅族菱形具有團結或像「臼」的意思存在。但無論是那種意涵，這些族群都把菱形稱作「眼睛」。

2.百步蛇或蛇紋

胡台麗（2011：43）認為百步蛇及熊鷹雖然是排灣族文化的表徵物，但在排灣族不同的村落中，因著地方性的真實事蹟與傳說的結合，而會呈現出具地方特色的紋樣與形式：

> 隨著她雙手優雅的擺動，一來一往中，一條活脫脫地百步蛇赫然出現眼中，昂首吐著蛇信的百步蛇身，正靈活地

纏繞在她手中那塊十字布上，若不是老人優雅的手勢制止住它，那尾百步蛇似乎隨時都會自黑布上一躍而起，攻擊在一旁偷窺的我……（利格拉樂・阿𡠄，1996：98-99）

（二）飾物

1.琉璃珠

排灣族是個有階級區分的族群，因此在生活中常常會以某些圖騰或是裝飾物來作為階級的區分，如琉璃珠、陶壺。許美智（1992：61、70）指出琉璃珠其實是一種玻璃珠，它與現在玻璃珠最大的差別是透明度，琉璃珠是一種不透明且具有色彩的珠子。從琉璃珠的製作的手法可以區分其是傳統式的，或是融合現代的技術的作法，判斷的方式可以從其色澤、紋路樣式、孔徑或縱剖面等方向來加以區別。

琉璃珠在排灣族是貴族女性才能配戴的飾品。許美智（1992：40-44）將排灣族的琉璃珠分為三類：第一種是大型的琉璃珠，約1～2公分大，主要用於項鍊；第二種為裝飾品上的小型琉璃珠，約3～5mm；第三種是衣飾上的細小型琉璃珠1～2mm。而利格拉樂・阿𡠄在《穆莉淡Mulidan：部落手札》的序中提到有關排灣族的琉璃珠：

琉璃珠被人類學者號稱為排灣族的三寶之一，琉璃珠的組合方式與佩戴，關係著身分地位的表徵，依照圖紋與傳說，排灣族的琉璃珠大略可分為九級，大部分的琉璃珠僅限於貴族佩戴。（利格拉樂・阿𡠄，1998：2）

第一種大型琉璃珠，是排灣最傳統、珍貴的古珠，其最特別的是彩色且呈現不透明狀，只有少數是單色。各種琉璃珠都有其特定的名稱，其命名是根據它的的紋彩及形狀而定，這種大型的琉璃珠大多放置在項鍊下擺的中央。每一顆琉璃珠都有其一定的稱呼及其擺放的固定位置且有男珠及女珠的區別。

　　第二種小型琉璃珠，排灣族最常見的三種飾物顏色為橙色、綠色及黃色，這三個顏色也是小型琉璃珠最常見的三種，其中以橙色的的琉璃珠最為貴重，稱為pola。這種小型琉璃珠最常用來製作手環、耳環或小孩子的腳鍊等，通常都是以一排或一串的方式來呈現，因為它的體積較小。

　　第三種細小琉璃珠，主要是用來作為衣服上的裝飾物：

> 　　我的外婆與緊鄰的貴族的持家大家長，有著如同親姐妹的情誼，母親出生的時候，鄰家的女性大家長正好參與了母親生產的過程，由於母親出生的時候非常的嬌小，宛如一隻甫出世的小貓咪，這位貴族家族的大家長在見到母親第一眼時，忍不住就說了一句：「Mulidan（穆莉淡）！」意思就是好小好小的孩子，像顆小小琉璃珠似的……
> 　　「Mulidan」是貴族所使用的琉璃珠種類裡，等級最小的一顆珠子，常被用來給貴族的小孩子或最小的子女佩戴……也常被貴族用來作為「賞賜」平民的禮物之一。（利格拉樂‧阿𡠄，1998：2-3）

　　譚昌國（2007：141-144）提到琉璃珠又叫做「蜻蜓珠」，因別名的由來與排灣族的神話有關，因為從神話的內容可以得知琉璃珠是從蜻蜓的眼睛所幻化而成的。因此，琉璃珠是神賜予排灣族祖

先的禮物，這樣的禮物可以顯現出神與排灣族祖先親切的關係。也因這樣的關係，所以更彰顯琉璃珠的尊貴與靈性，也就是琉璃珠可以表徵貴族頭目的身分、也是聘禮的一種。

2.鷹羽

胡台麗（2011：20）說明鷹羽是指熊鷹的羽毛，當排灣族的平民獵到鷹羽時，必須將鷹羽身上有著斜長形且三角紋樣的那二根羽毛，當作貢賦給頭目。因此，只有頭目才能佩戴鷹羽：

> （父親說）我是拉卡茲，什麼是拉卡茲？是守護部落的勇士和獵人。鷹羽製成頭飾是一種彰顯老鷹的靈魂和勇猛的行為，配戴的人必須是上等的人，是值得族人尊敬的人。我把這個榮耀獻給照顧族人的頭目。你長大了也會因為我的身分和事蹟而在頭飾上配戴鷹羽，受人尊敬。（伊苞，2004：11）

在排灣族鷹羽是一種身分的象徵，但在魯凱族則是一種戰功的記號。（有關魯凱族的圖騰將在下面的文章中說明。）

3.羽毛

在魯凱族中佩戴不同的羽毛，則有其不同的涵義：

> 當我們來到獵人祭的現場時……所有的老人頭上所穿戴的頭飾都不一樣，所插的飾物，也都不一樣。有些插上熊鷹的羽毛，有一些人插的是帝雉黑白相間的羽毛，還有是公雞的，但大部分是頭上插著百合花，而且百合花的形式也都

不同。「之所以不一樣的原因，是因為在狩獵尋尋覓覓的一生當中，所獲得的成就都不同。例如熊鷹的羽毛是戰功的記號，帝雉的羽毛是表示其人多次以驚人的速度領先別人援救在野外意外受傷的人，或者部落有難，再遙遠的路，再艱鉅的任務，風雨無阻地從不落人後⋯⋯」舅公喇叭部史官後來才告訴我這一段話。（奧威尼・卡露斯盎，2006：113）

較特別的是大冠鷲的羽毛，只能在自己的婚禮或喪禮時才能配戴，擁有大冠鷲的羽毛人不是貴族就是出草取得人頭的獵人：

大冠鷲的羽毛，只有兩種人才能插於冠上，一是男人必須出草取得人頭之後才能戴；二是貴族階級者，但平時不能帶，只有在自己婚禮中，以及人死即將入土之前才能配戴，以示貴族之身分。（奧威尼・卡露斯盎，1996：16-17）

4.百合花

對魯凱族人而言，佩戴百合花對於男女有不同意義，男生佩戴百合花表示他是一位獵人，且必須在狩獵中狩取六隻以上的大山豬才有資格擁有百合花；對魯凱族女生來說，百合花代表著貞潔，要有良好的婦德的人才能配戴它：

在魯凱族，男女佩帶百合花有很大的意義。男性必須獵取六隻以上的大山豬，才能插於頭上⋯⋯魯凱族男女性在社會道德規範，和價值判斷象徵意義上，全看頭上的百合花冠。因此，魯凱的男性一生只想做獵人和英雄，而女性則一生只想做一個賢慧的女人。一生中能插上百合花，那就是生

命的價值，也是無上的榮耀。（奧威尼·卡露斯盎，1996：113-115）

對獵人而言不同的百合花，則代表著獵人們所捕獵山豬或山鹿數量上的差異：

　　　　獵人所插的百合之所以不一樣，是因為所獲取的山豬和山鹿的數量不一樣所致。（奧威尼·卡露斯盎，2006：113）

琉璃珠、飛禽的羽毛及百合花都是一種表徵身分的飾物，這樣的裝飾物只在有階級之分的族群出現，如魯凱、排灣族。但在有特別的功勞時，一般平民也可以佩戴。

陳雨嵐（2004：137-142）提到排灣及魯凱二族衣服上的圖飾是一種身分的表徵，貴族所穿著的衣飾較為華麗，且衣服上會有太陽紋、獸形紋及人形紋等，是貴族才能使用的圖形紋路；而平民的衣著則以素色簡樸為主。阿美及卑南二族，則可以從衣飾上知道其年齡階層，如阿美族未成年少年只能穿短裙；成年後才能加上上衣、後敞褲腰帶等衣飾。卑南族少年通過考驗進入會所後，服裝會因通過考驗的級數不同而有差異，如初進會所的少年只能穿著淺藍色長袖的短上衣、單片式的短圍裙並繫上紅腰帶；進會所的第三年，腰帶改為綠色、可以戴白色頭巾及花環等。

在傳統原住民社會中，文面、擁有織布技能、衣服上有圖騰飾物都是一種身分的表徵，如階級、輩分、或是成年與否等，它也是原住民一種生活藝術的呈現，更是一種文化的特徵。

第三節　樂器製作與歌曲創作

　　音樂是原住民打開漢人與其文化接觸的第一步，並讓人感受到原住民敏銳的音感，也藉由音樂讓漢人體會原住民開朗、分享的性格，如祭典後的慶祝活動中用歌來和舞。有關原住民的音樂呈現，將從樂器的製作及歌曲的創作二方面來加以探究。

　　在原住民的祭典中，常可以聽到他們渾厚美妙的歌聲，除了臀鈴及杵聲之外，樂器的使用則比較少見，但其實原住民有著最原始的樂器，因為這些樂器都是以他們生活周遭中的材料所製成的，這些材料也是大自然中的最常見的，如用竹子做成的鼻笛、用竹片及月桃所製造的弓琴等。

　　哈尤·尤道（2000）認為原住民的樂器雖然沒有他們在歌唱形式那麼的多樣化，但其可貴的地方在於受到其他外來樂器文化的影響較少，所以保留了許多傳統原住民的風貌。原住民樂器的特色有四個：第一是大部分的樂器聲音都較小，如笛子、口簧琴；第二是樂器多為獨奏的形態，除了杵音；第三是多數的樂器皆是自體發聲，是一種沒有皮膜的樂器；第四是在原住民各族中，僅達悟族尚未發現有樂器的使用。以西方赫倫伯斯特及薩克斯的分法可以將樂器分成五類，分別是風管樂器、自體發聲樂器、絃樂器、皮膜樂器及電子樂器，而傳統的原住民樂器只佔了其中三種種類，也就是自體發聲樂器、風管樂器及絃樂器等。自體發聲樂器，如口簧琴、弓琴、杵音、臀鈴等；風管樂器則有鼻笛及口笛；而絃樂器則有五絃琴，五絃琴是布農族的樂器。

一、樂器製作

劉其偉（1995：172-173）認為傳統原住民的音樂一直停留在原始的階段，各族間的樂器有口琴、竹笛、弓琴及臀鈴拍板等四種。口琴是用竹片製作而成，在竹片中央有孔洞，裡面則裝著有彈性的竹簧，吹奏時左手拿著琴，右手輕輕地拉動琴線來變化音色。竹笛有三種分別是直笛、橫笛及鼻笛，直笛只有賽夏及泰雅二族有；布農、排灣、魯凱及鄒族則是橫笛及鼻笛。以弓琴為樂器的族群有：布農、鄒、阿美及卑南等族，弓琴是以竹片為弓約二尺長，月桃的纖維作絃，吹奏時將弓琴的上方放入口中，而下方則用左手握住並用姆指壓弦，右手撥弄絃來形成樂音。臀鈴則是賽夏族樂器，是將鈴牌拍板放在臀部，鈴牌上則有竹管及子彈的空殼，在跳舞時因著臀部的擺動而產生拍拍的聲音。

風文理（2000）以中央研究院最早收藏的臀鈴為主角，詳細的將它的形貌描述出來：中間是以麻所編成的網袋作為臀鈴的底部，再放上一塊布，布面上用鏡子、野生薏米的果實做成珠串來加以裝飾，在主體布面下方則吊掛著數十條有著空彈殼的珠鍊，兩側則有肩袋。通常在賽夏族的祭典中，臀鈴是主要的伴奏樂器。

奧威尼‧卡露斯盎在《神祕的消失——詩與散文的魯凱》中講述有關巴嫩的神話故事時提到有關魯凱族樂器的段落有：

> （巴嫩問侍女）「剛才好像有一位在外面吹著咕喇露
> （魯凱語的單管口笛）有否聽到？」（奧威尼‧卡露斯盎，
> 2006：173）

上百個部落壯年和年輕人手中都各握著雙管鼻笛和單管

口笛在她左右，悲壯哀怨的笛聲響徹雲霄。（同上，181）

　　從上列的散文中的資料更可以得知魯凱族有鼻笛及口笛樂器的使用。

　　有關原住民竹笛的研究資料多著重在排灣族，而原住民散文中有關竹笛的敘述則以魯凱族奧威尼‧卡露斯盎的作品著墨較多，所以有關樂器的製作則以排灣族相關的資料及魯凱族的散文來加以印證。

　　胡台麗（2011：36、49-51）在田野調查中發現，排灣族平和和古樓村的人認為鼻笛的聲音與百步蛇的從吻端所發出的聲音是相同，所以為了模仿百步蛇所發出的聲音而用鼻子吹奏笛子。笛子在排灣族裡是最普遍且最具代表性的傳統樂器，在田野調查中排灣族有四種吹奏系統，分別為雙管鼻笛系統、雙管口笛系統、單管五孔口笛系統及單管七孔口笛系統。

　　雙管的鼻笛或口笛的主要作用在追求女子，或是部落中有人過世而吹奏的，其差異在於雙管鼻笛是一種身分的表徵，只有頭目家的男子才能使用，所以當雙管鼻笛吹奏時表示是頭目家的男人在追求女友或是有頭目去世：

　　　　我常常懷有打破他（作者的鄰居）沉默的念頭，如同一位演奏家拿起雙管口笛想甦醒他沉悶的心靈。（奧威尼‧卡露斯盎，2006：89）

　　單管的口笛則是平民所使用的樂器，但單管的五孔口笛則是具有出草經驗且獵到首級的勇士才可以吹奏：

（作者的哥哥）他又補充說：「吹奏Kulhalhu（魯凱語即單管口笛之意），並非是竹子的質料多好，而是吹奏者有否用心靈吹奏。」（奧威尼‧卡露斯盎，2006：61）

年秀玲（1996）在田野調查時，受訪者lemariz說到男孩子比較不會在人前用哭泣來表達他的悲傷，但卻可以藉由鼻笛來抒解這樣的情緒，在屏東平和村這樣的事最顯著。當部落頭目過世時，整個部落不允許有一絲的歡笑或嬉戲聲，但是卻可以有鼻笛的樂音出現。因為鼻笛的聲音可以安慰頭目的家屬，這樣的樂音也代表著吹奏人對已逝的頭目表達哀悼。至於笛子的製作，首先要找到竹子，好的竹子指的是生長在深山中，且必須經常被風吹過的，這樣的竹子才是品質最佳。接著將竹子陰乾，等乾了以後再用火去烘烤，笛子的長度是以自己的手為丈量的標準，將自己的五根手指都張開，長度大約是從大姆指的指尖到小拇指指尖距離的二點五倍到三倍，而笛子的孔洞間距則以食指到小拇指等四根手指併攏的一個寬度。而吹口的塞子，則要用刀子慢慢地削細直到可以插進笛子間並能吹出聲音，一根笛子便完成了。

胡台麗（2011：62、68）說明笛聲很像哭聲，是一種哀傷情感的傳達方式，同時也會引起思念。那為什麼排灣族的男子會用笛聲來追求女孩子？因為排灣族男子是採用哀兵策略，男子在吹奏笛子時的心情是忐忑不安的，不知道自己所喜愛的女子到底喜不喜歡自己？因而產生思念的那種悲傷情緒，而女生也因這樣哀傷的笛聲而對吹奏的人有了同情及愛慕之情。所以雖然笛聲是哀傷的，但卻可以用來打動自己心儀的女生。

胡台麗（2000）提到一個關於排灣族的傳說：排灣族人死後在神靈界會歷經三次的死亡，第一次先變成百步蛇；第二次則是以

熊鷹的姿態出現；第三次是變成水在竹節中，所以竹節中的水是死者的眼淚。因此，笛聲是將心中的眼淚吹奏出來：

> 那時在家等待的母親如此說；「遠遠聽到一高音一低沈的聲音像一粗一細的直笛之聲那樣嘹亮和諧，就知道是你們。」（奧威尼‧卡露斯盎，2006：142）

磊晶（2000）指出泰雅族人的樂器大部分都是就地取材而來，如口簧琴，製作樂器有如編織一樣容易，因為樂器的構造及型式都是屬於簡單易學的。而其音樂的特色是一種語言的表達。

二、歌曲創作

江冠明（2000）提到在1970年代原住民少年迷上了吉他，當時歌曲的創作採用集思廣義的方式，你一言他一句慢慢地將歌詞組合成一首歌。這樣的創作方式是傳統原住民部落的特色，族人會聚集在一起吟唱古調的歌謠，這些歌曲只有旋律，並沒有固定的歌詞、節拍或速度，族人可以依自己當時的情感，並即興的填上詞來抒發自己的感覺、心情。因為原住民的歌曲並沒有所謂的歌詞或曲的文字記錄方式，靠著傳唱的方式將族群的古調或民謠等曲子流傳下來。80年代在原住民部落創作歌謠的風氣下，為了歡送哥哥去當兵，陳建年與好友創作了〈故鄉PUYUMA（故鄉普悠瑪）〉這一首歌：

故鄉PUYUMA（故鄉普悠瑪）

作詞：四弦　作曲：陳建年

笛聲響　即將離別故鄉Puyuma　輕輕揮動著我的手

點點雨滴串串淚珠　順著我的臉龐滑落　何時那快樂遠離了我

時光隧道裡　我擺渡著憂愁　孤獨疲憊的我　又將再流浪

故鄉Puyuma　我愛的故鄉Puyuma Puyuma Puyuma Puyuma

Puyuma

（全段重覆一次）

笛聲響　即將離別故鄉Puyuma　輕輕揮動著我的手

點點雨滴串串淚珠　順著我的臉龐滑落　何時那快樂遠離了我

Puyuma Puyuma Puyuma Puyuma Puyuma Puyuma Puyuma

我可愛可愛的Puyuma　我可愛可愛的Puyuma

（魔鏡歌詞網，2012）

　　從歌詞中可看到離別情景的描敘，如笛聲響、輕輕揮動著我的手、又將再流浪等，而離開的地方是Puyuma，Puyuma指的就是就是卑南族，因為陳建年是卑南族人。

　　林桂枝（1993）認為原住民的歌唱內容與生活有著密切的關係，從狩獵、戰鬥、農耕到漁撈；從結婚、祭祖、祭神到驅逐惡靈，祈禱豐收到慶祝豐收等，只要是生活中會發生的事都與歌曲有密不可分的關係。原住民用母語唱頌的歌曲，如果沒有翻譯成中文，非原住民的我們只能欣賞其旋律及歌者的音色；但如果是懂母語的人，就可以從歌詞中知道這首歌想要表達的意境是什麼。最令人尷尬的事，莫過於歌詞的內容如果是下列這樣的型態而我們卻混然不解時：

我是Ijon‧Luma　我已經活得很久了　我住在這個世
界上真的很久了　唉呀，我可能已經一百歲了　我活很太久
了（旁邊的Yaki再度哈哈大笑）　我的年齡有一百歲了　我
在等祖先帶我走　他們怎麼還不帶我走？　我將來去地下一
定要罵我的祖先　為什麼那麼久都不帶我走（笑聲震耳）
我一定要罵祂們　我已經活得很久了　我是Ijon‧Luma　我
活在這個世上已經太久了　希望我的祖先能趕快帶我走（啟
明‧拉瓦，2005：164-165）

　　這是一首母語歌，當時啟明‧拉瓦會播放這首歌，是因友人詢
問是否有關於原住民的歌曲可以借聽，於是選擇了一卷友人所屬的
萬大群族的錄音帶。啟明‧拉瓦因為並不懂其意思，只見旁邊的族
人哄堂大笑，藉由翻譯的友人才得知這首歌的歌詞內容。這是一首
描述歌頌者當時的生活心情，從歌詞中可以看出這位老人對目前生
活的想法以及他對死亡的態度及看法。也難怪聽懂的族人會哈哈大
笑，因為不會有人將這樣的內容專門錄成錄音帶來販售吧！不過也
因為這樣的美麗錯誤，我們才可以知道原住民對歌曲創作的型態是
這麼的生活化。另外，最特別的是〈我們都是一家人〉這首歌：

　　　　　　我們都是一家人（國語、原住民語）

　　　　　　　　　　　　　　　　　　　　　詞、曲：高子洋

　　你的家鄉在那魯灣　我的家鄉在那魯灣　從前的時候是一家
　　人　現在還是一家人　手牽著手　肩並著肩　輕輕的唱出
　　我們的歌聲　團結起來　相親相愛　因為我們都是一家人
　　現在還是一家人（高雄市苓雅區中正國小，2012）

這首歌反應出在現實生活中，對原住民族群間各部落的相處許下了一個期待，也是原住民與漢人於民族融合上的一個期許。

　　范姜（2000）在採訪王宏恩時，問到為何他的作品會沒有世代的差異問題存在？為什麼作品可以被族人接受且傳唱？這些問題的答案都在他的作品中，因為他的創作都是從他的生活及部落的傳統出發，將生活中的感受寫在歌曲中。布農族的王宏恩認為布農族的音樂特色在於和聲，所以在他的音樂中可以聽到他用最簡單的樂器來搭配演奏。

　　林桂枝（1993）認為原住民的祭儀歌曲的旋律的特色是簡短反覆再反覆，有些沒有歌詞的歌曲其旋律有如來自母親的搖籃歌，那樣的音符讓人有放鬆、自然、寧靜的感覺，對原住民而言是別具意義的。在現代原住民的創作歌曲中，用母語來創作的歌曲，就讓人有這樣類似的感覺，如以莉‧高露（2011）的〈閃閃發亮的星〉（收錄於《輕快的生活》專輯中）及王宏恩（2000）的〈月光〉。雖然原住民的母語不是我們漢人所熟悉的，但這二首歌的旋律搭配母語的配唱，聽起來有會讓人覺得舒服、心情變得很平靜的感覺。

　　余錦福（2000）在說明原住民歌唱的表現時，提到有些原住民族群的民謠會用虛詞來唱，如阿美、卑南、排灣等族用「Na Lu Wan」；阿美族用最多的虛詞是「Hoy yan iyo o yan」、「Hi yo hin hoy yan」等。雖然這些是一種虛詞，但對阿美族而言是有其特殊涵義存在的。在早期的創作歌曲中也看到這樣的形情，如陸森寶的〈美麗的稻穗〉中的「ho i yan ho iyan naru hoiyan」；在現在流行樂中，阿美族歌手以莉‧高露（2011）《輕快的生活》的專輯中，其母語的創作歌曲，也有這樣類似的虛詞出現在其作品中，如〈輕快的生活〉中的「hi yo in」、〈閃閃發亮的星星〉的

「ho i yo in i yo in ho wai yan」、〈勤勞的Guad〉的「hi ya o hai yan」及「he ya ai yo ho wo o hai yan」。雖然虛詞的意義我們無法得知,但這樣的虛詞重覆出現在歌曲中,卻會人忍不住也跟著哼唱起來並留下深刻印象。

　　原住民創作歌曲的特色為平順、好學、曲調優美(江冠明(2000)在採訪時,楊永森所說的話),所以歌曲總能讓聆聽的人琅琅上口,並從歌詞中去看到原住民對大自然、對生活所想傳達的感動或體會,也讓我們看到不同面向的生活體驗及自然景色。生活是原住民歌曲創作的來源,每天與大自然為伍的生活感受,讓人類的心有如重回大自然的懷抱,所以它能讓不同的族群所接受,也讓原住民能認同這類的創作曲,更因著原住民獨特的唱腔而將原住民的歌曲推上國際舞臺,讓全世界的人們認識存在臺灣的這種好音樂,如1996美國亞特蘭大的世界奧運中,以郭英男夫婦所演唱的〈老人飲酒歌〉作為宣傳片中的配樂。

　　原住民的樂器種類雖不如西方那麼多樣化、音色那樣的多變,但因其取材自大自然,演奏的音色卻有如天籟且百聽不厭。許多的古調歌曲在部落中已不是人人會唱,但原住民獨特的捲舌音、抖音或虛詞的運用等,都在現代的原住民創作歌手的作品及演唱上可以聽到。

第四節　其他生活器具

　　有關原住民藝術的表現在前面三小節已探討了建築與刻雕、編織與文面及圖騰飾物、樂器製作與歌曲創作等;但原住民的生活器具種類多且數量也不少,如杵舂、陶器、皮製品等。本小節將針對

原住民各族中較特殊且較具文化代表性的生活器具來加以探討，如達悟族的拼板舟與丁字褲、魯凱族的陶壺等。

一、拼板舟

建造一棟家屋及一艘拼板舟是一個達悟族男人一生所努力的目標，也最能表現出達悟族特有的文化，因為家屋建造時的空間安排、家屋的門數等，在在都顯現出達悟族對人或是性別上的一種態度（詳見第七章第一節）；拼板舟不論從事前的準備工作、製作過程、下水典禮等都可以看到達悟族人團結、堅持及祖靈信仰文化的表現，更是一種親子間文化傳遞的過程，所以家屋及拼板舟是達悟族精神的象徵。

> 造舟是我雅美人最重要的技藝、生存工具以及被族人肯定為真正男人的工作。除了造船外，你的工作是否精細、船快不快……等等，無一不是在證實你的能力，而這個能力的長久累積便是你的社會地位。（夏曼‧藍波安，1997：55-56）

> 從另一個角度思考，追求當船主也正是夏本‧阿尼飛浪這一生最大的心願，那是達悟男人最高的榮耀，此榮耀的光環將是留給後代子孫立足於島上被記憶的財富，在傳統社會。（夏曼‧藍波安，2002：91）

達悟族人為了捕捉飛魚，因而需要船隻來協助捕撈的工作，漁船因而產生了。達悟族的船隻稱為「拼板舟」，因為它是由各種不同材質的木板所拼接而成的：

不一會兒，父親雙唇銜著一根菸走到屋外的涼臺上，說道：「我等了十多年了，你願和我共同造舟嗎？飛魚季節就要來臨了，沒有船的家庭，等於沒有男人的家。」（夏曼・藍波安，1997：53）

船隻大小的區分方式，因不同的學者而有不同的區別標準，如陳雨嵐（2004：163）將拼板舟以木板拼接的塊數而區分大船及小船二種，大船是由二十七塊木板所拼接而成，可以容納六至十人；小船則是用了二十一塊木板所拼合，大約可容納一至三人。王嵩山（2010：190）則是以船隻所能乘坐的人數來區分船的大小，三人以下所乘坐的船稱為小船，在達悟族稱作「tatara」，而「tsinulikulan」則是指可以容納六人以上的大船隻。不同大小的船隻則有不同的名稱，如一人用的小船則叫做pikatanian、二人的稱作pikavagan。大船是捕撈飛魚期時，漁團集體出海捕魚的工具，而三人用的小船則是家族所擁有的。譚昌國主編（2008：35-36）的區分法是以船槳及船板的層數為分辨標準，大船用四層船板拼成，船槳是以「對」為單位，小船的船板則有三層，船槳的單位量為隻。但如果以人數來看這樣的區分法，仍是以六人以上及三人以下來區別大小船：

> （叔父說）我想造一條大船，祭祀飛魚神祇的船，而且夏曼・藍波安對於傳統的工作很有興趣，讓我們三兄弟，在我們的殘年歲月裡教育他吧！」
> ……只要有夏曼跟我上山伐木，再累也值得。所以，我贊同二哥的意思，造六槳三人的中型的船。（夏曼・藍波安，1997：92-94）

第四層的六塊船板全是古老大棵的麵包樹，猶如一波又一波、逐漸逼近岸邊的湧浪，再次激起部落裡二、三十名親人前來幫忙。（夏曼・藍波安，2002：96）

余光弘（2004：31）指出在建造拼板舟時，要因應不同部位的使用狀況，而採用不同的木材。如船底板是使用最頻繁的地方，王嵩山（2010：192）則詳細的說明因船底在拖拉上岸時，會與陸地有所磨擦，所以要選用欖仁舅、蘭嶼赤楠這一類耐磨耐腐的木材；船首及船尾的龍骨取材是以欖仁舅這類材質堅硬的樹木，因為它是船隻經常會碰撞的地方；而船身則是要用質輕且軟的木材，因為這樣船的重量才不會太重。劉其偉（1995：280）說明拼板舟的龍骨有三種，分別是船底及船首、船尾，船首及船尾的造型都是彎曲的形狀。這二個龍骨要跟船底的龍骨接合起來成為一艘船的中心軸，而且在進行上山砍材活動的第一次時，必須選定一個良辰吉日。譚昌國主編（2008：44）則細分砍取木材的順序，第一次要先砍選船尾的龍骨，如果附近適合的木材很多，則可以一次將船頭尾的龍骨一起砍取。接著再上山砍取船底所需的龍骨：

在上山砍造身的樹的前些天，父親們選擇吉日聚集聊天、交換意見，我在一旁聽著他們的故事。（夏曼・藍波安，2002：219）

四月初，夏本・阿尼飛浪揹著三把斧頭在深山裡「迷路」（遠離惡靈的意思）來到了造船所需的第一棵樹。第一棵樹要造大船龍尾，龍尾會成為魚艙，象徵大海的漁場。（夏曼・藍波安，2002：94）

造船的第一棵龍骨雛形做好了之後，長輩們同聲說：
「願你的底部像是抹了油似的直航到海平線，讓你快一點在
我們家的院子休息，接受祝福。」（夏曼‧藍波安，2002：
224）

余光弘（2004：31）解釋拼板舟頭尾的木材是要選用自然形
成一個弧形的樹板根來當作材料，而船底的龍骨則是要選用筆直的
樹幹：

第一棵樹──船的龍骨，父親的神情是那麼的嚴肅⋯⋯
「孩子，船的龍骨要前首尾稍高」⋯⋯你的第一條船快不
快，你都要不停反覆思索船的曲線，不斷⋯⋯」父親在一旁
指導我。就這樣從第一棵樹砍到第十二棵樹，從瑪雅的口中
學到了很多。（夏曼‧藍波安，1997：60）

譚昌國主編（2008：44、46）提出在將所需的船板都從山林
裡砍取下來後，要先將船板進行削薄、整修的工作，接著再進行組
裝。每一層船板間的縫隙要用蘭嶼花椒這種植物的根部纖維來進行
填塞的工作：

眾多親友們的幫忙，使得大船最重要的六塊船板的雛
形很快便完成，扛回到夏本‧阿尼飛浪家的屋院，深山裡重
度消耗體力的伐木工作，終於告一段落。（夏曼‧藍波安，
2002：96）

拼板大船兩邊三層計十八棵樹。夏本・阿尼飛浪獨自砍
了十六棵。每棵樹圓周直徑皆是七、八十公分左右，三公尺
長，爾後一斧一斧地削到五、六公分薄，具有曲線弧度的船
板雛形；加上他的舵槳，以及六個兒子的六個雕飾槳，總共
砍了二十二棵樹。（夏曼・藍波安，2002：95）

　　　他已經靜靜地承受好幾個月癌細胞侵擾……我經常主
動去訪視，每次看著他沒病似地專心以斧頭削齊每塊木板，
很細心地安裝船板。他擔心木板間縫滲水，因而危害他兒子
生命，他總是按部就班地完成每個步驟。（拓拔斯・塔瑪匹
瑪，1998：73）

　譚昌國主編（2008：49）對拼板舟的雕刻及彩繪的順序作了
說明，首先要從船首及船尾的龍骨開始雕刻，接著才是第三及第四
層船板的外側及第四層的內側，同時也開始做船首尾的羽毛飾物。
　王嵩山（2010：193）認為達悟族人用長尾雞的雞毛來裝飾拼
板舟的船頭、船尾，目的是為了祈求漁獲豐收。余光弘（2004：
32）說明船板上所雕刻的圖騰，是有其涵義存在的，如黑白相間
的白鋸齒狀紋路代表波浪；人形的圖紋是祖先或族中英雄人物的代
表；而在船首船尾都有的星芒狀的同心圓圖紋代表船的眼睛。王嵩
山（2010：195-196）則更深入的解釋，是因為達悟族人認為，船
如果沒有眼睛無法航行到目的地、也會沒有辦法捕魚。這個船眼，
也代表著某一個漁船團體的財產符號：

　　　雕刻著達悟特有的船紋，像是優美典雅身著傳統服飾的
清新且自信的少女，大船佇立在夏本・阿尼飛浪家的屋院讓

人觀賞。（夏曼·藍波安，2002：97）

　　綜合劉其偉（1995：286）及譚昌國主編（2008：49-51）的
資料，傳統的達悟族人使用紅、黑、白等三色來將拼板舟上色，船
隻在水中的部分塗上紅色；因為雕刻所以船板會產生凹凸的狀況，
凹的部分塗上白色，凸出的部分則使用黑色染料，但上色的順序為
白、黑、紅，以白色為底色，而黑色及紅色則用來將圖紋上色。這
些色料都來自於大自然，紅色取自於一種赤土，用石頭加以搗碎後
加水，再用林投樹的果實作為塗色的工具；白色是將夜光貝研磨後
加以燒煉而製成的；黑色則是刮下鍋底的黑灰，並加入豬油調和，
加入豬油的作用可以增加黏性，而使得顏料不會那麼容易剝落：

　　　　（他）為要親眼看小船下水，親臨人生最後一次的下水
　　儀式，接受當人一生中至高榮耀；他已沒有工夫把達悟特有
　　意義的美麗圖案刻在船身上，他決定儘可能拖延生命，只用
　　顏料彩繪蘭嶼船的紋飾，新船下水已是唯一的期待。（拓拔
　　斯·塔瑪匹瑪，1998：73）

　　余光弘（2004：32）表示只有計畫要舉行下水典禮的拼板
舟，才能在船板進行雕刻圖紋及上色的工作（有關拼板舟的下水祭
儀，將在第八章第三節討論）。
　　從樹材的挑選、砍取，達悟族人表現出對自然界樹種的了解與
尊重，而拼板舟上的圖紋，則可以看出達悟族人對捕魚的期待，及
與自然融為一體的想法；而從一層層船板的接合、填縫讓人看到以
海為家的達悟族人也有其細心的一面。從決定造船的那一刻起，達
悟族人就開始努力打拼，期待著拼板舟的完成並舉行下水典禮，接

著盼望著飛魚祭的到來！單純的想法、腳踏實地的實現，卻讓人看到一種不平凡的藝術表現：

> 我了解父親們所要造的是普通沒有雕飾的船，只是，造船是為了招飛魚祭典、捕魚用的。（夏曼・藍波安，2002：219）

二、丁字褲

丁字褲是原住民服飾中辨識度最高的，所以一般人看到丁字褲就知道它是蘭嶼達悟族的傳統服裝，再加上它與其他原住民的衣服差異性很大。因此，這裡就從丁字褲的文化上來討論，而不從「編織」上來探究丁字褲。

陳雨嵐（2004：139）說明達悟族的小孩第一次穿丁字褲時，要選一個吉日並面對日出的方向來進行穿丁字褲的儀式，其涵義為永遠不分離，父母親還會為孩子第一次穿丁字褲舉辦慶典來為孩子祈福。丁字褲其實是達悟族人智慧的一種表現，因為達悟族人必須出海去捕撈漁獲，如果穿著像其他原住民的衣物，將會使得工作起來很不方便，因為衣服遇到水重量變重，一個不小心衣服很可能會被海水沖走，或是增加達悟人行動上的不方便等；再加上蘭嶼位於熱帶氣候區，夏季天氣炎熱，丁字褲的設計符合當地的天氣，並增加族人捕魚時的方便性：

> 表姐夫為了孫子及孩子，只穿一條丁字褲就潛水找八爪魚。（夏曼・藍波安，1997：21）

王蜀桂（2004：78）提到達悟族因為傳統的限制，所以衣服都是以白、黑、藏青三色的條紋來變化，蘊含有海洋的氣息。衣飾上並沒有階級的分別，只有在年齡、性別及審美上的區別而已。而譚昌國主編（2008：130-131）說明丁字帶的樣式是兩端有著黑色及藍色夾織的橫條紋布幅，小孩子使用的是有三道橫紋的丁字帶，成人是四道橫紋，而年紀大且自認禁忌愈少的老人，則是會在距離兩端的四條橫紋約二十多公分的地方再加上四道橫紋。夏本奇伯愛雅（1996：61-65）認為穿丁字褲是一種專門的學問，也具一種審美觀，因為穿得太高會失去了美感，而太低則會失去了純真，標準的位置是要穿在屁股的上面。丁字帶的兩端沒有頭尾的區別，丁字褲的穿法是先將一端由前面開始環繞，同時用大腿夾住後由右前方向左環綁二圈後在背腰上打上活結，鬆緊度適中即可，只要丁字褲不會因做動作而落掉。

　　丁字褲是達悟族特有的服飾，因著蘭嶼炎熱的氣候及達悟族人的工作所需而產生，它不只是達悟族男子的傳統服裝，從穿著的方式、丁字帶上的橫紋等都蘊涵著達悟族的審美觀及其年齡代表等文化。

三、陶壺

　　奧威尼‧卡露斯盎（1996：103）解釋「低倫」是魯凱語陶壺的意思，陶壺是魯凱族祖先所傳下來的物品，為一種身分的象徵，只有貴族、英雄或部落中的望族才能擁有，也是權力的象徵，所以大部分的陶壺都在大頭目的手中。

　　陶壺可以依其花紋及外形的樣子來分類。奧威尼‧卡露斯盎（1996：103-108）提到依魯凱族的分法，可以分成五類：

第一種是威尼里拉昂拉昂瓦尼：主要的特徵是，在陶壺頸部的下方兩邊各有兩條百步蛇，這種是陶壺中最高級的作品，但並不普遍，通常只有在大頭目、貴族或特殊階級的家族才會有。

　　第二種是比奴欣欣昂尼：這種陶壺上有「重圓紋」存在，圖紋的範圍從陶壺口的內側頸部外圍到腹部的蛇紋形，樣子很像琉璃珠。

　　第三種是瑪卡都彭：最常以虛線來構圖，但不是重圓紋或蛇紋，倘若有重圓紋，通常會是在陶壺的頸部或腹部。這類的陶壺在二等級的貴族最多，平民的望族也有。

　　第四種是都達哦達尼：這類的陶壺體積最大，會有圓形的鉤子，但不是在陶壺的兩邊、不然就是四邊都有，但表面的花紋可有可無。

　　第五種是瑪卡伯樂伯樂：是陶壺體積中最小的一種，表面沒有任何花紋。

　　奧威尼‧卡露斯盎（1996：108）認為陶壺是一種身分的表徵，如魯凱族頭目的石板屋底下，一定會埋有一個陶壺，是一種身分的象徵；也可以當作結婚的聘禮。頭目間的訪問，會有一個「觸摸陶壺之禮」的儀式，這個儀式是受訪的頭目將陶壺拿下來給來訪的頭目觸摸，互相承認彼此有著對等的地位。在古代以物易物的年代，陶壺是最珍貴且最具有價值的物品，在不得已的情形下可以拿它換取食物；陶壺同時也是一個占卜的工具。但陶壺的珍貴處是在它的象徵意義上，而不是在於完整與否，如陶壺被摔破，一般人一定會將它丟了，但在魯凱族如果陶壺被摔破了，是不可以把它當垃圾丟掉，必須把它放在竹簍裡保存下來，如果將破掉的陶壺拿來作聘禮也是會被接受的。

　　莊伯和等（2002：237-238）將排灣及魯凱的陶壺依紋路分成二類，第一類是菱形的花紋，主要以蛇形紋為主題，並運用各種

方法來呈現，如浮塑、刻畫陰紋；第二類是圓形陶壺的花紋，將長方、正方和三角的線格紋、斜紋、圈點紋等所組合而成的圖案。在排灣族的五年祭，排灣族人相信祖靈會回來借住在陶壺中，所以陶壺是五年祭祭儀的主要祭祀的對象，祭酒也是盛裝在陶壺裡。

對於藝術，每個人都有不同的感覺、不同的欣賞角度，原住民藝術的特色是什麼？原住民的藝術美在哪裡？

周慶華（2007：252-253）認為美與藝術的界定都有一套意識型態和歷史的制約標準，以網路時代作為一個時間上的分界，那麼所模塑出來的美則可以分成九大類，分別是優美、崇高、悲壯、滑稽、怪誕、諧擬、拼貼、多向及互動等。「優美」是指形式結構上和諧、圓滿的狀態，讓人產生純淨的快樂感；「崇高」是指形式結構較龐大且有著劇烈變化，這樣的美會讓人有情緒高亢、振奮的感覺；「悲壯」則是指有正面性或英雄性格的人物，遭受到不該有但卻又無法擺脫失敗、死亡或痛苦的狀況出現，而讓人有了憐憫和恐懼的情緒；「滑稽」是結構中有違背常理或矛盾衝突的事物存在著，而讓人產生發笑、喜悅的心情；「怪誕」是指結構上一些異質性事物並列在一起，而讓人有荒謬絕倫的感受；「諧擬」則是在形式結構上出現了詼諧模擬的特性，讓人感覺錯亂；「拼貼」是在形式結構上一種能力的表現，採取高異質性的方式去拼湊完成，讓人有站在錯綜複雜岔路口的感覺；「多向」是在形式結構上將許多的媒材鏈結在一起，如文字、圖片、影像、動畫等，引發人無窮無盡的情思；「互動」，是在形式的結構上保留空間，讓接受者進行呼應、省思及批判。

依序將這九類的美加以區分，則可以分成「優美／崇高／悲壯等模象觀式」、「滑稽／怪誕等造象觀式」、「諧擬拼貼等語言遊戲觀式」、「多向／互動等超鏈結式」四種審美模式。而原

住民的藝術表現仍是停留在傳統且以自然、原始的方式來創作，因為這些器具都是傳統原住民生活中會使用到的器具。因此，原住民的藝術表現是屬於四種審美模式中的前現代「優美／崇高／悲壯等模象觀式」。又因為原住民藝術表現中並沒有劇烈的變化、也沒有會激起人們憐憫的不幸遭遇人物出現，而是以一種和諧的方式來呈現，並且讓人有愉悅的感覺，如達悟族家屋的空間分布、拼板舟船頭船尾的船眼及羽毛裝飾、原住民各族服飾的色彩搭配及圖騰運用等，在在都讓人有愉悅、和諧的感受，所以原住民藝術表現則又是屬於「優美／崇高／悲壯等模象觀式」中的優美模象表現，是用一種最原始的生活方式，來記錄著屬於他們的文化、從生活中的建築、雕刻、編織、圖騰、飾物等，來呈現其美的感覺及形式。

原住民的藝術表現是以祖靈為「終極信仰」，如服飾上的菱形紋代表著祖靈的眼睛。因著祖靈信仰而將藝術表現的「觀念系統」由飲酒禮俗、巫術、狩獵文化這三方面來呈現，如酒杯上的雕刻、巫師箱上刻有百步蛇的圖紋是一種神力的象徵、獵物的羽毛是一種飾品也是一種身分的象徵等；權力、性別、輩分則是藝術表現的「規範系統」，如在魯凱、排灣族的貴族才能擁有陶壺、而貴族中的女生則可以佩戴琉璃珠等；藝術表現的形式則在建築與雕刻、編織與文面及圖騰飾物、樂器製作與歌曲創作、其他生活器具等四個面向上可以看出原住民最質樸、自然的美；至於「行動系統」在藝術表現這個部分則是沒有，因為原住民的藝術表現都是在生活中的器具上，並不是刻意去製造一個藝術品，因此在「行動系統」這個部分是以空白來呈現。以上所提及的原住民文化中的藝術表現在氣化觀型文化（泛氣化觀型文化）所歸屬的地位，則可用下圖來呈現其關係及脈絡：

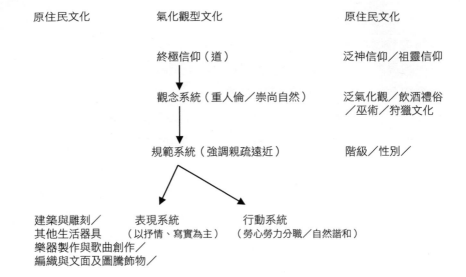

圖7-4-1　原住民藝術表現與氣化觀型文化的關係圖

第八章

原住民散文中的禮俗規範

　　人的一生從出生到死亡都會歷經許多的事，而原住民對於生活中重要的日子，如出生、結婚、死亡、部落的祭儀等，也都有一定規定及活動；而這些禮俗都是以祖靈為信仰中心所發展出來的，如嬰兒出生時感謝祖靈的庇佑、死亡時要藉助巫師的力量牽引亡者到祖靈的世界去，所以禮俗規範中存在著巫師使用巫術來協助儀式的進行。此外，喪禮、婚禮及祭典都需要用到酒、動物的肉及特殊的衣飾、穿著等，這些都與飲酒禮儀、狩獵及藝術表現有關。所以原住民的禮俗規範是以祖靈為信仰為起源，而與巫術、飲酒禮儀、狩獵及藝術表現息息相關。圖8-1-1則是呈現出禮俗規範與祖靈信仰、飲酒禮儀、巫術、狩獵及藝術表現的關係。其中「祖靈信仰」的圈圈是最大的，因為祖靈信仰是原住民所有文化起源的根本，所以用最大的圈圈來表示；而飲酒禮儀、巫術、狩獵、藝術表現及禮俗規範與祖靈信仰則是休戚相關，且其彼此之間環環相扣：

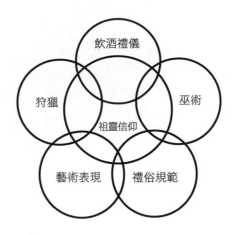

圖8-1-1　祖靈信仰與巫術、飲酒禮儀、狩獵、
藝術表現及禮俗規範的關係圖

第一節　出生與成長的禮俗規範

一、出生前

　　田哲益（2003：87-88）談論有關布農族的懷孕禁忌共有二十二項，這些禁忌的目的都是要讓孕婦能順利生下孩子。其中對於燃燒柴火則有著特別的規定，必須順著木頭生長時的方向放入灶內，其目的是為了避免讓孕婦有胎位不正的情況發生；孕婦也不能吃飛鼠肉、死雞或猴子肉，否則生下來的孩子會作賊、長不好或像猴子一樣瘦瘦的：

每天，母親在清晨起床時，必須立刻將被子摺疊整齊，打開窗戶迎接太陽的溫暖和光明；畢竟太陽有著天神的力量，它可以使弱小的生命立刻擁有生存的力量，我不能缺少陽光的滋潤，如同住屋右邊爐灶的火種是不能熄滅的。大人外出狩獵、耕作所攜帶的小米，到達目的地之後，必須打開迎向大地；從耕地收穫而來的食物，返家之後，必須立即從背籃中傾倒地面；入灶的薪材，必須順著生長的方向進入火堆，這一切都象徵著我將安全「落地」。母親甚至禁食飛鼠肉，因為飛鼠與生俱來的偷竊習性將會遺留在我的身體之中，使我成為眾人憎恨的小偷。（霍斯陸曼・伐伐，2003：151）

在李亦園（1982：316）研究泰雅族對於孕婦的一些禁忌中，也提到孕婦不能吃猴肉或暴斃死亡動物的肉，至於理由是什麼則沒有加以說明。

對即將臨盆的孕婦的禁忌，分別在泰雅族與魯凱族散文中有略提一下。如泰雅族不能將孕婦臨盆的消息告知其他人，是為了避免讓惡靈有機會來危害產婦及嬰兒：

　　我的祖母里孟・尤順對於媳婦即將臨盆的情形，都絕口不對外人透露訊息。這是為了讓產婦能夠平安順利地生產，也可以避免別人因為嫉妒而作惡意的m'honi（施術詛咒），以及不要讓utux（惡靈）前來危害孕婦和新生兒的生命安全。（馬紹・阿紀，1999：23）

而倘若是家中有孕婦的魯凱族，家中則不能有用野藤綑綁的東西、也不能蓋房子或種樹，否則會讓孕婦無法順產：

> 那一天早上，我們並沒有煮早餐，我便拿起月桃書包要去學校，輕悄悄地走過，發現家裡內外血跡斑斑她在昨夜裡走過的腳印，那腳印去每一個有用藤條綁住的架子把它給鬆綁解開……

> 後來才從你祖母那裡得知，是因為你叔叔生產掙扎已經是第二天的深夜，始終生不出他來……她想：無法順利生產，可能是某種癥結造成的，於是在深夜裡她用爬著去每一個有綁住的架子一一把它解開，因為在我們魯凱族的習俗，有懷孕的家族，所有用野藤綁起來的東西一律要把它解開。因為如此，任何有懷孕婦人的家族，期間不能設置永久性的設施，例如蓋房子、種樹之類的事情，而你祖父要出門之前，竟忘了這個重要的事情。（奧威尼‧卡露斯盎，2006：41）

二、出生後

嬰兒出生後，對親友而言是一件高興的事，大家都會想看看嬰兒的長相，但在布農族對產婦房間的禁忌為訪客不可隨意進入，為了避免外人不小心將惡靈帶入產婦房而危害產婦及嬰兒，所以要進入產婦房的外人都必須先跨過門口的火堆，藉助火的力量來趕走惡靈：

> 此時的母親虛弱了，一種陽光化為月光的虛弱，因此母親在無法下床走路之前，為了避免外人無意間帶領魔鬼入

屋，傷害軟弱的母子，所有外人於入屋探訪之前，必須跨過
燃燒於門口的火堆，讓火的力量將依附於訪客身上的魔鬼趕
入夜裡最黑的山谷；外人也不能利用產婦住屋內的火種點
菸，因為火是太陽在地上的化身，擁有族人所盼望的力量。
（霍斯陸曼・伐伐，2003：152）

而生產完的母親因為要哺育母乳，所以對吃的食物更要小心謹
慎。在布農族中有關產婦的飲食禁忌則有：

母親的眼神雖然充滿了喜悅，但是為了哺育我的奶水能
潔淨如泉水，必須嚴守古老的「食物禁忌」。三個月之內，
不能食用糯米、地瓜、豬肉、芋頭及青菜；外人亦不得食用
母親吃剩的食物，這會分食了母親養育小生命的能力，間接
損害了我的健康，日後我將無法抵抗病魔的詛咒，導致我百
病叢生，直到死亡。（霍斯陸曼・伐伐，2003：152）

而泰雅族對於新生兒平安的降臨，則是先以酒向祖靈表達感
謝，並向祖靈傳達這個家族將有後代的喜訊，接著則與親友一起用
酒來慶賀：

我的父親在那裡整晚都心神不寧，一直確定了我和母親
的狀況都平安了之後，他便很興奮地帶著初釀的糯米酒與親
人們分享，並將先倒出來的第一杯酒灑向屋外，除了感謝祖
靈的庇佑，也向祖宗們告慰家族後繼有人的喜訊。（馬紹・
阿紀，1999：23）

（一）命名

　　王梅霞（2006：98-99）說明泰雅族女子在生產後，其丈夫要贈送禮物給妻子娘家的親戚，其作用是為了消除因為姐妹生孩子所帶來的不淨。嬰兒臍帶脫落後則要舉行禳祓儀式，儀式進行的方式是先在房子的外面將火生起來，接著再把嬰兒抱出屋外就可以了。在未舉行臍帶脫落的禳祓儀式前，媽媽及嬰兒都不可以外出，家人也不能出草狩獵或爬山涉水等。嬰兒出生後十天則要進行命名儀式，一般習慣都是沿用祖先的名字。如果嬰兒在命名後有體弱多病的狀況出現，則可以改名字；倘若生病的狀況不斷，則可以請巫醫進行竹占，找一個孩子健康的母親認她為名義上的母親：

　　　　滿月後的初秋，帶著小芸回瑞岩部落看阿姨，阿姨歡喜地將她抱在懷裡，仔細地端詳後說道：「長得跟拉娃一樣漂亮，就叫她拉娃好了。」眾親戚頓時鼓掌說好，拉娃拉娃親暱地叫著。

　　　　母親過世後，阿姨有權利與義務為女兒命一個泰雅名字。泰雅人喜歡命名長子（女）之名與祖父（母）相同，阿姨了解我的心思，拉娃就是母親的名字。（啟明‧拉瓦，2005：20）

而魯凱族奧威尼‧卡露斯盎則說明自己兒子的名字由來：

　　　　當你還在你媽肚子裡的時候，早已選好她祖先一位偉人的名字鳴鹿咕來取你的名。（奧威尼‧卡露斯盎，2006：44）

（二）周歲

王梅霞（2006：999）提到泰雅族的小孩從出生到成年為止，孩子的父親每年都要送禮給妻子娘家的兄弟，最後一年則是會用豬或牛來當作禮物，作為一個長期饋贈的結束：

> 當天是她（我的親戚撒韻）第二個兒子滿周歲，撒韻準
> 備了一頭豬，帶下山給娘家的父母、親友分享。（里慕伊‧
> 阿紀，2001：141）

（三）成年禮

成年的泰雅族人必須接受文面，但男女必須符合部落所規定的能力才能進行文面，如男生要獵捕到山豬、女生則要會織布等（詳見第七章第二節），而布農族的成年禮則是「拔門牙」：

> 父親催促我參加部落緊接在「鋤草祭」之後的「成年
> 禮」，族中長老以兩端綁著苧麻維線的木棒將兩顆門齒硬生
> 生地拔掉，那是一種挑戰，也是一種要求。男人若不拔牙，
> 將無法培養剛強的毅力，日後作戰將失去勇氣，不敢面對敵
> 人，導致被追殺身亡；上山狩獵也將為獵物所不恥而毫無所
> 獲。女人不拔牙，將因欠缺忍耐的毅力而無法從事冗長繁複
> 的織布工作。（霍斯陸曼‧伐伐，2003：153）

布農與泰雅二族的成年禮都是希望藉由忍耐疼痛的訓練，讓下一代知道要負起族中及家中大小事，需要勇氣、耐力及毅力。至於魯凱族的成人禮，達西烏拉彎‧畢馬（田哲益）（2002：200-

201）則說明在魯凱族女生沒有所謂的年齡組織，女生從小就跟在母親身旁學習家事、織布及田裡的工作等，她們的成年是指結婚生子；而男生則依年齡而有不同的分級，當他們十七歲時就要準備進入會所接受訓練，通過斯巴達的訓練後才會由頭目賜給頭飾和上衣，完成成年禮的儀式後就是魯凱族的勇士：

> 眼看著你也逐漸地長大，覺得：「應該為你們舉行成年禮的時候了。」
>
> 第二天，你們穿著你媽親自為你們編織的傳統禮服，頭上戴著彩色且華麗的冠環併肩坐在九穹木樹底下的大石頭上……在伍姆（魯凱語祖父之意）加瑪爾親自督導下，我特地向東方的聖地──巴魯冠（古人所說：魯凱族靈魂永恆的歸宿）向你們的祖父，誠懇地祈求他照耀你們一生的路途。
> （奧威尼・卡露斯盎，2006：55-56）

（四）結婚

傳統的泰雅族對結婚一事採取開放、自由的方式，讓未婚男女先認識、了解彼此，再決定是否要提親：

> （外婆說）像我們年輕的時候，跟那麼多理固依（男子）一起睡過覺，直到出嫁那天，還是清白之身呢！……我沒開玩笑！我們那時候真的有跟男生一起睡的習俗啊！……那時候，一個女子成年了，也就是文面了之後，若有男子對她有意追求，就可以透過長輩的推介，安排他在女方或男方家裡與女子同睡一床。（里慕伊・阿紀，2001：125-126）

1.提親

王梅霞（2006：100）將泰雅族人的婚姻儀式分成議婚、訂婚、娶婦媳、歸寧等四個步驟，議婚是由男方聘請部落中較會講話的族人共四男二女，代表男方向女方的父母進行議婚一事，議婚的過程是用歌唱或辯論的方式，來釐清男女雙方家的關係，以避免觸犯族中三至五代的禁婚範圍，或是祖先彼此是否曾獵殺等事件。議婚的時間可長可短，在這個期間男方要每隔一段時間到女方家去拜訪。議婚成功時，要送女方家黏糕，並將山刀贈送給新娘的兄弟，又稱「送刀之約」：

> 在我mastas之後的第二年，我的父親和我的伯父巴度‧酉浩到瓦郁‧哈勇的家裡去s'mzey（提親）……剛開始，瓦郁的母親都只是推辭說想再等個幾年。後來，我的父親就常常叫我送一些山肉到瓦郁的家，而我們家的親人也常主動幫忙他們收割小米，或是讓我背一些劈好的木材送到瓦郁的家。大約過了二個月之後，瓦郁的家人就送了回禮給我們，表示他們答應了這一件婚事。（馬紹‧阿紀，1999：38）

2.訂婚

王梅霞（2006：101）說明訂婚前的準備是從議婚成功後，男方部落中的所有成員會進行打獵並準備醃肉，而各家也會分別準備黏糕和酒，而男方家則要準備好訂婚時要用的豬或牛：

> 訂婚的時候，我們送了兩頭山豬給瓦郁的親人作為sapat'（訂親的豬肉），好讓她們的親人都能分享我們的喜

悅，也藉此向親族們宣布我與瓦郁即將正式成為夫妻。（馬
紹‧阿紀，1999：38-39）

訂婚當天男方則帶著部落成員及自己家準備的物品到女方家，
女方家收下這些物品後，則將它們分配給女方家前來參與訂婚的族
人或親友。如果聘禮多，則以人為單位一人一塊；聘禮少，則是以
戶為單位來贈送禮物。

3.婚禮

王梅霞（2006：102-103）談到泰雅族結婚的準備工作是從
確定結婚日期那天開始，與訂婚時一樣，男方及其部落的族人要
進行狩獵，將獵捕到的獵物做成醃肉，並準備酒和黏糕及飯菜，這
些食物都要集中到男方家，男方也要再次準備豬或牛，以供結婚時
的使用。

結婚當天女方的親友及部落族人要到男方家，男方的部落族人
不參加婚禮。當天新娘會送給新郎及其父母、堂兄弟等自己所編織
的衣服。第二天男方才會拿出醃肉及黏糕分配給女方前來參加婚禮
的親友及部落族人。喝酒跳舞的慶祝活動至少會連續二天二夜，然
後才由男方將女方參與婚禮的族人送回部落，沿路以飲酒的方式來
進行。

4.歸寧

王梅霞（2006：104-106）指出歸寧的時間在婚禮的數天之
後，由女方家通知新娘回娘家取回嫁妝，男方的親戚會帶著黏糕陪
同新娘一起回娘家，女方的家人也會準備黏糕送給男方。新娘帶著
嫁妝回到婆家，婚禮的儀式才算結束。

在泰雅族有著退婚及離婚的規定，王梅霞（2006：106）表示因為男方從提親到結婚已付出許多，所以女方必須賠償男方的損失。賠償辦法，則是依提退婚的時間點而有不同的賠償，如訂婚五年以後提出退婚，女方要賠償的相當多，通常是以牛隻作為賠償品，賠償的數量則以當初男方在婚前所付出的物品決定，還可以損毀女方家的倉庫及糧食來表示抗議。

倘若是離婚，則要由男女雙方合買豬隻來祭祀祖靈，犯錯的那一方就要多付一點豬隻的費用。而關於離婚的賠償問題，則取決於犯錯的一方。倘若錯在男方，則女方不用賠償；倘若有小孩，通常孩子會歸屬男方，那麼女方就不用付出太多的賠償。又倘若是錯在男方，女方則可以擁有孩子且不用負賠償的責任：

> 協議離婚的事情，是透過雙方家族的長輩出面妥協，為了孩子們的未來，也為他們夫妻積怨多年的糾紛，找一個解脫的出口。
>
> 當天，她獨自回到了當初雙方親族歡慶祝賀，宰食豬肉的地方──大堂哥家的曬穀場。她的「準前夫」賠了一頭豬表示歉意，由親戚們宰殺之後，分送給家族的親人以示宣告不幸婚姻的落幕。（馬紹・阿紀，1999：80）

原住民從出生、命名、周歲到長大成人、進入婚姻等，都有著相關的規範與禁忌，為的是要讓孩子能平安順利長大，也讓孩子經由儀式去珍惜生命及體會成長的重要，更重要的是要能學會獨立、負責，也充分體現泛氣化觀型文化強調的「自然順遂」觀念，頗有讓其他刻意曲折或雕飾生命的族群觀摩仿效的地方。

第二節　死亡的禮俗規範

從喪禮可以看出一個族群對死亡的態度，並且從中看出其信仰中的靈魂觀念，如排灣族人相信人死後只是到另一個世界去生活，其生活方式與亡者在世時沒有差別：

> 葬禮的儀式全由巫師包辦，人死後要透過巫師的誦咒來引導往生者到大武山與祖靈相聚，他們在那裡過著與現世族人相同的生活。他們會養豬，會去狩獵，會種植作物，也會有豐收祭。所以巫師會分土地給往生者，好讓他在那兒有土地耕作。（伊苔，2004：128）

關於死亡的禮俗規範，將以排灣族的喪禮為主題，並將散文中其他各族的相關資料一起帶入。因為有關死亡禮俗的相關資料及散文中的演現以排灣族的最多，所以將以排灣族為主，且將原住民散文中有關各族的死亡禮俗規範來作個整理探討。

一、部落中有關死亡訊息的傳遞

排灣族部落的通知訊息，使用最傳統的呼喊方式；而達悟族則是使用竹竿的鋪排方式來告知族人喪家所在的位置。這二族用這樣不同的方式來告知部落的族人有關死亡的訊息，也反映出族群對死亡的態度：排灣族呈現的是通知與亡者相關的親友可以前去幫忙或哀悼；而達悟族則是提醒著非喪家的族人不可靠近，以免沾染穢氣：

部落口突然有人呼喊「歐～～」，我走出小屋，奶奶一臉驚愕地朝著聲音的來處張望。「那是什麼信息？」「歐～～」，聲音清朗而渾厚的傳進我們的耳裡「TUMA-U IZUA MACAI I INALANG。」（外面耕作的人，請回家，部落有人走了）（伊苞，2004：132）

余光弘（2004：152-153）指出在蘭嶼，倘若家中有人往生，鄰居們會緊密門窗並用木條或竹枝沿著喪家的家屋四周沿路一直鋪排，一直到與其他村落間的公路上，這樣的作用一方面是告知部落的人，這是喪家進行喪禮必經的道路；另一方面是請喪家走這一條路將亡者送至墓園埋葬，這樣的作法可以避免將穢氣帶給部落的其他人。達悟族這樣的作法，是用一種比較消極被動的態度來傳遞有關死亡的消息：

眼前出現身穿丁字褲、頭戴傳統帽的壯丁，他手握短刀四處揮打，並且擺放竹竿在房屋附近，直覺告訴我病人就在那屋裡。（拓拔斯・塔瑪匹瑪，1998：52）

二、喪服

李莎莉（1999：85）認為排灣族服飾中，以喪服最具特殊風格，因為織紋非常漂亮精緻，整套喪服是指帽子、衣服及喪巾。帽子的形狀為三角形或方形、衣服以披肩式為主，而喪巾是兩用式的，再搭配飾品，如頭飾、耳飾等：

　　　　在自家中或在鄰近耕作的族人聞訊，紛紛趕往拉哥瑪
凡家去。面對死亡的靈耗，每個人都非常沉靜，奶奶披掛喪
布、頭戴喪巾，不發一語朝著拉哥瑪凡家的方向走。（伊
苞，2004：132）

　　　　拉哥瑪凡家的人頭戴黑布喪巾，背上披掛著夾織紅紗的
喪布、黑色綁腿布。（伊苞，2004：134）

　　許功明等（1998：140）提到當親友聽到訊息趕到喪家後，
會依照順序與死者說話、觸摸亡者的右肩來表示惜別。接著家人
會將親友送來的毯子依照由近至遠的親戚關係，將往生者一層一層
的包裹起來。

三、葬禮的分類

　　排灣族的葬禮可以依死亡的原因而分成善死與惡死二種。譚
昌國（2007：100-101）解釋善死是指在家中自然死亡，可能是因
為生病或身體自然老化而過世；惡死則是指因意外而身亡，如自
殺、溺水、難產等。惡死的原因關係到巫師能否協助亡靈進行補
救，以讓亡者能到達祖靈的所在地，如自殺、被殺、殺人的人或難
產等都是屬於比較嚴重的，巫師無法干涉或進行祭儀來彌補。許功
明等（1998：122）更明確的解釋有關巫師進行祭儀補救的原因，
因為亡靈的死亡已汙染那個地方，所以需要舉行特殊的祭儀來驅除
邪靈，讓亡靈由惡轉為善，這樣的惡死則可以埋葬在最靠近家門的
墳穴中；而嚴重的惡死的亡靈，其靈將轉為惡靈而在死亡的地點排
徊，危害人間。

（一）善死的喪禮

善死是指在家中過世，而惡死則是指因意外而導致死亡，有關喪禮的儀式則以譚昌國（2007，101-106）在其著作《排灣族》一書中的資料加以整理分類來說明，並輔以其他學者的看法來加以補充或解釋：

1.與將死的人擁抱──將智慧傳遞下去

人在垂死前，家人要擁抱他的身體，用左手握緊他的右手並撫摸他的掌心三次後，將右手掌心壓在胸膛上，祈求垂死的人能將他的智慧及能力傳給自己：

> 冬天一來，老人家就像落葉一樣悄悄凋零，先是巫師，再是奶奶，然後是施迺奶奶。
> 我來不及將右手貼在胸口，左手握著她們的右手，以求她們的祝福和諒解。（伊苞，2004：148）

2.梳洗換裝

在人斷氣後，將屍體面向門口放在地面的月桃蓆上，由家人來為亡者進行梳洗換裝，如同要出遠門時所穿著的盛裝及隨身會攜帶的用具。並在亡者的手中放上三片祭肉，一片是要拜祭亡者的父母兄弟；另一片則是提供給同行的人來食用；最後一片則是給亡者自己食用。

3.宣告亡者已死的消息

接著由死者的男性近親用白色的長布條將屍體綑綁，待屍體按程序處理好後，家屬才可以向親友宣告亡者已死亡的消息或大哭。

4.奔喪

喪家門口會豎立竹枝表示家中有喪忌，並將屍體移到家屋的主柱下面，讓親友來弔唁。親友會換穿喪服來到死者的家進行奔喪，並依序跟亡者說話，其中婦女會一邊哭一邊說話並觸摸亡者的右肩以表達惜別。

> 家人過世時，親人會在死者的額頭上親吻，表示對死者的告別。（伊苞，2004：126）

5.埋葬方式

埋葬的方式有室內葬及室外葬二種，而排灣族傳統的埋葬方式是室內葬；室外葬的作法起因於日據時代，日本人認為室內葬這樣的葬法不衛生，會導致居住在屋內的人生病，因而禁止排灣族進行室內埋葬屍體的儀式：

> 「以前的排灣族人沒有墳墓，也沒有棺材，若說是墳墓，那麼排灣族人的墳墓就在自家屋內。家人過世時，親人會在死者的額頭上親吻，表示對死者的告別，斷氣之後，在遺體未僵硬之前，家人會為死者穿上排灣族的傳統服飾，然後以曲肢葬的方式埋在家裡面。」我把背包放下，就像這樣，我雙手曲放在胸前，向拉醫師說明，兩腳膝蓋貼附著腹部成蹲踞的方式，然後再用大塊的布或毯子纏體固定住，這樣死者就像是坐者的姿勢一樣了。（伊苞，2004：127）

(1)室內葬

要進行葬禮前必須要家族的親友到齊後才可以進行，如果當天沒辦法下葬，晚上全部落的人都要來進行守靈儀式，亡者原來家屋的老大與父母輩，及祖父母輩原來家屋的老大都要在家屋內陪伴亡者，其他人則是在屋外依著年齡、性別、地位等而形成一個一個小團體來進行守靈。

進行葬禮時，則是由亡者的兄弟或兒子將屍體以蹲踞的樣子面向東方放入穴墓中，陪葬的物品通常是亡者生前常用的東西，如男子的長刀、女生的首飾，倘若亡者為貴族則會有琉璃珠等貴重物品。但通常陪葬品都比較精簡，因為排灣族人相信在亡者通往祖靈所在世界的路途中，會有惡靈或邪神來搶奪亡者的陪葬品：

> 墓穴有三、四尺，裡面用石板圍著，底部有石皮坐椅給死者蹲踞用，由往生者家族中的男子入墓穴，安放遺體和陪葬品，遺體要面向大武山的方向。然後，蓋上石板，石板上填土，之後再加石板，這樣就和屋內的客廳一樣平坦。（伊苞，2004：127）

(2)室外葬

進行室外葬時，部落的所有族人都會來送行。巫師會在屍體放入墓穴及封墓穴二個時間點上，使用祭葉及豬骨來進行獻祭，以祈求亡者的靈魂能平安的到達祖靈的所在地：

> Vu Vu A-gan的男人D-lio（地里歐）在那個冬天走了。她將瘦弱的丈夫用毛毯仔細地以部族包裹屍體的方式包紮好，送進Liglav家的家族墓穴後，終於流下第一滴眼淚。

（利格拉樂・阿𡠄，1997：115）

　　許功明等（1998：45）表示在排灣族進行埋葬儀式時，並沒有巫師在旁進行祭儀，而且巫師通常也不會參加。這樣的方式，與漢人不同，在一般漢人的習俗中，從人嚥下最後一口氣到入棺、埋葬都會有法師或道士來主持各種祭儀。但排灣族是在完成葬禮後，才由巫師來進行祭儀的活動。

6.進行除穢

　　完成室外葬的葬禮後，送行的親友及族人回部落時，巫師會走在最前面，並將兩端打結的茅草放置在部落的出入口，放上豬骨、點酒祈求後，再由參加喪禮的人一一的跨過巫師所設置的茅草，並且回頭吐一口的口水，希望亡者不要跟著生者進入部落而要前往祖靈的世界。許功明等（1998：45）則解釋這樣的作法是為了要阻攔亡靈進入部落中。

　　在親友回到喪家後，巫師會準備加了骨粉的水讓親友們洗手，並將這些穢水潑灑在家屋外面。接著由喪家的家人將屋中剩餘的灰燼拋丟到屋外，再由男性的家長用點火石重新點燃新的火。之後家屬則要宴請前來幫忙的親友，並將前來弔唁親友所帶來的食物、酒及奠儀等按著輩分加以分配，都完成後則開始進行服喪儀式：

　　　　回到家裡，屋裡屋外都有親戚在整理，庭院的清掃、廚房的炊煮，屋外搭蓋的帆布，地上、走廊上，都有親戚各自帶來的一箱箱的酒和汽水，有些親戚參加昨天的葬禮，自願留下來幫忙，每個人各司其職。

依奕輕聲和自家姐妹兄弟交代事情，隨即回到房間裡，在母親生前躺臥的床上靜坐。她是拉哥瑪凡家的長女，按照傳統，她是拉哥瑪凡家的繼承人，坐在角落哀悼是必須的。（伊苞，2004：134）

7.埋葬後的第一天

這天是不吉的日子，所以全部落的人都要進行哀悼亡者的活動，全部落的人都不出門工作：

守喪期過後，家屋裡的每一個份子，一如往常上山耕作、吃飯、喝酒。人們相信埋在屋室內的家人，他們身上佩戴的鷹羽、雙腳所踩著的土地，如陽光的祝福照耀著家人，過去排灣族人有句話說：「我們的墳墓在那裡，我們的家就在那裡。」（伊苞，2004：127-128）

8.埋葬後的第二天

這天巫師要進行二件事，第一件事要為負責搬運屍體的喪家人員再進行祭儀，讓他們的精神能復甦，許功明等（1998：46）將這樣的儀式稱潔淨禮；第二件事則是在下午時分，要分割財產給死者。巫師將屬於死者的財產，如日用品、糧食及家中的財產等，用祭祀用的小刀象徵性一一的刮下一點，放置在祭葉中並將它包好，派二個男子將死者的財產送到墓地附近專門堆放送給亡者財物的地方：

第二天一早，巫師帶領拉哥瑪凡家的家屬到附近的山裡祭拜，巫師一面削著豬骨，口裡唸唸有詞：「這是你的湯

匙，這是你的鐮刀，這是你取水的地方，這是你的水瓢，以免你口渴；這是給你的小米，好讓你炊煮。」（伊苞，2004：134）

9.埋葬後的第三天進行追悼儀式

親戚要陪同喪家到墓地進行追悼儀式及獻祭，回程時則要到亡者生前最後耕作的農地進行追悼儀式，接著再到喪家父母方的老大家去進行哀悼：

> 第三天，巫師再度帶領拉哥瑪凡家的遺族，到耕地附近分土地給死者。「這是你的土地，你要栽種。」巫師重複昨天的動作唸著：「你已經死了，不要停返世間不走，不要再留戀這裡。」
>
> 當太陽在山邊沉落時，巫師再次將衣物、小米糕送給死者。告慰死者：「你即將遠行，帶著這些東西，給你在路上解飢，帶著這些東西，當作禮物去會見你的父母。」（伊苞，2004：135-136）

許功明等（1998：46）解釋這個儀式要儘快的舉行，因為如果在沒有舉行追悼儀式前又聽到有親戚過世的消息，是一個不吉利的預兆，代表著會有親人不斷死亡的憂慮。舉行完追悼儀式，也表示喪家可以自由的到親友家走動。這樣的習俗與漢人類似，漢人在未完成葬禮前是不可以到親友家走動的，因為會將穢氣帶給親友家。

10. 外村的親戚會邀請喪家到家中坐坐，其目的是為了安慰喪家悲傷的情緒：

> 按照傳統，守喪第四天之後，親戚們因為疼惜喪失母親而只能靜坐在家屋裡守喪的拉哥瑪凡家的孩子，而相約邀請她們到家裡吃飯聚會，如此，拉哥瑪凡家的兄弟姐妹才可以走出屋外，自由出入。（伊苞，2004：146）

11. 喪禮結束的祭儀

這個祭儀進行的時間大約是埋葬後的第五天，這個祭儀的目的是為了讓亡者與家屬脫離關係：

> 翌晨，巫師和遺族到耕地立石板，告慰亡靈：「這是你的土地，你採野菜，種地瓜的地方。」
>
> 回到家裡殺豬、分肉，親戚族人每家分到一塊豬肉。巫師帶領親族到墳地祭拜，墓前擺著供品，圍繞在墓前的親族又再次哭泣。
>
> ……回到家，巫師作安魂的儀式。告慰蘇立阿波奶奶：「讓你的靈力留在家裡，留給你的孩子、你的孫子們，使他們如同火一般熾燃熱烈，如同鐵一般剛硬堅強。」
>
> 儀式結束。
>
> 蘇立阿波奶奶的靈魂，已由巫師指引前往她的另一個旅程。（伊苞，2004：138-139）

巫師為喪家的家屋及家人進行潔淨除穢的儀式，並將好運引到家屋內為喪家增強靈力，希望喪家能有勇氣和力量過新的生活。儀

式結束後，喪家則要殺豬宴請親友及部落的族人。

12.分享財產

在埋葬亡者後一個月，要將亡者生前的物品分給親人作紀念；而亡者所遺留下來的糧食則釀成小米酒，讓親友們為亡者作最後一次的聚會和追悼。

13.招魂儀式

喪禮完成後，倘若家人思念亡者，則可以請巫師調亡魂，亡魂會附在巫師身上，與家人對話或表達思念的情感等，而家人最關心的是亡者是否有到達祖靈的世界：

> 天色漸漸黯淡，穿著喪服的部落老人，陸續出現在拉哥瑪凡家的前庭。隨後巫師來到，直接進入客廳，面對著門口，坐在小板凳上，準備儀式用的道具。
>
> 巫師請拉哥瑪凡家的遺族坐在她右邊的沙發上，由較年長的老奶奶輩的婦人聚集坐在巫師面前，年輕婦人和男親族坐在外圍。每個人手上都有花生、餅乾、芋頭乾、小米粟糕等供品。
>
> 巫師把一長束的苧麻綁縛在頭上，等待儀式進行的同時，有人檢視每人是否供品足夠。
>
> 晚上七點鐘，在巫師的指示下，關掉所有的燈。
>
> ……巫師將一穗小米梗點燃，她手上持著火把，垂下眼簾，開始吟唱……巫師每唸到家中死者的名字，就把手上的食物放在地上，請他們食用。此時所有人都摀著臉哭泣，巫師繼續以吟唱的方式迎請亡靈，她們又放下食物。

交織著哭聲和巫師一長串的迎靈聲，我聽見巫師的吟
唱：「小米粟糕、小米酒、豬肉，這是你的父母為你的孩子
作的準備，我們的家屋，你要看管，你要清掃，你要整理。
我的孩子，我的孫，接受我，接納我，我是包樂絲。」

每個人都摀著臉，「嗚～～」盡情地哭泣。我從腳前拿
起花生，放在前面供給包樂絲。

巫師點燃小米梗火把，誰回來，大家就因為跟那個人的
感情和思念而哭聲如風吹向原野。

將近五十分鐘，儀式結束。（伊苞，2004：136-137）

14.服喪期

許功明等（1998：47）說明在二種狀況下，表示排灣族喪家
完全解除服喪的禁忌，一種是完成招魂儀式；另一種則是在埋葬後
第一百天，喪家殺豬請巫師為亡者唸經作最後一次的作祭。由此看
來，排灣族沒有服喪期的天數限制，而是以完成喪禮的最後儀式：
招魂或在亡者埋葬後一百天所舉行的唸經祭儀。

奧威尼・卡露斯盎（1996：147-148）則說明魯凱族的服喪期
為二十天，也就是舉行完葬禮後，親人必須在亡者埋葬地點的上方
陪伴亡者二十天，包括睡覺，這是為了不讓亡者有恐懼或不安的心
情出現。而泰雅族的服喪期，據卜義・卜勇（2007：60-61）的說
法是十天，泰雅族女人在服喪期滿後依據gaga規定，要在丈夫服
喪期滿後進行一個送魂儀式，儀式完成後婦女就可以外出工作或是
再嫁給別人。泰雅族婦女的送魂儀式與漢人婦女是否要送亡夫出殯
的習俗相似。

（二）惡死者的喪禮

惡死者的屍體要由頭目派人在部落的邊界上以毛毯進行包裹的儀式，並直接將遺體運送到部落外專門為埋葬因意外死亡的墓地去埋葬，不可以讓遺體進到部落裡，否則會為部落帶來災難：

> 在傳統中，意外死亡被視為不吉祥，因此必須儘快下葬，在母親節隔日，我們將剛滿二歲的弟弟（暱稱小孩子）送到距離部落有一段腳程的基督教墓園。（利格拉樂·阿𡠄，1996：44）

> 過幾天，有消息傳來，施洳奶奶的孫子夭折，巴札克將孩子的遺體帶回部落安葬。
> ……
> 在部落出口，一片突起的腹地上，施洳奶奶的兒子巴札克頭上戴著雲豹皮製成的頭飾，身著傳統上衣，手上拿著連杯，站著巫師身旁。巫師用雕刻著人形圖紋的青銅刀削著獸骨，向著東方唸咒。
> ……巫師說：「我尋求創造神以及各方神靈的幫助，指引小嬰孩的靈魂回到太陽之處，這樣他才會投身到人間來。」（伊苞，2004：140-142）

許功明等（1998：47-48）認為因為意外死亡所需要的祭儀更為複雜，且要殺更多的豬來向神靈賠罪，所以在古樓村有個替代方式來減少因意外死亡而必須舉行複雜的祭儀。排灣族人的習俗是要在屍體包裹完後，才可以用哭泣來告知親友亡者死亡的消息，所以

當有人因意外身亡時，親屬不可以在意外的現場哭泣，而且回去傳遞消息時也不能說出亡者已死的訊息，只能用「某人出了意外，狀況相當的嚴重」這樣婉轉的說法來告知家人。而前來接遺體的人也要假裝死者還活著的樣子，並餵食亡者吃小米粥以表示亡者的靈魂還沒有離開，亡靈會跟著遺體一起回到家屋，將遺體接回到家一陣子後，家人才可以哭泣。用這樣的方法來處理，就不算是意外死亡了；如果在意外發生的地點，已有家人在現場哭泣，就必須以意外死亡的方法來進行喪禮。如果將遺體接回家屋，家屋就會成為亡者的休息站，會招來更多的亡靈。而意外死亡的狀況，則會因著死亡因素的不同而有不同的處理方法：

第一種為因溺水意外而死的人。在進行祭儀前，則要用占卜的方法去挑選進行喪禮祭儀中的巫師，由指定的女巫師帶著祭品及帶長刀的男祭司，到亡者意外死亡的地點進行祭儀。女巫師在進行祭儀時，亡者的靈魂會附在女巫師身上，並出現亡者溺死的動作，這時則由男祭司將他（亡靈）救起，再請亡者離開這個地方。

第二種是過失致死的亡者。過失致死的亡者是指因自殺、他殺或難產等意外死亡的人，這樣的亡者巫師都不能協助處理，必須由家屬自行協助處理，其他人也不能幫忙。如果是自殺，必須在部落及各個土地的守護神壇進行潔淨的儀式，祭儀中要用的豬隻也會比一般的喪禮要來的多。祭儀完成後，豬隻就交由頭目來分配，這樣也是對亡者家屬的一種處罰。懲罰的辦法是由頭目依照個別情況的嚴重性來決定懲處的輕重。

第三種是因其他意外而死亡。除了溺水、自殺、他殺或難產以外的意外死亡方式，通通歸類在這一個範圍內，巫師要先占卜詢問亡者，亡者希望由哪一個男子來替他在石頭祭壇上安置他的靈位？埋葬後的隔天，男子則到亡者發生意外的地方帶回一些泥土及三塊

石頭，由女巫唸經將亡靈遷到一個較僻靜的地方，並豎立三塊石頭做成祭壇來代表亡者的靈位，讓路過此地的人知道此地是某個亡者的靈位，避免因冒犯而招來意外。

因意外而過世的亡者在進行完特別的埋葬儀式後，接下來的祭儀則是照著善亡者的祭儀中的第八項繼續完成喪禮。

四、其他各族的喪禮

（一）達悟族

下列有關達悟族的喪禮，將以余光弘（2004：151-154）作品中相關的資料加以整理來呈現。

達悟族與排灣族有相似的習俗，就是與即將過世的人作最後的告別：

> 當釣魚竿碰觸到就要落海的太陽之前（這樣的說法在達悟族是指血肉生命的末期），叔父坐在大伯的頭部等最後的語言，握著他大哥的右手，大伯左手則握住我的手，最後一眼給叔父，第二個眼神送給我，而後大伯緩緩的拉著叔父與我的手貼在其胸膛，他點頭後眼角溢出了兩道淚水，說是憐憫我兩個堂哥膝下沒有繼續曬太陽的直系血親。（夏曼‧藍波安，2007：36）

喪禮對達悟族來說是一件很私密的事，只容許與亡者最親近的親人才可以參加；再加上達悟族人認為墓地是一個充滿禁忌的地方，因此沒有特別的事達悟族人不會靠近墓地。所以達悟族的葬

禮，從包裹屍體到下葬都必須在日落前完成，因為怕惡靈的干擾，所以達悟人倘若無法在日落前將亡者下葬，則必須等到隔天再舉行葬禮。如果無法當天下葬的屍體則會放置在家中，並在家屋的四周放上矛、魚叉或其他的武器，防止惡靈的入侵，以避免讓屍體變得沉重，增加搬運上的困難。綑綁亡者屍體通常由亡者的兒子來進行，倘若需要由其他人代勞時，喪家必須要以水田或金片作為酬勞，這樣的人選通常是亡者的兄弟或是表堂兄弟等人，綑綁時要讓亡者的頭側臥，並朝向日落的方向。

達悟族人也將人的死亡原因分成善終與惡死二種，但與其他原住民不同的地方是達悟族用亡者的衣服來作區分，如善死者不穿衣服下葬；反過來，倘若是因意外死亡的，則穿著衣服來下葬。參加葬禮的所有人都必須要全副武裝，並手拿武器以避免惡靈的干擾。到達墓地要挖墓穴時的禁忌則是不要挖到其他亡者的屍首，所以達悟族人會先找一棵樹並將它拔掉，利用樹所形成的洞穴再加以加工成所需的大小，挖掘的工具是木棍，必須小心不要讓木棍斷了，因為折斷的木棍代表部落中即將有人要死亡。墓穴的大小只要能放入屈膝的屍體就可以了，將挖好的墓穴中的雜物去除，並用樹葉將墓穴的底面弄平，就可以將亡者下葬，但在墓穴填土前要讓亡者的頭腳露出來。將墓穴用土覆蓋後要將墓上的腳印去除，否則會讓亡靈有機會跟隨著這些腳印回到部落：

> 腳踩沒有墓碑也任何記號的墳墓，毛髮條直……兩位死者家屬一面緩緩推進，尋找適合埋葬的位置，一面專心試探挖沙土，唯恐挖掘他人屍首而犯大忌。一位老人閉口突然對我擺手勢，要我馬上移開雙腳，因為我正踏在別人墳土上。
>
> 終於找到一處方丈大的空地，他們迅疾挖出半條腿深

的坑洞，不伴哭聲地埋下屍體，看完他們很莊嚴地埋下麻繩後，我不聲不響地走回衛生所。（拓拔斯・塔瑪匹瑪，1998：226）

　　離開墓地時，這些送行的人會拔出匕首對著墓地說一些話，其用意是要防止亡靈跟著這些送行人再返回部落裡。完成葬禮後，送行者在回部落前自己必須先做祓禳的動作。首先要到海邊讓全身泡在海水裡，接著再到有泉水的地方用淡水沖洗身體，並撿拾木片將手腳指甲縫裡的泥土清理乾淨，身上所穿的武裝藤盔及藤甲也要進行清洗，因為將墓地的泥土帶入家屋中會帶來厄運。回家後喪家要給協助埋葬亡者的人一小塊金片，讓他戴在身上，以避免意外發生。

　　達悟族對於死亡一事是很忌諱的，可以從部落的族人對喪家的態度得知：

　　　　死亡的不安已籠罩整間屋子，他們幾乎忘了我還站在屋裡，我悄悄地獨自走出屋外，看到死者親屬趕緊用竹竿把死者之屋圈住，還聽見隔家責備他們為何不早作準備，我已被竹竿限制必須繞部落外走回去。（拓拔斯・塔瑪匹瑪，1998：225）

（二）魯凱族

　　王蜀桂（2004：228）在田野調查時，訪問到魯凱族的婦女厄則可，根據厄則可的說法：在魯凱族每個女人都要會織布，因為魯凱族傳統的埋葬方式要將亡者先用苧麻布包裹起來，再用草蓆包起來。因此，媽媽們在孩子出生後，要幫孩子織一塊包屍布，這樣的織布技術則要由媽媽來教導女兒，不然外孫就沒有東西可以埋葬：

此時，小女孩從她身上流出尿液，有經驗的人看了這個現象便知道事情不樂觀……

此時，親戚一些人正在疑問著：「包裹屍體的白布在何處？」不久，一位老婦人手拿著白布站在小女孩的腳邊，等著母親說完就要打理妹妹的身體。（奧威尼·卡露斯盎，2006：81）

魯凱族人的喪禮將以奧威尼·卡露斯盎（1996：147-149）作品中的資料加以整理後來呈現：

魯凱族人的埋葬方式，也是以躬坐的姿勢下葬，但其包裹屍體較不一樣的方式，是要將亡者的右手掌伸出在包裹布的外面，這樣的姿勢代表著「用右手賜予福氣給自己家族的人」，並且要讓死者面向西方背向日出的地方，也就是歸向西天的意思。

魯凱族是將屍體埋在石板屋下面，埋葬的地點會因死亡的原因及身分而有不同。如善死者是男性，則是埋在家屋中心柱的前面；是女性則是在靠近窗戶的寢臺。而因意外死亡的人，可以埋在家屋裡，但在將屍體運回部落時，必須走部落規定的特定路線，而回到石板屋時，必須從窗戶將亡者搬到屋內，且其埋葬的地方在中心柱右邊，也就是堆放柴火的地方，這樣的目的是為了讓亡者得不到安寧，並讓這個家族不再有類似的事情發生。如果是因難產而死亡的產婦，其埋葬處與善死的女性相同，嬰兒是埋葬在靠窗的坐臺下方，但居住在這個家屋的人則要全部搬離，並宣布放棄這個家屋，讓這個家屋自行毀壞，而家屋所在的土地則永遠無法被使用，甚至是族人也都必須繞路行走，不能經過或靠近這個地方。

奧威尼·卡露斯盎在《神秘的消失——詩與散文的魯凱》中提到有關其父親死亡前的夢境：

就在大自然那一陣豪雨，將我的老爸爸偷偷地帶走了。
當安置我老爸的那當天晚上，聽我舅公說：「你爸爸突然告
訴我：『瀑布突然從天上流瀉衝下來，衝擊地面反彈向上噴
灑的霧氣瀰漫，一道彩虹拱門指出它內在神秘的吸引力。我
好奇地緩緩靠近，不料意識卻迷失在永恆的黑夜。』他這一
場夢，我就知道你爸即將不久人世了。之後，果然不出我所
料。」（奧威尼・卡露斯盎，2006：142-143）

夢境或許是一個提醒，但也要有能解夢的人，才能獲知祖靈想
給予的訊息，但這方面的人才在原住民的部落中已凋零了。

五、亡者的歸處

在原住民的心中，善死的人會到祖靈所在的地方去過與在世時
一樣的生活，一樣日出而做日落而息，要耕作、織布、狩獵等。差
別只是在於死亡與否，人活著就在人的空間生活，而亡者則是在亡
者的空間生活。但祖靈所在的地方在哪？排灣族的聖地大武山相傳
是祖靈所在的地方：

（巫師說）我們老人家知道自己的方向，我們死後一定
會回大武山祖靈所在地。但是你們？你們會迷路。（伊苞，
2004：18）

至於泰雅族要到祖靈所在的世界必須要有通行證，才能通過彩
虹橋到達祖靈地。這個通行證指的就是紅色的手掌；在人世時想取

得這個通行證，男人要有出草的經驗，女人則是要會織布。這樣的人在死後，其手掌會呈現紅色：

> 人死將在彩虹橋前接受祖先的審驗，如果手掌心是紅色的才可過橋，進入樂園與祖靈同在。男人須砍過人頭，手心才會因血而紅；女人須精於織藝，手心則因常執布匹染料而紅。這是母親曾說的故事。（啟明・拉瓦，2005：187）

> 我的母親說，父親生前是一個好人，所以他的utux（靈魂）可以經過hoquutux（彩虹橋，即鬼橋）回到pinsebugan。從此，他的utux也會與祖靈一起在冥冥之中保護我們以及監護我們不去觸犯禁忌。（馬紹・阿紀，1999：46）

泰雅族人這樣的說法，有點類似漢人民間傳說中的奈何橋，但是在漢人的世界是不需有任何的證件就可以通過，因為漢人的亡者必須接受閻羅王的審判才會決定其亡靈要去的地點。

在有關死亡的禮俗中，排灣族、魯凱族及達悟族對於下葬的地點略有不同，排灣、魯凱都是在石板的家屋中，而達悟族則是在墓地；對於意外死亡的葬法則以排灣族有較嚴格的規定。而其共同點則是對屍體包裹的情狀，都是將亡者以曲膝的狀態來下葬：

> 夏本・阿泰雁再次地起身，把兒子尚未完全僵硬的雙手慢慢折曲貼在臉部，雙腳同樣的動作貼近腹部，姿態與嬰兒從母體出生時完全相同。（夏曼・藍波安，2002：133-134）

達悟族與排灣族在喪禮結束後，都會有親友前來關心該家屋繼承人的狀況，並且協助帶領他們建立起應有態度：

> 好幾天，奶奶的田處在休耕的狀態，每天跑來拉哥瑪凡家（家屋名）話家常，她的好朋友走了，她有義務擔任拉哥瑪凡家的長者，教導依奕生為長女該有的風範。（伊苞，2004：139）

> 父親離開我之後的幾天，大伯與叔父常來家裡陪我談天，這是長輩對晚輩應有的儀式與義務。（夏曼‧藍波安，2007：33）

原住民各族對於死亡的禮俗規範雖有不同，但每族對於造成死亡原因的分類則是相同的，都是以善死與惡死來區分，其中以排灣族對惡死的葬禮則有較嚴格的規定。但總括來說，原住民的喪禮以一種自然的情緒抒發，來表達對亡者的哀悼，過程中沒有繁文縟節，完全是以死者的觀點來進行喪禮，如將亡者的糧食釀成小米酒與親友們一起來追悼亡者。但漢人的民間習俗中，哭泣有時是為了面子，哭不出來時則是聘請「孝女白琴」或「五子哭墓」來充場面；燃燒「庫錢」是為了讓亡者在另一個世界能有錢可以花用，所以「庫錢」是用萬、億的單位來算；祭儀上要用的牲禮很多，有時多到喪家自己都無法食用完畢，又無法送給他人，因為一般人都會禁忌喪家的食物，尤其是小孩或孕婦，深怕沾染穢氣。所以原住民的死亡禮俗可以讓亡者家屬藉由簡單的儀式來抒發難過、悲傷的情緒，也是以一種較環保的方式來進行喪禮，因為不用燃燒任何東西給亡者，只需藉由祭儀將亡者在世的物品、財產分給亡者即可，不

用將這些東西加以焚燒：

> 我閉上眼休息一下，腦裡出現昨天進入紅頭墳場的影
> 像，有關葬儀的記憶由腦中又浮現出來。最初的印象是從布
> 農族長老口中傳來，如家族裡值得尊敬且好死的人就埋在家
> 裡；病死或不白不白死掉的人不過黃昏就埋在離家越遠的土
> 裡；意外及戰死就地埋葬。到平地讀書後，看到漢族的葬禮
> 又非常不一樣，陰森森也有熱鬧，出現斷腸的儀式但還有添
> 滿胃腸的宴席，繁雜的葬禮儀式裡主角已被模糊了，死亡好
> 像變得沒什麼。（拓拔斯・塔瑪匹瑪，1998：228-229）

　　兩種不同的祭儀方式，從「減少耗費」的角度來看，顯然原住
民的死亡的禮俗規範要可取的多。

第三節　祭典與其他的儀式

　　王嵩山（2010：124）提到原住民的歲時祭典最具特色的是以
小米為主的儀式，小米通常也會成為收穫儀式中的主角。這類的祭
典是在肯定大自然的秩序，並希望經由巫術的儀式，來去除生產過
程中人類所無法掌控的超自然因素。各族中的年度大祭是歲時祭儀
中的第二重要的祭典，它通常是整個部落的團體活動，如排灣族的
五年祭。有關原住民從出生到死亡的生命禮俗在前面的二小節中已
談論，但與原住民生活息息相關的歲時儀式，如為表達對神祖靈的
感謝，或是祈求來年的平安及豐收等祭典，在散文中所提及的祭典
有飛魚祭、五年祭及祖靈祭，這些祭典大部分是表達對祖靈的感

謝，是一個全部落族人都會參與的活動，也是原住民祭典中較特別的。特別要提到的是達悟族的新船下水典禮，它不是每年固定的祭儀，只要有新造且有雕刻花紋的拼板舟，就會舉行這樣盛大的儀式來為新船祈福。

一、飛魚祭

（一）大船招魚祭

> （叔父說）我們那個時代，一到飛魚季節，海邊就成為孩子們、男人們聚會的場域，熱絡的情境好像是候鳥迎春的氣氛。（夏曼‧藍波安，2007：43）

> 時　　間：達悟曆第十月（農曆正月）的月圓後的某一天。
> 參加人員：部落的男子。
> 地　　點：沙灘。
> 祭　　品：雞。

余光弘（2004：105-106）說明在祭儀開始的前二天，要先將大船推到海邊，並按照順序排列，主祭者所屬的船要排在最右邊。從這一天起，所有人將開始進行祭典的準備工作，如挖掘祭典所需要的芋頭、地瓜；整理船隻並上漆；準備飛魚專用的鍋碗瓢盤等：

> 從我達悟人的禁忌文化而言，那一天是潛水人潛水射魚的最後一天。也就是說，過了那一天就不可以再去使用魚槍

潛水射魚，因為次日就是我達悟人的飛魚招魚祭。（夏曼‧
藍波安，2007：71）

董森永（1996）補充說明在進行招魚祭前的準備工作，是從
達悟曆的一月一日就開進行。

1.做火把蓋

用香蕉樹皮做成的火把蓋是要用來遮蓋放在漁船上的火把，用
蘆葦莖做成的火把是飛魚祭中用來照明用的，因為漁船停放在海灘
上，空氣潮溼會使得火把無法順利點燃，所以要織一個蓋布來防止
火把變得潮溼。

2.伐槳和圍籬笆

將大船移到海邊後，船員要將自己的槳拿到船上放置並安裝，
還有其他的用具，如樹立火把的木條、舀水用具等。下午則要用竹
子將共宿屋的周圍用籬笆圍起來，以避免其他人經過，尤其是懷孕
的婦女。

3.豎飛魚架

在招喊飛魚祭的清晨，共宿屋的主人要將飛魚架給豎立起來。

4.招喊飛魚

接著進行招喊飛魚的祭儀，到了海邊要先將雞毛拔掉，接著
由船主進行精神講話，其內容都是叮嚀船員及部落的族人在飛魚
季要留意的禁忌，如不能在部落的海域游泳、捕魚等。夏本奇伯
愛雅（1994：152-153）說明飛魚祭的過程，首先由船主宣布開

始招喚飛魚，在船上的每個人都要用不同的方式招喊在海洋中迴游的飛魚，如用銀盔、水瓢或祭雞等。完成後，將祭雞宰殺，每個船員都要將雞血沾在海灘上的聖石，但是第一個點聖石的人一定是船主，否則會引來武力的爭鬥。點聖石的目的是祈求自己在今年獵捕飛魚活動中能平安，以及後代的子孫都能永永遠遠的參加類似這樣的祭典。如果身上不小心沾到雞血，則要在回家前將它清洗乾淨，以免招來不好的事。夏本奇伯愛雅（1996：22）又提到點聖石的儀式是由男子用食指沾點雞血，在沙灘上找一塊最好的小石頭，將食指上的血點在石頭上，並說些祝福自己的話語。有作品可以為證：

> 一位穿丁褲的男子很顯眼地由防波堤走下來。我正巧坐在八代灣的沙灘上發呆，他走到我可確認他左手抓公雞的距離，蓋住頸椎的銀色頭盔逆時針方轉動……
>
> 我感到很好奇，為了尊重不去冒犯看似祭典的儀式活動，我站起來遠遠地觀望。
>
> 不久，我看到公雞被殺了，參加祭典的達悟男子依序走向公雞前，手指好似沾了雞血，然後看到他們對著大海說話。
>
> 他們完成儀式後三三兩兩地離開，我才放膽走到祭典現場，找位年輕人請教儀式的意義。他親切地告訴我，這是蘭嶼島人每年一次招飛魚的祭儀，而且也是招平安。聽來好像布農族的祈求小米豐收及族人平安的祭典，只是海洋及森林的差別，他們的生活幾乎已溶入海水裡，尊敬海洋，非常自然地生活在達悟人之島。（拓拔斯・塔瑪匹瑪，1998：137-138）

在招喊飛魚儀式上的祭雞，由其內臟可以作為一個占卜的結果。董森永（1996）說明其占卜的方式是先用茅草將雞燒烤後，將雞的肝和膽取出來，倘若膽連在肝的中央而且呈現飽滿的樣子，就表示今年會大豐收；膽倘若是不飽滿的樣子，則代表今年的的收成不好；又如膽上面有血管出現，則象徵著在飛魚季可以捕到大魚。

在飛魚祭期間，所有的船員都要住在一起，居住的地點是共宿屋，通常是船主家，吃飯時也要到齊才能全體開動；白天可以回家照顧孩子或午休，但不能做任何的家事，晚上一定要回共宿屋睡覺，不可以和家人在一起。

董森永（1996）認為船員在進行捕捉飛魚時，從共宿屋出來就要安靜，並穿戴藤帽、盔甲，拿著自己負責的用具，如座位在前面的則要背著魚籃，待船員到齊後就上船並划向大海，掌舵者把蘆葦莖點著後放在火把專用的木條上，以吸引飛魚。第一條飛魚一定要將漁網從船的右邊拉起，如果飛魚是在左邊出現，捕到後要將漁網沿著船移到右邊。如果第一次出海就捕到五條飛魚是一件很幸運的事。

夏本奇伯愛雅（1994：159）解釋在捕魚祭裡，達悟族人在不同時間有不同的捕魚法。在國曆三月也就是達悟曆的Paneneb，這個月裡一個船團只能有一個捕漁夫來擔任捕魚的工作，而且全團只能使用一個漁具進行捕魚的工作。捕漁夫還要數飛魚的數量，在這個時期捕獲的數量最好是單數。國曆四月（達悟曆Pikokaod）下旬，用飛魚網來捕魚，返航後船員必須以排成縱隊的方式直接回船主家，禁止先到有淡水的地方洗臉、洗澡。將未燒完的蘆葦點著，船員們彼此分享心得，然後各自回家吃點心，晚上一樣再到共宿屋睡覺。

（二）小船招魚祭

　　國曆五月（達悟曆Papataw）的巴巴到魚期，每個船員都可以準備自己的捕魚用具進行捕飛魚的活動，這也是達悟人最集中精神且最勞累的一個月，因為關係著自己家庭魚季的運氣。

　　這個巴巴到魚期，也就是余光弘所謂的小船招魚祭。余光弘（2004：112-120）說明小船招魚祭開始前，要先將船隻安置在沙灘上後，男人忙著下海捕魚，婦女則要在這二天內挖到足夠在節慶上使用的芋頭數量。在確定祭典的時間後，各小船的船主則要上山砍材做曬魚架，並採集一些祭儀要用的植物，如檳榔葉、Rahepang等：

　　　　我是因為要參與今年釣鬼頭刀魚的船隊，我們稱之
　　　　Mataw，禮俗的規定是，當日我吃的芋頭與燻肉不可假手於
　　　　家屋的女人。所以她煮的芋頭是我做完Mataw儀式後與家
　　　　人共食的食物。每年的鬼頭刀魚月，是我們飛魚汛期的第
　　　　三月（Papataw），最先要做的工作是，上山砍這個季節晾
　　　　曬飛魚的橫竿與椿柱……新的橫竿木條是迎接年度首航漁
　　　　獲……砍一節一米長的，成Y字型Anot，象徵是鬼頭刀魚的
　　　　尾翼，而把Anot的表皮層去除外皮，內層的纖維是懸掛釣到
　　　　的鬼頭刀魚專用的繩索。其次，砍一節嫩的Y字型的竹子，
　　　　在自己的拼板船上作祈福與除穢儀式，還有一個檳榔葉，
　　　　也為男人在海邊招魚儀式後，回家獨自一人用餐後即要丟
　　　　棄，象徵驅除厄運，趨吉避邪。（夏曼‧藍波安，2007：
　　　　48-49）

在儀式舉行前，有小船且預定要在該年魚季中出海捕魚的人，要在家屋的四周圍上籬笆。這種短籬的圍法只是一種信號，請鄰居或親朋好友在魚季期間不要進入此人的家屋，以免影響此人的漁運。祭期的第三天，男子要先試搭曬魚架，曬魚架擺放在主屋和涼臺間的空地中間，試搭後要拆掉，只有三根zazawan不拆除，這三根是Y字型的枝架，身上沒有任何的枝條，還有一根Y字型但身上留有枝椏的枝架則要先拆掉。然後將要出海捕飛魚夫婦的禮衣、銀盔及其他飾物都掛在zazawan上，並將二綑有魚鉤的釣繩也一起掛上：

> 第三天男人在家整理釣具，並在魚鉤上鉤上如指甲般小的豬肉，象徵鬼頭刀魚精靈的魚餌，在自己的雙唇抹上一層大魚的脂肪油，期望首航可以釣到鬼頭刀魚，作為部落灘頭象徵出海作業的男人們集體性的招魚禮物。記得父親在吃這種柴火燻過的豬肉時，把豬油抹在魚線上，口裡不時時的唸出，咭……咭……的祈福詞，這是祈願大魚吃餌抽出魚線的聲意。
>
> ……出海前妻子把她一串的瑪瑙，傳統婦女披蓋在保護新生嬰兒靈魂的禮服，以及父親傳承給我的銀帽，一串藍色的、黃色的珠子，∞字型金箔片等貴重財物，懸掛在曬魚架的橫架上，這個儀式儀俗都發揮在每年飛魚汛期釣鬼頭刀魚月首日航海之後的一星期，除了表現夫妻間的互敬互愛外，主要意涵依然圍繞在迎接飛魚與鬼頭刀魚的神魂來到家屋。
> （夏曼・藍波安，2007：49）

祭儀開始時，男子會背著背袋及釣繩，佩戴銀盔、兩手分別持刀及槳，到達船邊後，把槳放入船內並在船尾蹲下唸一段禱辭，

接著在靠近潮線的沙灘上找六顆扁圓的黑色卵石放進船尾的貯魚槽中，並再唸一段祈禱語後，拿起船槳回家。

回家後到搭曬魚架的地方將pammopawan高舉，也就是那一根身上留有枝椏且未插入土中的Y字型枝架，用力的插入預留的洞中。曬魚架搭好了，將釣繩的鉤子鉤在pammopawan並沿著曬魚架繞一圈，最後將剩下的釣繩放在pammopawan上面，一邊繞時要一邊唸禱詞。

下午取用avaka（就是香蕉莖的纖維）將它搓成繩子，先搓一條粗繩，搓到一半時將繩子的纖維分成數股，再搓成一條一條的細繩，也就是一條粗繩的尾端會變成有五條細繩。再拿二枝在大船的招魚祭中裝雞血的竹管，將其中較細的一枝切下二節，其中一節和一根雞毛用香蕉絲綁在粗繩上，在下午進行的祭儀中，將它繫在曬魚架前面的橫竿中間；另一節竹管也是和雞毛用同樣的方式綑綁在另一根竹節上，並與第三個竹管在祭儀中插在船的舷內板中的二側。

第二天一早，也必須舉行祭儀，男子一起床便要馬上從廚房背起背袋，裡面放釣飛魚的釣線及釣大魚用的約繩各一綑，到海邊將背袋浸一下海水便回家，表示已經出過海了：

> 我背著我的釣飛魚與鬼頭刀魚的魚具走向部落男人集體招魚儀式的灘頭，太陽未照射前。（夏曼·藍波安，2007：50）

飛魚是達悟族重要的食物來源之一，舉行飛魚祭是為讓達悟族人在捕撈飛魚時能平安順利且豐收，但在祭儀中也表現達悟族人對自然的敬畏及對大自然生態的保護，如在不同的階段有不同的捕魚用具。這樣的文化不是只有在祭儀中的活動表現，最重要的是態

度，因為達悟族人為大自然著想，而壓抑自己的慾望，讓自己不貪心才能與大自然長久生活在這個地球。這樣的關係，有如同夏曼·藍波安的父母留給他的一段話：

> 家屋的靈魂在雀躍，把父親傳給我的銀帽、金箔片，母親編織給我的傳統服飾，妻子的瑪瑙一同懸掛在屋院，傳達祝福與被祝福的儀式，切割的魚肉如一波波的浪被午後的陽光西曬在屋院裡，我坐在陰涼處守著鬼頭刀魚魂思索爸媽遺傳給我的語言：「你喝了海洋的奶水，別丟棄釣鬼頭刀魚的魚線，因為人的善靈在傳統的生活祭儀裡流動」（夏曼·藍波安，2007：57）

二、達悟族新船下水典禮

夏本奇伯愛雅（1994：128、132）將達悟族的新船下水典禮分成二種：一種是普通的下水典禮，指的是沒有雕刻花紋的大船；另一種是特別的下水典禮，與第一種典禮不同的地方，除了船上有雕刻花紋外，在舉行典禮時會邀請部落的族人、朋友及親戚來參加，並有拋船儀式等。而這裡所要探究的是指特別的下水典禮：

> 鵝卵石輕輕地敲擊船主夏本·阿尼飛浪現代化家屋的瓷磚，他若有所思地叼著煙、口中唸著他即將邀請的客人名字。鵝卵石象徵賓客，一粒鵝卵石代表一份禮肉、一份禮芋；相對地，賓客們將頭戴銀帽，頸掛串珠金飾，手握禮刀，加上至少一首的祝賀歌，作為回敬。（夏曼·藍波安，2002：84）

林建成（1996：68-70）說到新船下水儀式在達悟族語叫做「馬伯慕斯慕斯」，在儀式進行前，必須將要作為禮品的芋頭及豬肉堆滿新船。儀式當天早上，部落的族人會用舞蹈和特別的「勇士舞」為新船進行驅逐惡靈及祈福的儀式，跳勇士舞的男子全身只穿一件丁字褲，雙手握拳、瞪大眼睛、咬緊下嘴唇並將臉型拉長、扭曲，用著簡短有力的聲調來呼喊，並配合著腳步一步步的跳動著。接著所有人將新船抬起，並向上拋舉數次後，再將新船抬到海灘準備下水。夏本奇伯愛雅（1994：141）提到要將芋頭放入新船時，要先放入沒有柄子的芋頭，最上層才是堆放有柄的芋頭。

　　夏本奇伯愛雅（1996：48-50）提到新船下水典禮最特別的活動有三個，分別為迎接客人、豬圈抓豬及拋船儀式。

　　第一個是迎接客人，客人在活動開始前會往船主家移動，因為新船下水典禮在船主家舉行，船員們會一個一個的親吻客人，以表示歡迎之意。在漁團唱迎賓歌前，客人是不可以坐下的，這是一個禁忌，否則客人沒有辦法分到禮物。唱完迎賓歌後，船員會將客人帶回自己家。夏本奇伯愛雅（1994：142）說明船員親吻的客人，是指船員們自己所邀請來的客人，所以在客人進場前，船員們必須先站好位置，好讓客人找到主人所在的位置，以免吻錯人而發生誤會：

　　　　在深山裡勞動，他（夏本・阿尼飛浪）不時地創作歌
　　　詞，也不間斷地重複吟唱父親與祖父傳承給他的大船祭典中
　　　迎賓的答謝詞（達悟人視為私有的智慧財產）。（夏曼・藍
　　　波安，2002：96）

屋內至親的親人仍繼續與船主禮貌性地對唱……船主夏本・阿尼飛浪，我的表姐夫，一一答唱午後迎賓儀式前親人的祝賀歌。（同上，101-102）

　　第二個是抓豬，活動一開始會由船主先進行，接著是船員，抓到的豬隻各自帶回自己家中，活動結束後，船員再到船主家領禮肉分贈給每個客人。夏本奇伯愛雅（1994：145-146）補充說明抓豬的活動是第二天分配完禮肉及禮芋後才進行，在活動進行時，新船的成員會告知親朋好友自己家的豬隻，並請他們幫忙捕抓。看哪一個人能讓豬隻逃不掉，那個人就是最有力氣且力氣最大的人。

　　第三個是拋船儀式，船員個個都穿上禮服並上船唱祝福歌，兩邊各站了一位婦女，全村的人男人依年齡分成青年、中年及老年三組，哨聲一響，男人從四周向新船移動，採用迴流的方式圍著新船。這時船主坐在新船中，把船往上拋到空中去。接著是試航儀式，從當地的人員中挑選十位划水夫擔任這個工作。第二次則是由該船的船員搭乘新船，回來後將新船拉上岸，整個新船下水典禮就完成。

三、排灣族的五年祭

　　譚昌國（2007：115-125）認為五年祭是排灣族最盛大且壯觀的祭典，是每五年舉行一次的祭典。祭典儀式可以分成三個階段，也就是前祭、主祭和後祭。

（一）前祭

　　前祭的工作都是為主祭當天的活動所作的準備工作，部落的男

人要負責製作主祭要用的祭竿、祭球及刺球臺，而巫師則要以巫術做各種遮蔽、保護的儀式，以防止惡靈進入部落破壞祭儀的舉行。

祭竿是以家屋為單位，一支祭竿代表一個家屋，並不是每個家屋都擁有持竿的權利，頭目、貴族及頭目的家臣都擁有這樣的權利，其他的人則必須要有特殊的功勳才可以有祭竿，如出草成功的人、部落中的打獵英雄或部落的望族等。祭竿的長度及其頂端的尖刺數目、花紋等都因身分而有不同，如頭目的祭竿是最長的，大約有四十尺，頂端有五支環狀的尖刺，祭竿上有黑白相間的百步蛇的圖紋；而貴族及家臣的祭竿頂端則有一至二支側出的尖刺，平民只有一支，但相同的是祭竿上都是素面沒有任何紋路。所有的祭竿都是直挺挺的，只有一根是彎曲的，這是祭場守護神Sa Lemej的祭竿，在刺球儀式中倘若是這根祭竿刺到藤球，則表示刺球儀式結束。朱連惠等（2004：80-84）表示，對部落有功的人可以用獵首或獵物來向頭目購買祭竿。而祭竿分成上下二個部分，用推打的方式將上下二段祭竿接在一起，並用黃藤所編的套環加以固定。而每一根祭竿則是承載一個家屋興盛與否的關鍵。

藤球依不同屬性的祭儀而分成四種：第一種是在前祭時，給未成年的青少年祖靈進行刺球儀式時使用的，這種藤球需要五顆；第二種是在主祭當天要進行的刺球儀式，這個儀式要用十顆藤球；第三種藤球最特別，因為要用血桐葉包成一顆直徑大約二十公分的球，這是祭司長用來祭告祖靈，刺球儀式即將開始；第四種則是為了讓每根祭竿都能刺到球而增加製作的，沒有數量限制。這種藤球每個男子都可以在刺球場中自由投擲，但第一及第二種的藤球則要由祭司長來投擲。朱連惠等（2004：91-92）說明排灣族在製作祭竿時，每個人也要做至少五顆的藤球，並把所有人做的藤球集合起來，由女巫師及男祭司從中選擇做得比較好的藤球。而主祭當天用

的十顆藤球中，有五顆是祭祀用的，其中三顆具有靈力，前面二顆代表著所有的凶兆、霉運或不順，所以這二顆是不好的；第三顆代表著好運。另外五顆是挑選出來，額外再加上去的，它們同時也代表獵物和穀物。因為有靈力的好運球只有一顆，為了避免好運只有一個人擁有，所以另外再挑選五顆的好運球加進去，讓更多人都擁有不同的好運：

> Vu Vu A-gan在略顯寒意的黃昏中說：「這是要在五年祭的重頭戲——刺球，供參加比賽的族人使用；藤球刺得愈多，就表示在未來的一年中，家族裡做任何事愈順利，所以可得要好好地做，免得在拋入空中的時候散開來，那是不吉利的。」（利格拉樂‧阿𡠂，1997：92）

　　從第三天到第七天，女巫長會帶著各家的頭目、頭目家的女巫師及男祭司，到部落四周的祭壇作有關保護及遮蔽的儀式，因為惡靈會隨著祖靈與神靈進到部落中，為了防止惡靈破壞五年祭的進行，必須在與五年祭有關的祭壇進行遮護的儀式。朱連惠等（2004：101-107）則說明祭壇是用石板在地下所疊搭而成的（高度約一瓶塑膠米酒瓶的高度），這些祭壇的位置各有不同的涵義，如在部落口的山坡會有一個總壇，象徵總理全部落的的事務；而在祖靈屋左後方的祭壇則象徵居住地、立柱及運氣。

（二）主祭

　　頭目和祭儀人員會到部落的外面，面向發祥地並用小米梗燃燒產生的煙召請祖靈前來部落。回到祖靈屋後，由巫師將回到人間的神靈及祖靈聚集在一起，祭司拿著點燃的小米梗放在胸前畫

圈，並與巫師一起呼請神祖靈們到祖靈屋享用飯菜、並欣賞子孫們的表演。

接著巫師為頭目及參與刺球儀式的男子和自己進行增強靈力的儀式，結束後進行刺球儀式，儀式開始前巫師會請神祖靈到祭場。進行刺球時，男祭司長會在祭場中央將藤球往上拋丟，在刺球臺上的持竿者則將祭竿往藤球的方向刺去。當藤球被刺中時，所有的人都會鼓掌歡呼，頭目也會獻上小米酒來祝賀。將十顆祭球一一刺完後，就開放祭場讓所有的男子都能到祭場中間來丟球，以幫助自己家屋的祭竿能刺到球。

（三）後祭

刺球儀式結束後，就由頭目和參與祭儀的人員帶著祭品到部落的西邊，用嚴肅且不發出任何聲音的態度，面對著發祥地歡送神靈及祖靈，而巫師則會透過經語的唸誦請祖靈放心的回去。這時在家屋的所有人都會拍打會發出聲音的器具，將家中的祖靈或惡靈趕走，但各家屋的創始祖靈則是留待明年的小米收成後才送走祂。巫師會將打結的芒草橫放，並請參與的人跨過去後往身後吐一口痰，這樣的作法是為了請祖靈回去不要再跟來。在第十一、十二天時，巫師與祭司會到掌管河川和狩獵的祭壇，去進行解除遮蔽、保護的儀式，讓魚蝦和獵物可以自由的活動，而族人也才能回復正常的生活。

排灣族的五年祭除了邀請神祖靈一起同樂外，更有著神祖靈來到人間賜予族人好運的象徵，如刺球，藤球所賦予的靈力各有不同，雖有好有壞，但其實只有巫師知道哪一顆藤球所代表的意義，一般人是看不出來的，刺中的不好的藤球就看當事者如何去面對、去扭轉，就如俗語說的「危機就是轉機」，能運用自己的智慧、勇氣及不放棄的精神去生活，才是祖靈們所在意的。

四、泰雅族祖靈祭

時　　間：大約是在收割祭結束後。

參加人員：部落的所有男性，沒有年齡限制。

祭品：醃肉、小米糕、一個大型小米糕。

　　王梅霞（2006：89）說明泰雅族祖靈祭的時間是小米收割後，部落的族人在小米收割完且放入穀倉後，會在頭目家飲酒並一起商量舉行祖靈祭的事宜。在決定祖靈祭舉行的時間後，為了祖靈祭所需的醃肉，部落的族人會一起進行狩獵。而每戶人家則會幫忙打小米糕及釀造小米酒，並從中指定某一個人製作一個祭儀中會用到的大型小米糕，這個大型的小米糕會被放置在部落及祭祀地點之間的路上。在祖靈祭結束後，所有參與的族人都必須要吃到這個大型的小米糕才可以回部落。

　　參加祖靈祭的對象是全部落的所有男性，沒有年齡大小的限制：

> 「爸！你以前多大的時候就跟大人參加MULING？」……
> 「喔！那時候的男孩子都要參加，揹著也要揹去。」……「我不知道幾歲開始參加的，反正我知道我是從大人揹著去，一直到我自己會走路，每年都去MULING。」……我們部落的MULING祖靈祭是這幾年才開始恢復舉行的。（里慕伊・阿紀，2001：168-169）

在舉行祭儀的當天天亮時，部落的族人在部落中以祖群為單

位進行集合，並推派出一個代表。所謂的祖群，是指同一個祖先的後代，通常都是往上追溯五代共同的祖先。由每個祖群的代表手持插有獸肉及小米糕等祭品的竹子，帶領著同祖群的族人跟著頭目及副頭目前往祭祀的地點。沿途呼請不同輩分的祖靈一起到祭祀地點，如過世的祖父、祖母輩以上的男性、女性的祖先，其稱謂分別是「lkawtas」及「lkaki」等，祖靈祭不是只有邀請自己的祖靈，還包括部落中所有人的祖靈及路上遇到lyutux（祖靈、神祇或鬼魂）。祭祀地是指埋葬祖先的地方，在日據時代因禁止室內葬，所以祭祀的地點都在公墓：

> MULING的儀式都在每年的八月份，月圓前後舉行。族人會先在前一天的傍晚，到某一個地點去大聲喊話──邀請祖靈前來，並與祖靈約定第二天祭祖儀式的地點與時間。第二天凌晨便將LIHANG葉子包裹好的祭品，一一綁在該地點的一棵樹上，再高聲喊請祖靈前來享用，這是男人才可以參加的儀式。（里慕伊・阿紀，2001：168-169）

首先由頭目開始進行獻祭，儀式中唸誦的祭詞內容，大約是告訴祖先現在是履行約定的時間，並向祖先報告今年的收成狀況，並且與祖靈一起分享這些收成，且祈求祖靈明年的庇佑，期待明年此時再一起與祖靈分享成果：

> 我們的MULING是要在山野，高聲喊請歷代祖靈前來享用自己努力耕作與狩獵的成果，那種與祖靈接近的感覺會讓人非常希望能夠在祖靈面前有驕傲的表現的。（里慕伊・阿紀，2001：169）

祭祀結束後，祭品要留在原地，族人離開祭祀地時要跨過火，代表著人與lyutux分開。而較早離開祭祀地的年輕人，則會搶著用山刀去戳那個放在路旁的大型小米糕，因為刺小米糕就好像刺山豬一樣，希望打獵時能捕獵到山豬。小米糕必須當場吃完，不可以帶回部落。頭目與一些長老會留下來與lyutux說話，一邊倒酒請lyutux喝，一邊自己喝，剩下的酒也不能帶走要留在原地。

祖靈祭除了向祖靈表達感謝之意外，還祈求祖靈來年能繼續庇佑子孫有好的收成，不論農耕或狩獵上。祖靈祭所祭拜的對象除了自己的祖靈外，還有部落族人的所有祖靈，甚至是路途中的lyutux也都是邀請的對象。

原住民各種祭儀的舉行都有其意義存在，不論是祈求豐收、好運，在在都是為了感謝祖靈的庇佑，因為有著祖靈的協助、保護才能有今天這樣的生活。這是一種對大自然表達感謝的方式，儀式中也存在著與大自然及祖靈們分享成果的意涵，因為這一切不是原住民自己努力就可以成功，還必須有祖靈及大自然萬物的配合才可以。

原住民的禮俗規範是為了祈求祖靈或感謝祖靈的庇佑而產生，所以祖靈是原住民禮俗規範的「終極信仰」。因著祖靈信仰而將禮俗規範的「觀念系統」由祭儀中來呈現，如排灣族的五年祭、達悟族的飛魚祭；禮俗規範的「規範系統」則是各祭儀中的男女所能參加的祭儀或分配的工作、每個年齡層要進行的儀式，如成長禮；至於「行動系統」在禮俗規範的表現則在出生與成長的禮俗規範、死亡的禮俗規範、祭典與其他的儀式三方面；而禮俗規範的「表現系統」則是祭儀中所穿著的服飾、所需要到的祭品或巫術、及有關飲酒的禮俗等。以上所提及的原住民文化中的禮俗規範在氣化觀型文化（泛氣化觀型文化）所歸屬的地位，則可用下圖來呈現其關係及脈絡：

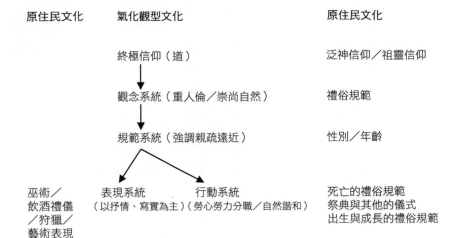

原住民文化　　　氣化觀型文化　　　　　　　　　　原住民文化

　　　　　　　　終極信仰（道）　　　　　　　　　泛神信仰／祖靈信仰

　　　　　　　　觀念系統（重人倫／崇尚自然）　　禮俗規範

　　　　　　　　規範系統（強調親疏遠近）　　　　性別／年齡

巫術／　　　　表現系統　　　　行動系統　　　　死亡的禮俗規範
飲酒禮儀　　　（以抒情、寫實為主）（勞心勞力分職／自然諧和）　祭典與其他的儀式
／狩獵／　　　　　　　　　　　　　　　　　　出生與成長的禮俗規範
藝術表現

圖8-3-1　原住民禮俗規範與氣化觀型文化的關係圖

| 第九章 |

相關研究成果的運用途徑

第一節　促成多元文化教育的落實

　　劉美慧等（2000）表示多元文化教育是在擁有多元文化社會下所產生的東西，文化多樣性的價值要受肯定、文化多樣性下的人權要被尊重、社會正義與公平機會的實現等，都要靠著教育的力量來進行。

　　但在現今國小課程中，原住民文化以點的方式呈現，要讓原住民文化能深入國小學生的心中，且讓生活在臺灣最久的族群文化能有系統的被知道、認識，就必須將特具宏觀性的原住民散文帶入相關的課程。因為利用自己廣泛的親身經歷來敘說自己族群的文化，會讓人感覺生動、有趣，更可以讓其他族群的人從不同的角度來看自己的文化，進而了解族群的文化發展歷程及文化的脈絡。

　　原住民文化的主軸是以祖靈信仰為中心，而以祖靈信仰發展出五個次系統，分別是巫術、飲酒禮儀、狩獵、藝術表現及禮俗規範等。如果不先將原住民文化的脈絡找出來，那麼在探究原住民文化時會發現許多的文化現象是以片面的、零散的方式來呈現，這樣的文化呈現會讓人對該文化產生偏見或錯誤的認識。如原住民是愛喝酒的民族，但如果從散文中去找尋線索，會發現小米酒對原住民是

一種珍貴的食物，因為要有多餘的糧食才能釀造成酒；而且在釀造小米酒時有許多的步驟與規定，飲酒也有其規則存在，不是像現在想喝就喝、想醉就可以喝到爛醉。不論是喝酒或釀酒都必須遵循部落的規定，而部落的約定則來自歷代祖先所訂下的規矩，或要遵守的禁忌等。

　　將原住民文化的概念建立起來後，從原住民散文來與課程作結合，就可以讓小朋友對原住民文化有個較具體的認識，並能深入文化的裡層。如以達悟族的「新船下水典禮」為主題，在國小六年級上學期南一版的社會課本中，出現的方式是一張有關達悟族人拋舉拼板舟的畫面，下方加了一行字「蘭嶼島上的達悟族以捕魚維生，所以他們很重視船祭。」。用這樣的方式來讓小朋友認識達悟族，小朋友有看出什麼樣的文化內涵嗎？但如果配合相關的原住民散文，則可以讓小朋友對新船下水典禮有個初步的了解，也能從中體會達悟族與大自然相處的方式，及這個祭典對達悟人的意義。而這不妨先從夏曼・藍波安的作品《冷海情深》中的〈黑潮の親子舟〉中帶著小朋友一起閱讀，在文章中可以讓小朋友認識到原住民的祖靈文化，因為在砍伐的過程中，作者的父親不斷地向祖靈及大自然中的樹神、山神道謝；造拼板舟的目的並不是為了炫耀，也不是為了將原住民的藝術表現出來，而是為了生活。接著繼續閱讀《海浪的記憶》中的〈樹靈與耆老〉及〈再造一艘達悟船〉等兩篇文章，更可以讓小朋友知道製造一艘拼板舟時，從砍伐樹木就有許多的學問存在，及與大自然相處的方法、態度等。再來則可以從文章去獲得有關建造拼板舟對原住民的意義，因為決定建造一艘拼板舟對達悟族而言，是要多方考量且必須得到家人的支持、合作，這是達悟人一生中重大的決定之一。而從下了決定開始，一連串的準備工作，到典禮的舉行等，都可以在文章中看到原住民互助、堅持的精

神，及生活中落實的環境保護觀念。這樣的文化呈現方式，比國小社會課本中用一張圖片，旁邊加上一行字來的更有脈絡及意義。

其他的文化面向，也可以從相關的原住民散文中得到。如從撒可努・亞隆榮的作品中可以知道有關狩獵的文化，其中更可以發現當今全球在訴求的生態保育，早在千百年前的原住民就有這樣的觀念及行動，只是沒有其他族群知道。原住民所使用的生態保育方法是自然界中的法則，而不是像我們現在的人工規則。差別在於人工規則會讓被保育的動物沒有天敵，造成數量過多而危及其他的動植物或人類；但也因過度的保護而讓這些動物喪失自我生存的能力，消失在大自然中。又如原住民的藝術表現，從達悟族的拼板舟、丁字褲、家屋；排灣、魯凱族的石板屋、百合花、家屋的雕刻到泰雅族的文面及各族的服飾等，都可以看到原住民的藝術，而這些也都可以從原住民散文中去擷拾。

藉由原住民散文來落實多元文化的教育，不僅讓小朋友更深入了解原住民文化、也從閱讀原住民散文中，更加了解原住民文化的特色，及其對環境生態的保護觀念。雖然無法實際走入原住民的世界去觀察、研究，但從閱讀原住民散文這個途徑來間接認識原住民，是一個一舉數得的方法，不僅讓小朋友增加閱讀的機會、想像力也多元化、又多了解了一個本土的文化等優點，讓多元文化不再只是一個口號，而是可以付諸行動，就從生活中去閱讀原住民散文開始。

當小朋友認識了原住民文化後，就不會再有錯誤的概念發生，如原住民是個愛喝酒的族群，就可以避免小朋友用偏差的觀念或狹隘的觀點來看待原住民文化。因為藉由閱讀可以將小朋友的視野變得寬闊一點、對異文化也能用較正面的方式，給予應有的對待與尊重。

臺灣已是個越來越多元化的社會，從外配的比率逐年增加、各國美食進駐臺灣等，如果不先將臺灣自己原有的文化深植在臺灣，那麼臺灣的原有文化將在這一波波的外來文化中被淹沒而後消失，尤其是那些弱勢的臺灣文化，如原住民文化。外配的文化也是臺灣文化中的一環，如何打破臺灣人固有的偏見，也是要從教育開始。那麼該如何用有限的資源及師資讓小朋友認識自己的母語文化？相信閱讀原住民散文的文化落實經驗會對其有所幫助。

貝克〔C.Baker〕（2008：435）認為具有多元文化背景的人相較於單一文化背景的人，會對他人和他人文化表現出更多的尊重，而較少表現出偏狹的心態，也會多有文化的內省。多元文化擺脫偏見和種族主義，所表現出來的是同情和敏感性。而我們的多元文化教育要落實，本研究的成果無疑可以為它開啟一扇窗，知道如何從哪裡引風進來。換句話說，本研究成果彰顯了對原住民散文所體現的特殊文化的正視，正可以運用來促成多元文化教育的落實，而期待一個更美好社會的來臨。

第二節　提供統整教學的參鏡

在國小的教科書中，原住民文化以一種跑馬燈式的方式出現在社會或健康與體育課本中，如六上南一版的社會課本〈臺灣的生活禮俗〉中，以一張照片及一段文字「魯凱族的迎娶習俗」來代表原住民的生活習俗。這樣的課程安排在小學的課本比比皆是，但原住民在臺灣已是少數民族，再加上其居住的地方在山林中、文化的發生也在山林間（達悟族除外），居住在臺灣的其他族群與他們互動的機會少之又少，小學生只能透過課本對原住民有個初步的了解。

也就是說，這樣的呈現方式只會讓彼此的距離愈來愈遠，因為這樣的原住民文化教材在臺灣的多元文化中，永遠只能在邊緣的小小角落中遊走。雖然其他族群的文化呈現方式也是如此，但客家人、閩南人的生活文化都已融入在現今的社會生活中，許多的客家或閩南文化隨處可見，但原住民文化在臺灣已生根千百年，卻只能以觀光的方式讓生活在臺灣土地上的其他族群認識、發現。

　　原住民文化以點的方式在國小的課程中出現，如果要讓國小學童進一步認識原住民，這樣的教材是不足的；但倘若只是靠著老師來講說原住民的相關文化，這樣的文化就會變成一種背誦式的文化，學生興趣缺缺，而且時間久了就會忘記這些文化。這種方式對促進多元文化是沒有效用的，也無法讓學生的視野變得寬闊。因此，要改變這樣現況，可以以原住民散文作為閱讀的讀本，配合相關的課程，成為一個統整課程，讓學生從不同的角度來認識原住民文化，進而了解、尊重與欣賞屬於臺灣在地的本土文化之一。如以「生命禮俗」為主題配合閱讀，則可以以霍斯陸曼・伐伐的作品〈Hu！bunun〉作為一個媒介：

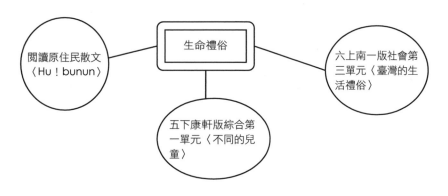

圖9-2-1　生命禮俗統整課程圖

以〈不同的兒童〉中的兒童節作為一個開端，讓學生認識各國的兒童節及當中的儀式，如日本的男童節及女童節、臺灣民間習俗的「做十六歲」等，再經由閱讀原住民散文〈Hu！bunun〉來認識原住民布農族的生命禮俗。

ADA（2008）提出了一種創造性閱讀法，這個方法可以分成四個階段：

第一個階段為描述階段：由老師針對讀本的內容提出問題，這樣的問題可以稱為直接提問或封閉式提問。也就是根據讀本內容提出問題，這樣的問題可以在讀本中直接找到答案的，就像單選題，正確答案只有一個。在這個階段，學生處於一種被動的思考模式中，因為問題的提問是由老師閱讀後，找出老師認為能配合主題或與讀本有關鍵性的問題，再由學生回答，也是一種屬於記憶性的問答方式。

第二個階段為個人解釋階段：老師將讀本中的情境問題放到課堂上，讓學生去發表自己的感受、看法，這類的提問是一種開放性問題，又可以稱為間接提問，答案會因人而有所不同。

第三個階段為批評性分析階段：由學生針對讀本自行提問並說出自己的看法，但問題的屬性為間接提問（開放性問題），每個人都可以提出自己的看法，答案沒有對錯。

第四個階段為創造性行動階段：讓書中所學的知識或觀念運用在日活生常中，或進行故事改寫。讓知識不再死背而能自行運用。如果是同一個讀本就可以請學生針對讀本的結局轉折處進行接寫。運用在閱讀，如閱讀有關環保的讀本，請學生在課堂上實作。（貝克，2008：360-361引|ADA說）

主題式的統整課程搭配ADA的創造性閱讀法，可以形成以閱讀為主的統整課程，配合相關的課程而形成另一種類型的統整課程。如：

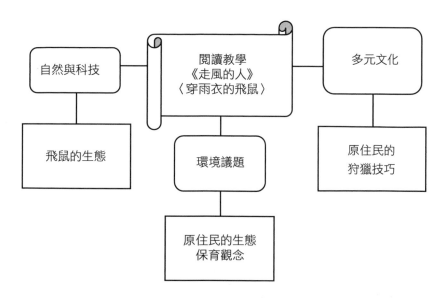

圖9-2-2　原住民散文單篇文章閱讀教學統整課程圖

　　以原住民散文中的某一篇文章為教材，依著原住民文化的理論
架構來加以分析，就可以知道原住民文化的類別，再與相關科目整
合，而成為一個多元文化的統整課程。另外，原住民散文的專書，
如《冷海情深》、《海浪的記憶》、《老鷹，再見》、《山豬‧飛
鼠‧撒可努》、《山豬‧飛鼠‧撒可努3：外公的海》等，以我自
己在國小現場教學的經驗，可以從中優先以《山豬‧飛鼠‧撒可
努》一書來進行，而相關的統整課程設計如下：

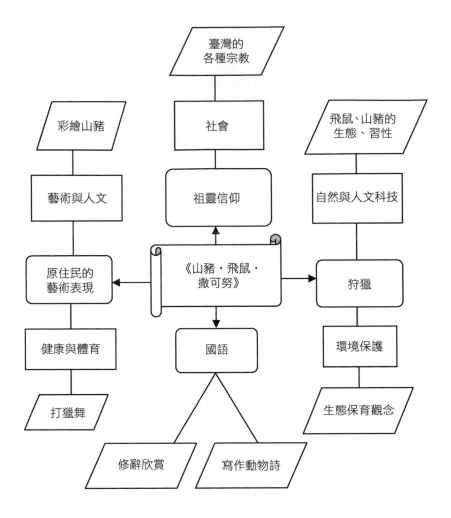

圖9-2-3　原住民散文專書閱讀教學統整課程圖

　　將原住民文化的架構——以祖靈為終極信仰為中心而形成的
五個次系統：巫術、飲酒禮儀、狩獵、藝術表現及禮俗規範，配合
原住民散文與其他學科做主題課程的統整，可以增加學生閱讀的機
會，也可以讓學生從閱讀中去發現原住民文化、思考原住民文化而

達到傳遞原住民文化的目的；而這也是真正落實多元文化，並達到教育部所列的國民應具備的基本能力中的「文化學習與國際了解」。在這種情況下，本研究成果就可以多方提供這類統整教學的參鏡。

第三節　深化本土語言教學的內涵

原住民文化因著政治、西方宗教的傳入、土地歸為國有等種種因素，而使得生活方式改變、文化消失；同時原住民文化也因各階段的統治者的禁止或同化，而使得原住民對自己族群文化產生懷疑、排斥，從此不認同自己的傳統文化，轉為崇尚其他文化，而使得原住民文化更快速的消逝。

孫大川（2010：9、16）認為語言文字記載著一個民族的記憶和圖像，它也聯繫著一個民族的歷史和文化生命，更是一個民族認同自己的基礎。原住民是個沒有文字的族群，長久以來靠著族人以口傳的方式傳遞文化及歷史，但是歷經各種政治的同化政策，而使得原住民否定了自己的語言，因為在「推行國語運動」時，講原住民語在當時是一種落後、野蠻的象徵。因著對自己母語的否定，使得原住民無法將自己與族群、部落合而為一；在與長輩溝通時，因著母語的隔閡，而使得原住民無法與長輩進行對話。

孫大川（2010：197、19-20）述說著原住民的語言變化，從生活在前半世紀的人說的是自己的族語及日語，而後半世紀的人使用的語言是逐漸生疏的母語、半生不熟的閩南語和慢慢已成為自己思考的「國語」。這樣的語言使用對推展原住民教育和部落教育存在著非常不利的影響。因為傳統原住民的教育是以部落為學校，生

活的技能是一種引導，部落中的前輩、父兄是老師，而學習的教材則是以部落的祭儀、生命禮俗、禁忌、傳統歌舞等為範圍。但在政策的要求下原住民學生要進入體制下的學校就讀，已經對原住民學生自己的文化及部落產生疏離，如何將部落及學校建立一個互動的機制，是原住民教育的一個課題。另外，母語的教學也是原住民教育的另一個課題，要將母語教育落實在教育上，可以從國中小開始實施母語教育；但是母語如果只能運用在校園或學術上，是無法讓有生命的文化繼續成長的。

　　傳統原住民文化的再現，在現今的社會有著許多的限制及無奈存在，但如果可以透過文章引起原住民學生對自身文化的興趣，進而引導學生去認識、了解自己的族群文化或語言，甚至去學習、運用、沉浸其中，就能讓原住民文化消失的速度稍稍減緩下來。

　　Well（1986）認為故事是理解世界的一種有力手段，藉由故事的讀和寫，可以讓兒童形成概念，故事也會影響和開發人們的思想。（貝克，2008：376引|Well說）原住民散文是原住民作者與自己族群文化發生的真實故事，將這些親身的經驗透過文字將它記錄下來，這些故事中包含了族群的祖靈信仰、巫術的使用、狩獵、飲酒禮儀、藝術表現及禮俗規範等原住民文化，讓原住民學生可以經由與自己生活相關的這類媒材來認識自己的文化，就可以增加原住民學生與自己的族群文化接觸的機會。運用這種生活中的故事作為本土語言的教材，不僅可以引發學生的興趣，也能促進學生與家中長輩的互動，讓親子間溝通的機會增加、也讓原住民文化及語言可以使用其傳統的口傳方式，來與下一代進行對話、傳承。運用原住民文化的理論架構——以祖靈為終極信仰的泛氣觀型文化，可以讓原住民的學生對自己的文化有一個系統性的了解，也可以讓原住民教師在設計相關教案時，更能依著自己所熟悉的文化，設計屬於自

己母語文化的課程，再加入以描述生活文化為主的原住民散文，讓母語的教學課程能更生活化、更有民族的特色，也能讓母語走出教室的圍牆外，在家庭生根、在部落成長。重回原住民傳統的學習方式，以部落為學校，是一個目標，但往這個目標邁進前，最重要的是要喚醒原住民學生對自己文化、語言的認同。而要讓原住民學生對自己的文化產生興趣、進而認同，必須增加原住民學生與部落文化、母語接觸的機會，在現今的教育體制下，閱讀原住民散文是一個與原住民文化接觸最直接、最方便的方法。因此，在原住民的本土語言教學上，如能以原住民散文中的文化演現為教材，更能讓原住民學生徜徉在小型傳統部落教育的方式中。

每一種符號系統，尤其是語言文字，本來就是以孤立的樣子存在，但是它卻藏了一個民族的文化、歷史、生活、社會等盤根錯節的民族傳統，也包含著無法捉摸、歷代傳承的專屬於該族的印記。（孫大川，2010：16）母語不僅是一種溝通的符號，它更是一種文化的代表、文化傳承的記憶。如何透過原住民的本土語言與其生活文化相結合，引發原住民學生的興趣，進而與家庭、部落互動，是原住民本土語言教學設計的一個方向；而原住民散文中的文化演現是原住民本土語言教材生活化、家庭化的一個新的出發點。

Ofelia Garcia（1992b）在她的語言花園理論（Language Garden Analogy）中提到世界上如果只有一種形狀、大小與顏色沒有變化的花朵，那這個世界將會沉悶與貧瘠。花朵就如我們的語言一樣，只有單一種語言我們就無法去分辨它的美醜，多種的語言會激盪出許多的思想與發展。（貝克，2008：46引Ofelia Garcia 說）也因此，本研究成果正可以深化本土語言教學的內涵，讓社會更充滿生氣和活力。

第十章

結　論

第一節　要點回顧

　　本研究想要建立一個主題的架構，讓大家能概略的掌握原住民文化的特色，進而深入的了解原住民文化，具備文化學習的能力。從原住民散文中，已將這個架構建立起來，希望原住民散文中的文化演現，能提供一些教學上的幫助給對原住民文化有興趣的人或是站在第一線的教師。本節將對原住民散文中的文化演現的研究成果，作個回顧。

一、緒論部分

　　國小社會課程中有關原住民文化的課題，總是用一句話帶過，讓身為老師的我每每備課時，總有著很深的無力感與無奈，面對學生更是有著許多的愧疚，因而想要建立一個架構來對原住民文化特色有著概略性的掌握。這樣的一個架構，不僅讓我在準備有關原住民文化的課程時，能有脈絡性的掌握有關原住民文化中的各個層面，也能讓我的課程設計多樣化，更能讓學生在學習原住民文化時，以一種有組織有系統的方式來進行學習。再以閱讀原住民散文

來補強課程中不足或概說的部分，以落實國小多元文化教育及課程統整。

二、文獻探討部分

　　對原住民散文的研究有很多，但大部分都是以原住民文化中的其中一個面向來研究，如飲酒、狩獵等，或是以原住民作家的作品為研究的主題，這樣的研究方向還是無法讓人對原住民文化有初步的認識或是獲知原住民文化的特色所在。因此，建立一個有關原住民文化特色的架構，可以讓大家對原住民文化有深入的了解，並有助於民族文化的融合發展。

三、原住民散文中的祖靈信仰

　　原住民認為大自然中的萬物都有著靈的存在，人也只是活著與死亡時以不同形式的靈存在。原住民以祖靈為其信仰中心，這樣的信仰與氣化觀型文化有著相似的觀念，只是氣化觀型文化認為宇宙萬物都由精氣形成的，而原住民的祖靈信仰是一種大自然的信仰，因此用「泛氣化觀型文化」來界定原住民祖靈信仰在世界三大觀型的位置。

　　從原住民散文中，可以看出祖靈是原住民作為一個祈求庇佑的對象，如狩獵或捕魚前會祈求祖靈保佑活動進行時能平安、順利或豐收；原住民對於惡靈是避而遠之，倘若必須經過一些險惡的地方，也會以一些東西來做自我保護防止惡靈的靠近，如蘆葦莖、藤帽等，這樣的方法對原住民而言很普遍。而這是一般性的巫術，除非狀況無法改善，才找巫師協助處理。這類的處理方式較其他宗教

簡易且不會浪費資源，因為原住民相信祖靈的存在，也相信祖靈隨時隨地都在保護著他們，所以藉由一般的巫術就可以具有驅逐惡靈的力量。

四、原住民散文中的巫術

巫術是原住民與祖靈取得直接溝通的方式，巫師的傳承在原住民各族中有著不同的方式，但是大部分的族群都是由祖靈或神靈留下的某些徵兆，而開始進行巫術的傳遞。巫師在部落中的角色是一個保護族人及部落安全的重要人物，也是祭儀的主持人。在醫術不發達的時代，巫師也是醫生，因為原住民認為人會生病是因為惡靈，或是觸犯了某些禁忌而產生的。巫術因著統治者的禁止及外來的西方宗教的傳入，使得族人拋棄了祖靈信仰，原住民文化開始消失。因為祖靈是原住民的終極信仰，巫術、飲酒禮儀、狩獵、藝術表現及禮俗規範是因著信仰祖靈而產生的，原住民放棄了文化中的終極信仰，於是文化也開始慢慢的解體。

因族人紛紛改信西方的一神教，再加上巫術文化的獨佔性、巫術學習的困難度及其限制，而使得巫術已在原住民部落中消失了。

五、原住民散文中的飲酒禮儀

原住民並不是一個愛喝酒的民族，只是因著時空的變化，原住民找不到一個可以展現能力的舞臺，因此才會有了飲酒的質變。其實，酒對原住民是一種珍貴的食物，因為要有多餘的小米才可以釀造成酒，所以酒是用來獻給祖靈以表達對祖靈的感謝，並祈求祖靈的庇佑。原住民飲酒有其規定及禁忌存在，而且必須在特別的祭儀

或禮俗才可以釀酒、喝酒。

酒在祭儀及巫術中都有其特別的作用，如在祭儀中，酒是一種祭品，也是一種祈請或感謝祖靈的物品；而在巫術中酒是一種介質，用來阻隔亡靈與人的物質。酒在社交宴樂中，是一種喜悅的分享、是心情轉換的物品，也是文化傳遞的一種介質。

六、原住民散文中的狩獵

狩獵是原住民獲取動物性食物的來源之一，狩獵也是一種能力的表現，因為狩獵是原住民男子必須擁有的基本能力，所以從小男生就開始接受訓練，而具備獵人應有的條件。在進行狩獵活動時，部落或家中的長輩會開始傳授有關打獵的規矩及禁忌。

在土地被收歸國有、許多動物被列為保育類動物等因素的限制下，原住民無法進行狩獵，許多部落的文化、制度、規矩等都因此而瓦解；但原住民的保育觀念是以大自然的力量來進行，對環境、動物及人類都有著長遠的好處；尤其是狩獵的方式對生態及環境保護都以長遠的觀點進行，可以有效的守護地球。而在無法藉由打獵活動來傳遞這些生態保育的觀念下，獵人學校是另一種傳承原住民狩獵文化的方式。

七、原住民散文中蘊涵的藝術表現

原住民的藝術是表現在生活中，如家屋空間的安排、雕刻等，而且材料都來自於大自然，如石板、木頭等，是以一種最原始也最符合當地氣候的建築。原住民的生活器具大都是用編織產生，如織布、藤籃、網具等，無不是運用智慧將生活所需的器具製造出來；

而器具上的雕刻、服裝上的裝飾如琉璃珠、羽毛等都是一種身分的表徵，如一般而言，排灣族的女性貴族才能配戴琉璃。在泰雅族，文面是一種能力的肯定，也是一種成人的表徵。

樂器的製作方法簡單、自然，不需要太多的複雜技巧，卻能吹出優美的樂音；歌曲的創作，則是原住民將生活的感覺用歌唱的方式來表達、呈現。

原住民的藝術來自於生活，藝術與生活是一體的，而不是刻意呈現或做作的產物。

八、原住民散文中的禮俗規範

人從出生、成長、結婚都會歷經不同的歷程，每個歷程都有不同的意義存在，原住民會藉著不同禮俗或祭儀來讓孩子知道這樣的過程值得慶賀，也代表著能力及責任的增加。

死亡對原住民而言，是一個必經的路程，原住民對它抱持的態度，是採用祝福的方式來進行（達悟族除外），如與亡者擁抱。從死亡的禮俗中可以知道，原住民以死者為主角來進行相關的禮俗，如為亡者分配財產、將亡者遺留的糧食釀造成小米酒，讓親友為亡者作最後一次悼念等。從這些禮俗中都可以看出，原住民相信人死後會有一個靈，這個亡者的靈會到祖靈的世界去過生活。

祭典是原住民對祖靈及大自然的一種感謝方式，從祭典中可以看出原住民文化以祖靈信仰為源頭，而巫術、飲酒禮儀及藝術表現等都以祖靈為主，如請巫師邀請神祖靈來到祭典的會場、酒在祭儀中的使用儀式及會後與族人慶賀時飲酒的禮儀、祭禮中所穿著的服裝、飾物等，都以祖靈信仰為中心而產生相關各種次系統文化。

九、相關研究成果的運用途徑

　　從原住民文化的架構，可以讓教師們對原住民文化有個再概念性的分類，配合原住民散文則可以讓原住民文化在國小課程中，將原住民文化帶入生活中，真正落實多元文化的教學；國小課程中以「點」為呈現方式的原住民文化倘若加以整合，則可以讓學生對原住民文化有個深入的了解。也可以輔以原住民散文，並將相關的文化課程做成一個統整課程，或者以國語科中的閱讀課程為主，以原住民散文為主題，來結合相關的課程而成為一個有主題的統整課程，都有助於學生學習，及對原住民文化有更多的了解。

　　原住民散文是原住民作家與部落文化所產生的故事，這種真實的生活化故事，可以引起原住民學生的興趣，再配合原住民的本土語言教學，則可以讓原住民學生對自己的文化有初步的了解、認識，也能讓本土語言的教學更加生活化。

　　原住民散文是一種原住民的生活故事，藉由這種生活化的材料，可以讓國小課程教學落實多元文化，並將原住民文化以一個概念式的統整方式來呈現，讓更多的學生能對原住民文化的特色有進一步的了解。本土語言的教材，也會因原住民散文的加入而變得更生動、活潑。

　　原住民散文中的文化演現的研究成果，可以從下圖中來看其架構及脈絡：

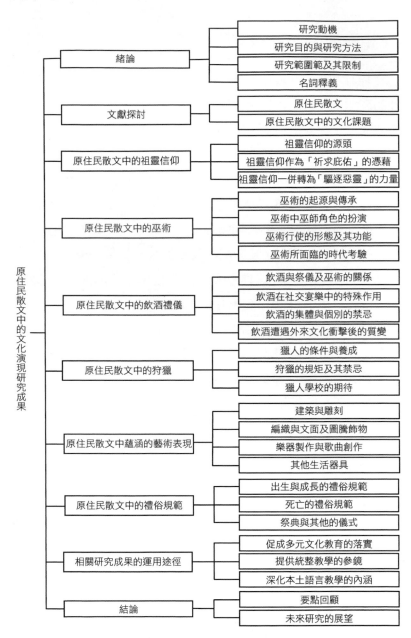

圖10-1-1　本研究成果圖

第二節　未來研究的展望

本研究是以建立一套全面性認知原住民文化的理論為旨趣，而這套理論已經建立起來，並且以原住民散文為其主體，來呈現原住民文化的各個層面。但因著研究的限制而必須有所取捨，以致針對原住民文化在未來的研究上所可以再致力的，略為展望相關的研究方向。

一、研究範圍的擴大

非原住民身分的作家，有些對原住民文化有著深入的研究、考察，對原住民文化比原住民有著更多的了解及認知。在原住民文化理論架構已建立的情況下，對原住民文化的分類已有一個雛形，可以將這些對原住民文化有更深一層了解的非原住民研究者，將其作品納入研究範圍，可以跟原住民作家的作品來相對照，或是將原住民的文化豐富化。

二、選材範圍的加寬

原住民文化消失的速度飛快，許多文化的次系統在部落中已經很少看到或者已不復見，因此無法在散文這種體裁中看到，如巫術、飲酒禮儀等，以致無法將原住民文化的原貌呈現出來。如果能加入原住民作家其他類型的體裁，如小說、傳說等，則可以讓原住民的文化呈現更接近原來的樣子。

三、針對某個層面的文化進行深入式的研究

本研究是針對原住民文化建構一個理論架構,對於每一個文化層面無法作太深入的探究或歸納出特色。因此,在未來的研究上可以進行某個層面的深入研究,或是找出原住民各族的文化特色。

四、未能納入的特色文化

原住民文化中,達悟族是以海為生活的主體,對於捕撈魚類有著特別的規定及禁忌,對於食用的魚也因性別、年齡而有所區別、使用的餐具及食用的方法也都有嚴格要求,但是因為這是單屬於靠海為生的原住民族群才有的文化,所以本研究的理論架構上並未納入這種較少數族群的文化。

五、實證

因為本研究的主旨是在建構一個原住民文化的理論,對於教學只能提供一個理論的課程建議,因此在實證上可能會遇到的問題或是可以將此理論架構運用在其他範圍,都有待在實作後才會知道。因此,將此理論架構運用在教學現場上,也是個未來的研究方向。

參考文獻

乜寇・索克魯曼（2003）〈一九九五年五月七日生命拐了個彎〉，《臺灣原住民族漢語文學選集──散文卷（下）》，163-176，臺北：INK印刻。

卜義・卜勇（2007），《泰雅傳統文物誌》（黑帶・巴彥譯），臺中：晨星。

孔吉文等（1994），〈消失的原住民醫療文化及其危機〉，《山海文化雙月刊》，5，120-129，臺北。

尤瑪・達陸（2003），《織起一座彩虹祖靈橋》，苗栗：雪霸國家公園。

巴代（2009a），《Daramaw──卑南族大巴六九部落的巫覡文化》，臺北：耶魯。

巴代（2009b），《薑代：巴代短篇小說集》，臺北：山海文化雜誌社／中華民國臺灣原住民文化發展協會。

巴奈・母路（2010），〈阿美族巫師（sikawasay）的milasung（窺探祭）儀式展演〉，《臺灣原住民巫師與儀式展演》，333-381，臺北：中央研究院民族學研究所。

巴蘇亞・博伊哲努（浦忠成）（1993），《臺灣鄒族的風土神話》，臺北：臺原。

巴蘇亞・博伊哲努（浦忠成）（1999），《原住民的神話與文學》，臺北：臺原。

巴蘇亞・博伊哲努（浦忠成）（2009a），《臺灣原住民族文

學史綱》，臺北：里仁。

巴蘇亞‧博伊哲努（浦忠成）（2009b）〈跋：飄盪在都會的部落情懷〉，《薑路──巴代短篇小說集》，325-330，臺北：山海文化雜誌社／中華民國臺灣原住民文化發展協會。

巴蘇亞‧博伊哲努等（2004），《「原」氣淋漓的文化論辯──鄒族兄弟的沉思》，臺北：黎明。

方祖燊等（1975），《散文結構》，臺北：蘭臺。

王宏恩（2000），〈月光〉，《BIUNG王宏恩／獵人》，臺北：風潮音樂。

王海山主編（1998），《科學方法百科》，臺北：恩楷。

王梅霞（2006），《泰雅族》，臺北：三民。

王嵩山（2001），《臺灣原住民的社會與文化》，臺北：聯經。

王嵩山（2010），《臺灣原住民──人族的文化旅程》，臺北：遠足。

王蜀桂（2004），《臺灣的原住民傳統織布》，臺中：晨星。

以莉‧高露（2011），《輕快的生活》，臺北：風潮音樂。

瓦歷斯‧尤幹（1994），《番刀出鞘》，臺北：稻鄉。

瓦歷斯‧諾幹（2002），〈從臺灣原住民文學反思生態文化〉，《生態人文主義──邁向一個人與自然共生共榮的社會》，181-196，臺北：書林。

瓦歷斯‧諾幹（2003），《迷霧之旅》，臺北：晨星。

史美舍（1991），《社會學》（陳光中等譯），臺北：桂冠。

弗雷澤（1991），《金枝：巫術與宗教之研究》（汪培基譯），臺北：桂冠。

田哲益（2001），《臺灣原住民的社會與文化》，臺北：武陵。

田哲益（2003），《臺灣的原住民生命禮俗》，臺北：武陵。

田哲益（2009），《玉山的守護者：布農族》，臺北：臺灣
　　書房。

白茲・牟固那那（武香梅）（2003），《親愛的Ak'i，請不要
　　生氣》，臺北：女書。

朱文詳（2009），《從部落文化看泰雅文學之英雄形象》，中
　　興大學中國文學系所碩士論文，未出版，臺中。

朱連惠等撰（2004），《臺東縣土坂村Maljeveq（五年祭）》，
　　臺東：臺東縣政府。

江宏傑（2010），〈臺灣原住民族漢語文學的語言運用──以
　　原住民飲酒文化為例〉，《流行語文與語文教學整合的新
　　視野》，173-210，臺東：臺東大學。

江冠明（2000），〈擺盪在山海間的旋律──臺東救國團山地民
　　謠的變奏（一九七〇至一九八三）〉，《山海文化雙月刊》，
　　23、24，48-54，臺北。

行政院原住民委員會（2012），〈族群與文化〉，網址：http://
　　www.apc.gov.tw/portal/docList.html?CID=6726E5B80C
　　8822F9，點閱日期：2012.04.01。

伊苞（2004），《老鷹，再見》，臺北：大塊。

伊書兒・法林基楠（2010），〈失控的獵槍，用文字釀酒　用
　　筆來唱歌〉，《99年臺灣原住民族文學獎得獎作品集》，
　　170-177，臺北：行政院原民會。。

伊象菁（2002），《原住民文學中邊緣論述的排除與建構──
　　以瓦歷斯・諾幹與利格拉樂・阿𡠄為例》，靜宜大學中國
　　文學研究所碩士論文，未出版，臺中。

年秀玲（1996），〈排灣族鼻笛、口笛與藝人〉，《山海文化
　　雙月刊》，13，41-49，臺北。

利格拉樂・阿𡠄（1996），《誰來穿我織的美麗衣裳》，臺中：
　　晨星。

利格拉樂・阿𡠄（1997），《紅嘴巴的VuVu》，臺中：晨星。

利格拉樂・阿𡠄（1998），《穆莉淡Mulida：部落手札》，臺
　　北：女書。

何寄澎主編（1993），《當代臺灣文學評論大系・散文批評
　　卷》，臺北：正中。

何縕琪（2007），〈「原住民文學」在語文教學的運用〉，《中
　　等教育》，18（4），32-47，臺北。

余光弘（2004），《雅美族》，臺北：三民。

余錦虎等（2002），《神話・祭儀・布農人：從神話看布農族
　　的祭儀：來自mai-asag的祖靈傳說》，臺中：晨星。

余錦福（2000），〈臺灣原住民傳統砍唱之脈絡〉，《山海文
　　化雙月刊》，23、24，6-12，臺北。

吳孟蓁（2011），《試論達悟族信仰之意涵與變異：以夏曼・
　　藍波安的文本為中心》，中興大學臺灣文學研究所學位論
　　文，未出版，臺中。

吳錦發（1993），《願嫁山地郎》，臺中：晨星。

李亦園（1982），《臺灣土著民族的社會與文化》，臺北：聯經。

李亦園（1990），《信仰與文化》，臺北：巨流。

李亦園（1998），《宗教與神話論集》，臺北：立緒。

李珮琪（2005），《海洋作為認同的場域──從廖鴻基及夏曼・
　　藍波安作品探究其認同與實踐》，花蓮師範學院多元文化
　　研究所碩士論文，未出版，花蓮。

李莎莉（1999），《臺灣原住民傳統服飾》，臺北：漢光。

李瑛（2000），〈文學的山海　山海的文〉，《原住民文化與

教育通訊雙月刊》，9，6-11，臺北。

杜侃倫（2010），《夏曼‧藍波安的社會實踐》，東華大學民族
　　發展研究所碩士論文，未出版，花蓮。

汪麗花（2000），〈阿美族情人袋的時代意義與傳承〉，《山海
　　文化雙月刊》，23、24，202-203，臺北。

沈清松（1986），《解除世界魔咒──科技對文化的衝擊與展
　　望》，臺北：時報。

貝克（2008），《雙語與雙語教育概論》（翁燕珩譯），北京：
　　中央民族大學。

里慕伊‧阿紀（曾修媚）（2001），《山野笛聲》，臺中：
　　晨星。

阮昌銳（1996），《臺灣的原住民》，臺北：臺灣省博物館。

亞榮隆‧撒可努（2005），《山豬‧飛鼠‧撒可努》，臺北：
　　耶魯。

亞榮隆‧撒可努（2011a），《走風的人‧我的獵人父親》，臺
　　北：耶魯。

亞榮隆‧撒可努（2011b），《山豬‧飛鼠‧撒可努3：外公的
　　海》，臺北：耶魯。

亞磊絲‧泰吉華坦（2007），《認識臺灣原住民族大武山的守護
　　者──排灣族》，臺北：臺灣原住民族文化產業發展協會。

依憂樹‧博伊哲努〈浦忠勇〉（1997），《臺灣鄒族生活智
　　慧》，臺北：常民。

周佐明（2008），《山海文學獎原住民女性代表作家及其作
　　品研究》，臺灣師範大學國文學系在職進修碩士班碩士論
　　文，未出版，臺北。

周慶華（1997），《語言文化學》，臺北：生智。

周慶華（2001a），《作文指導》，臺北：五南。

周慶華（2001b），《後宗教學》，臺北：五南。

周慶華（2004），《語文研究法》，臺北：洪葉。

周慶華（2005），《身體權力學》，臺北：弘智。

周慶華（2006），《靈異學》，臺北：洪葉。

周慶華（2007），《語文教學方法》，臺北：里仁。

周謹（1997），《中華美酒》，臺北：國家。

拓拔斯・塔瑪匹瑪（1998），《蘭嶼行醫記》，臺中：晨星。

林叔吟（2006），《臺灣原住民山海文學之研究——以拓拔斯・
　　塔瑪匹瑪和夏曼・藍波安之創作文本為考察對象》，臺灣師範
　　大學國文學系在職進修碩士班碩士論文，未出版，臺北。

林奕辰（2001），《原住民女性之族群與性別書寫：阿媽書寫的
　　敘事批評》，輔仁大學大眾傳播學研究所碩士論文，未出
　　版，臺北。

林建成（1995a），《小米酒的故鄉》，臺中：晨星。

林建成（1995b），〈消失中的後山地區原住民巫師與巫醫〉，
　　《山海文化雙月刊》，11，73-75，臺北。

林建成（1996），《後山原住民之歌》，臺北：玉山社。

林桂枝（1993），〈原住民樂舞的內憂外患〉，《山海文化雙月
　　刊》，1，93-96，臺北。

林道生（2002a），《原住民神話・故事全集（2）》，臺北：
　　漢藝色研。

林道生（2002b），《原住民神話・故事全集（1）》，臺北：
　　漢藝色研。

林嘉鴻（2000），〈米酒〉，《山海文化雙月刊》，23、24，
　　183，臺北。

邱珮萱（2003），《戰後臺灣散文中的原鄉書寫》，高雄師範
　　大學國文學系博士論文，未出版，高雄。

邱新雲（2010），〈東排灣族女巫師養成研究：以土坂村為例〉，
　　《臺灣原住民巫師與儀式展演》，69-134，臺北。

俞元桂主編（1984），《中國現代散文理論》，桂林：廣西
　　人民。

哈尤・尤道（2000），〈臺灣原住民樂器介紹〉，《山海文化
　　雙月刊》，21、22，202-203，臺北。

姚一葦（1985），《美的範疇論》，臺北：開明。

柳翱（1990），《永遠的部落》，臺北：稻香。

胡台麗（2000），〈「愛戀排灣笛」的緣起〉，《山海文化雙
　　月刊》，25、26，202-205，臺北。

胡台麗（2010），〈排灣古樓女巫師唱經的當代展演〉，《臺
　　灣原住民巫師與儀式展演》，23-68，臺北：中央研究院民
　　族學研究所。

胡台麗（2011），《排灣文化的詮釋》，臺北：聯經。

胡台麗等主編（2010），《臺灣原住民巫師與儀式展演》，臺
　　北：中央研究院民族學研究所。

范姜（2000），〈獵人王宏恩〉，《山海文化雙月刊》，23、
　　24，61-63，臺北。

范雅鈞（2002），《臺灣酒的故事》，臺北：貓頭鷹。

風文理（2000），〈賽夏臀鈴〉，《山海文化雙月刊》，23、
　　24，191-192，臺北。

凌純聲（1979），《中國邊疆民族與環太平洋文化》，臺北：
　　聯經。

原英子（2005），《臺灣阿美族的宗教世界》（江惠英等編

譯），臺北：中央研究院民族學研究所。

夏本奇伯愛雅（1994），《雅美族的社會與風俗》，臺北：
　　臺原。

夏本奇伯愛雅（1996），《雅美族的古謠與文化》，臺北：
　　常民。

夏本奇伯愛雅（2004），《蘭嶼素人書》，臺北：遠流。

夏曼・藍波安（1997），《冷海情深》，臺北：聯合文學。

夏曼・藍波安（2002），《海浪的記憶》，臺北：聯合文學。

夏曼・藍波安（2007），《航海家的臉》，臺北：INK印刻。

孫大川（1992），〈原住民文化歷史與心靈世界的摹寫〉，
　　《中外文學》，21，（7），153-178，臺北。

孫大川（1993），〈原住民文學的困境——黃昏或黎明〉，
　　《山海文化雙月刊》，創刊號，97-105，臺北。

孫大川主編（2003），《臺灣原住民族漢語文學選集——評論
　　卷（上）》，臺北：INK印刻。

孫大川（2010），《夾縫中的族群建構——臺灣原住民的語
　　言、文化與政治》，臺北：聯合文學。

浦忠成（1996），〈臺灣原住民文學概述〉，《文學臺灣》，
　　20，190-202，高雄。

浦忠成（2000），〈原住民文學選擇的發展道路〉，《原住民
　　文化與教育通訊雙月刊》，9，2-6，臺北。

浦忠勇（1999），〈漫談原住民文學中的狩獵文化〉，《21世
　　紀臺灣原住民文學》，190-195，臺北。

浦忠勇等（2008），〈原住民研究倫理：從狩獵計畫談起〉，
　　《農業推廣學報》，24，73-90，臺北。

郝譽翔（2010），〈孤獨的救贖之地——論夏曼・藍波安的海

洋書寫〉，《中國現代文學》，17，181-197，臺北。

馬紹·阿紀（1999），《泰雅人的七家灣溪》，臺中：晨星。

高娸毓（2007），《排灣族作家作品中的族群意識與書寫策略
　　——以莫那能、阿媯、撒可努為探討對象》，屏東教育大學
　　中國語文學系碩士班碩士論文，未出版，屏東。

高進發（2000），〈酒的祭典儀式〉，《山海文化雙月刊》，
　　23、24，182，臺北。

高雄市芩雅區中正國小（2012），〈我們都是一家人〉，網
　　址：http://pearl.ccps.kh.edu.tw/scout/Scout08-17.htm，
　　點閱日期：2012.07.10。

高麗華（2007），《排灣族作家——亞榮隆·撒可努的作品研
　　究》，臺東大學兒童文學研究所碩士論文，未出版，臺東。

啟明·拉瓦（2005），《我在部落的族人們》，臺中：晨星。

張道藩（2009），《警察故事3——奇努南》，臺北：印刻。

教育部國語推行委員會編纂（2012），《重編國語辭典修訂
　　本》，網址：http://dict.revised.moe.edu.tw/cgi-bin/
　　newDict/dict.sh?idx=dict.idx&cond=%A7%C5%AEv&
　　pieceLen=50&fld=1&cat=&imgFont=1，點閱日期：
　　2012.04.02。

教育部國語推行委員會編纂（2012），《國語小字典》，
　　網址：http://dict.mini.moe.edu.tw/cgi-bin/dic/gsweb.
　　cgi?ccd=5Qdbxj&o=wframe02.htm，點閱日期：
　　2012.04.02。

莊伯和等（2002），《臺灣傳統工藝之美：臺灣工藝論·原住
　　民工藝技術》，臺中：晨星。

許功明（2004），《原住民藝術與博物館展示》，臺北：南天。

許功明等（1998），《排灣族古樓村的祭儀與文化》，臺北：
　　稻鄉。

許美智（1992），《排灣族的琉璃珠》，臺北：稻鄉。

許琇禎（1999），〈信仰的迷失——以田雅各與張大春小說之
　　原住民文化論述〉，《21世紀臺灣原住民文學》，149-
　　163，臺北。

許雅筑（2010），《水上往還——論戰後達悟首批遷移世代作
　　家Syaman Rapongan、Syaman Vengayen、Sin Jiayouli
　　的書寫》，清華大學臺灣文學研究所碩士論文，未出版，
　　新竹。

陳文德（2010a），《卑南族》，臺北：三民。

陳文德（2010b），〈巫與力：南王卑南人的例子〉，《臺灣
　　原住民巫師與儀式展演》，135-187，臺北：中央研究院民
　　族學研究所。

陳其南（1993），〈飛魚和汽車〉，《願嫁山地郎》，217-
　　222，臺中：晨星。

陳明珍（2005），《析論原住民飲酒文化與其文學的關係》，
　　中山大學中國語文學系研究所碩士論文，未出版，高雄。

陳雨嵐（2004），《臺灣的原住民》，臺北：遠足。

陳淑華（2001），〈生命之樹〉，《發現南島》，112-137，
　　臺北：經典雜誌。

陳敬介（1999），〈冷海中燃燒的生命——試讀《冷海情深》〉，
　　《山海文化雙月刊》，20，臺北。

陳義芳（2005），《臺灣的酒》，臺北：遠足。

陳瓊薇（2006），《拓拔斯·塔瑪匹瑪作品研究》，臺灣師範
　　大學國文學系在職進修碩士班碩士論文，未出版，臺北。

喬宗忞撰稿（2001），《臺灣原住史。魯凱族史篇》，南投：
　　臺灣省文獻委員會

彭小妍（1994），〈族群書寫與民族／國家──論原住民文
　　學〉，《當代》，98，48-63，臺北。

曾意晶（1999），《族裔女作家文本中的空間經驗──以李
　　昂、朱天心、利格拉樂・阿𡠄、利玉芳為例》，臺灣師範
　　大學國文研究所碩士論文，未出版，臺北。

雅姬喜六（2000），〈泰雅人的飲食文化──以酒宴及酒祭為
　　例〉，《山海文化雙月刊》，23、24，181，臺北。

黃文博（1998），《站在臺灣廟會現場》，臺北：常民。

黃宣衛（2008），《阿美族》，臺北：三民。

黃貴潮（1998a），《阿美族傳統文化》，臺東：交通部觀光
　　局東部海岸國家風景區管理處。

黃貴潮（1998b），《阿美族飲食之美》，臺東：交通部觀光
　　局東部海岸國家風景區管理處。

黑帶・巴彥（2000），〈追溯泰雅紋面的原始意義以及觀念的
　　演變〉，《山海文化雙月刊》，23、24，159-162，臺北。

奧威尼・卡露斯盎（1996），《雲豹的傳人》，臺中：晨星。

奧威尼・卡露斯盎（2006），《神祕的消失──詩與散文的魯
　　凱》，臺北：麥田。

楊士範（1998），〈從新飲酒文化的形構過程看臺灣原住民飲
　　酒文化品味的轉變現象───個社會歷史角度的分析〉，
　　《山海文化雙月刊》，18，86-100，臺北。

楊江瑛（2010），〈muriangai：建和卑南族巫師的儀式實踐
　　與再生產〉，《臺灣原住民巫師與儀式展演》，259-298，
　　臺北：中央研究院民族學研究所。

楊政源（2008），〈試論《冷海情深》（1992-1997）時期夏曼・藍波安的文化策略〉，《東吳中文學報》，18，181-200，臺北。

楊翠（2009），〈流變與流浪──論《山深情遙》中綢仔絲・萊渥的精神構圖與敘事風格〉，《中國現代文學》，16，147-192，臺北。

萬偉成（1997），《中華酒經》，臺北：正中

萬國光（1998），《中國的酒》，臺北：淑馨。

董芳苑（1984），《臺灣民間宗教信仰》，臺北：長青。

董芳苑（2008），《臺灣宗教大觀》，臺北：前衛。

董芳苑等（1985），《另一個世界的秘密》，臺北：宇宙光。

董恕明（2003），《邊緣主體的建構──臺灣當代原住民文學研究》，東海大學中國文學研究所博士論文，未出版，臺中。

董森永（1996），〈雅美族傳統文化研究──漁人部落每個月的工作表〉，《山海文化雙月刊》，11，58-72，臺北。

達西烏拉彎・畢馬（田哲益）（1995），《臺灣布農族風俗圖誌》，臺北：常民。

達西烏拉彎・畢馬（田哲益）（2002），《臺灣的原住民──魯凱族》，臺北：臺原。

鈴木質（1992），《臺灣原住民風俗誌》，臺北：臺原。

廖明潔（2008），《國民小學社會科教科書中的原住民族形象研究》，臺北市立教育大學課程與教學研究所碩士論文，未出版，臺北。

廖婉如（2006），《祖靈的凝視：瓦歷斯・諾幹作品研究》，政治大學國文教學研究所碩士論文，未出版，臺北。

滿田彌生（2010），〈先生媽、文本與儀式展演：當代邵族的

生存策略〉，《臺灣原住民巫師與儀式展演》，467-503，
臺北：中央研究院民族學研究所。

維基百科（2012），〈巫術的起源〉，網址：http://
zh.wikipedia.org/zh-hant/%E5%B7%AB%E8%A1%93#.
E6.A6.82.E8.A6.81，點閱日期：2012.04.01。

趙雅博（1990），《知識論》，臺北：幼獅。

趙慶華（2004），《認同與書寫——以朱天心與利格拉樂・阿
𡠄為考察對象》，成功大學臺灣文學研究所碩士論文，未
出版，臺南。

劉其偉（1995），《臺灣原住民文化藝術》，臺北：雄獅。

劉美慧等（2000），〈多元文化課程發展模式及其應用〉，
《花蓮師院學報》，10，101-125，花蓮。

劉錦燕（2002），《後殖民的部落空間——析論瓦歷斯・諾幹
「臺灣當代原住民文學」的主體建構》，彰化師範大學國
文學系在職進修專班碩士論文，未出版，彰化。

劉還月（1994），《臺灣民間信仰小百科（靈媒卷）》，臺北：
臺原。

潘泠柟（2006），《排灣族作家研究——以陳英雄、莫那能、
利格拉樂・阿𡠄、亞榮隆・撒可努為對象》，暨南國際大
學中國語文學系碩士論文，未出版，南投。

磊晶（2000），〈泰雅族的傳統音樂——兼記黑澤隆朝一九四
三年大嵙崁之行〉，《山海文化雙月刊》，21、22，48-
54，臺北。

鄭志明（1998），《臺灣民間宗教結社》，嘉義：南華管理
學院。

鄭志明（2005），《臺灣傳統信仰的宗教詮釋》，臺北：大元。

鄭明娳（1994），《現代散文構成論》，臺北：大安。

鄭恒惠（2006），《家庭・城市・旅行——臺灣新世代女性散文主題研究》，國立中央大學中國文學研究所桃論文，未出版，桃園。

霍斯路曼・伐伐（2002），〈開拓臺灣文學創作新視野——試以原住民文學為例〉，《文學臺灣》，43，66-68，高雄。

霍斯陸曼・伐伐（2003），〈Hu!Bunun〉，《臺灣原住民族漢語文學選集——散文卷（上）》，149-160，臺北：INK印刻。

謝高橋（1997），《社會學》，臺北：巨流。

簡美玲（1994），〈臺灣原住民的傳統釀酒〉，《山海文化雙月刊》，5，95-98，臺北。

藍采風（2002），《社會學》，臺北：五南。

羅清文（2000），〈籐編〉，《山海文化雙月刊》，23、24，197，臺北。

羅麥瑞主編（2011），《織抒聲起：臺灣原住民服飾傳承與創新圖錄》，臺北：原民會。

譚昌國（2007），《排灣族》，臺北：三民。

譚昌國主編（2008），《傳達薪藝：雅美（達悟）族傳統手工藝文化圖錄》，臺東：臺東縣政府。

魔鏡歌詞網（2012），〈故鄉PUYUMA（故鄉普悠瑪）〉，網址：http://mojim.com/twy102557x3x1.htm，點閱日期：2012.07.10。

社會科學類　PF0107　東大學術55

向世界發聲
——原住民散文中的文化演現

作　　者／程麗華
責任編輯／陳彥廷
圖文排版／姚宜婷
封面設計／秦禎翊

發 行 人／宋政坤
法律顧問／毛國樑　律師
出版發行／秀威資訊科技股份有限公司
　　　　　114台北市內湖區瑞光路76巷65號1樓
　　　　　電話：+886-2-2796-3638　傳真：+886-2-2796-1377
　　　　　http://www.showwe.com.tw
劃撥帳號／19563868　戶名：秀威資訊科技股份有限公司
　　　　　讀者服務信箱：service@showwe.com.tw
展售門市／國家書店（松江門市）
　　　　　104台北市中山區松江路209號1樓
　　　　　電話：+886-2-2518-0207　傳真：+886-2-2518-0778
網路訂購／秀威網路書店：http://www.bodbooks.com.tw
　　　　　國家網路書店：http://www.govbooks.com.tw

2013年2月BOD一版
定價：420元
版權所有　翻印必究
本書如有缺頁、破損或裝訂錯誤，請寄回更換

國家圖書館出版品預行編目

向世界發聲：原住民散文中的文化演現 / 程麗華著. -- 一
版. -- 臺北市：秀威資訊科技, 2013. 02
　　面；　公分. -- (社會科學類；PF0107) (東大學術)
BOD版
ISBN 978-986-326-051-6 (平裝)

1. 臺灣原住民　2. 民族文化　3. 文本分析

536.33　　　　　　　　　　　　　　101026819

讀者回函卡

感謝您購買本書，為提升服務品質，請填妥以下資料，將讀者回函卡直接寄回或傳真本公司，收到您的寶貴意見後，我們會收藏記錄及檢討，謝謝！如您需要了解本公司最新出版書目、購書優惠或企劃活動，歡迎您上網查詢或下載相關資料：http:// www.showwe.com.tw

您購買的書名：＿＿＿＿＿＿＿＿＿＿＿＿＿＿＿＿＿＿＿＿＿＿＿＿

出生日期：＿＿＿＿＿年＿＿＿＿＿月＿＿＿＿日

學歷：□高中 (含) 以下　　□大專　　□研究所 (含) 以上

職業：□製造業　□金融業　□資訊業　□軍警　□傳播業　□自由業
　　　□服務業　□公務員　□教職　　□學生　□家管　　□其它＿＿＿＿

購書地點：□網路書店　□實體書店　□書展　□郵購　□贈閱　□其他

您從何得知本書的消息？

　□網路書店　□實體書店　□網路搜尋　□電子報　□書訊　□雜誌
　□傳播媒體　□親友推薦　□網站推薦　□部落格　□其他＿＿＿＿＿＿

您對本書的評價：（請填代號　1.非常滿意　2.滿意　3.尚可　4.再改進）

　封面設計＿＿＿　版面編排＿＿＿　內容＿＿＿　文／譯筆＿＿＿　價格＿＿＿

讀完書後您覺得：

　□很有收穫　□有收穫　□收穫不多　□沒收穫

對我們的建議：＿＿＿＿＿＿＿＿＿＿＿＿＿＿＿＿＿＿＿＿＿＿＿＿

＿＿＿＿＿＿＿＿＿＿＿＿＿＿＿＿＿＿＿＿＿＿＿＿＿＿＿＿＿＿＿＿＿

＿＿＿＿＿＿＿＿＿＿＿＿＿＿＿＿＿＿＿＿＿＿＿＿＿＿＿＿＿＿＿＿＿

＿＿＿＿＿＿＿＿＿＿＿＿＿＿＿＿＿＿＿＿＿＿＿＿＿＿＿＿＿＿＿＿＿

11466
台北市內湖區瑞光路 76 巷 65 號 1 樓

秀威資訊科技股份有限公司　　　收

BOD 數位出版事業部

....

（請沿線對折寄回，謝謝！）

姓　　名：＿＿＿＿＿＿＿＿＿　年齡：＿＿＿＿　性別：□女　□男

郵遞區號：□□□□□

地　　址：＿＿＿＿＿＿＿＿＿＿＿＿＿＿＿＿＿＿＿＿＿

聯絡電話：(日)＿＿＿＿＿＿＿＿＿　(夜)＿＿＿＿＿＿＿＿＿

E-mail：＿＿＿＿＿＿＿＿＿＿＿＿＿＿＿＿＿＿＿＿＿